# 관광학의 이해

유재흥 · 김소은 공저

Tourism

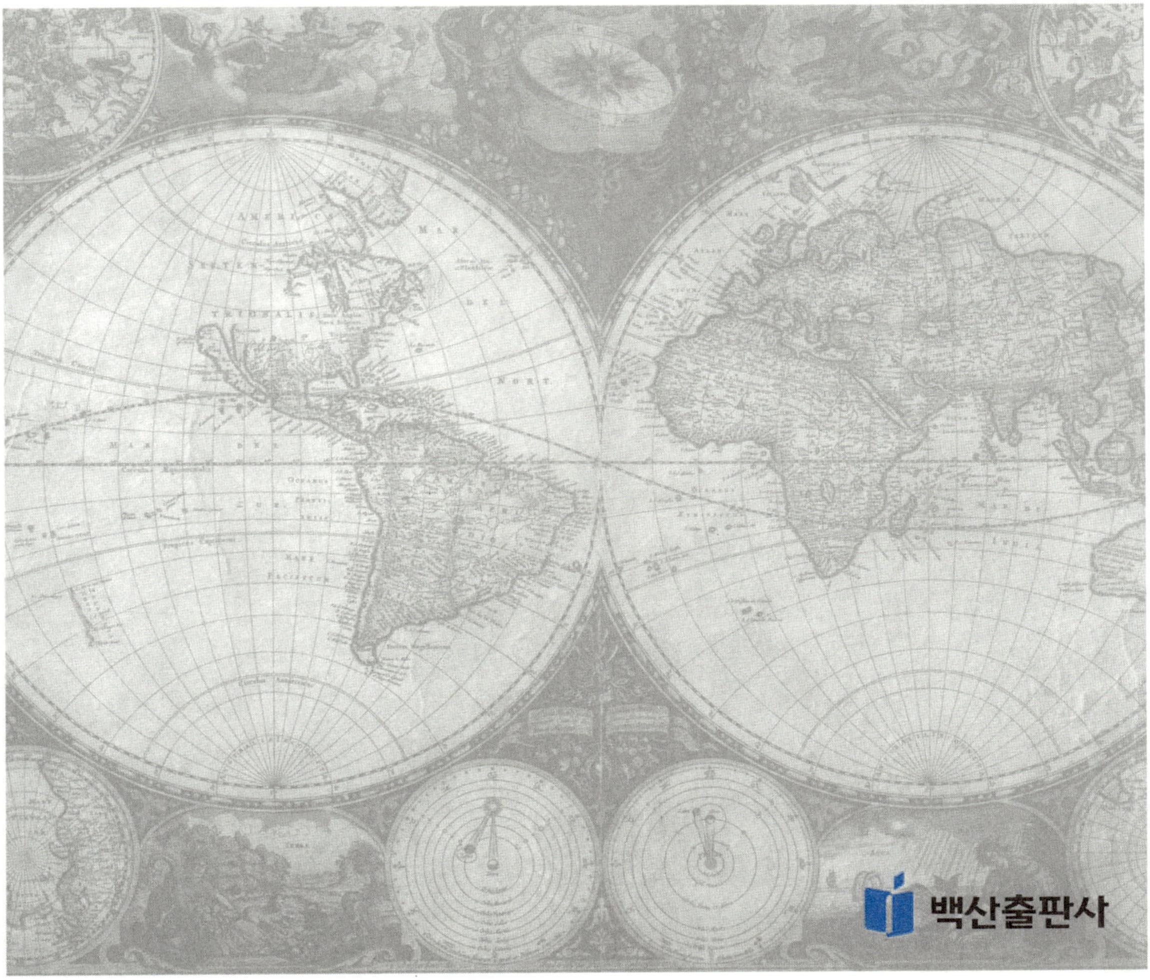

백산출판사

# 머리말

*"Anywhere! Anywhere! Only let it be out of this world!"*
*"어디든지! 아무 곳이나! 오로지 이 세계를 벗어날 수만 있다면."*

MacCannell, "The TOURIST" 서문

막연하게 취업이 용이한 학과라 생각하여 '관광'을 선택하게 되었다. 그러나 공부를 하면 할수록 관광학의 매력에 빠져들었고, 앞서 소개한 MacCannell의 표현이 가슴에 와 닿을 즈음, 관광학 전공 학생들을 가르치는 자리에 서 있었다.

학습과정이 비교적 쉬워 학부과정의 관광학 수업들은 점수 받기가 쉽다고 알려져 있지만, 실제 관광학의 전반을 이해하고, 그 시스템을 알기란 쉽지 않다. 관광에 이르는 인간의 동기와 이를 지원하는 다양한 산업과의 연관관계를 명확하게 알려면 꾸준한 연구가 필요하기 때문이다. 그냥 재미있을 것 같아서, 또 좋은 직업을 얻을 수 있을 것 같다는 막연한 기대만으로 관광학을 접하면 자칫 시시해 보이기도 하고, 그렇게 갖게 되는 직업이 육체노동인 것처럼 느껴지기도 한다.

그동안 많은 학문의 원론이나 개론들이 이론에만 충실하여 처음 관광학을 배우는 학생들에게 최초의 지원 동기를 약화시키고 있음을 뼈저리게 느꼈다. 이에 재미있고, 관광학에 대한 충성도를 높일 수 있는 교재를 쓰고자 하는 마음에 집필을 시작했다. 물론, 관광학 '원론'이라는 책의 특성상 처음

의도를 충분히 살릴 수는 없었다. 하지만 이러한 뜻을 가지고 작성된 책이라는 점은 꼭 이해해 주기 바란다.

관광산업은 21세기의 미래 성장산업이며, 공해 없는 고부가가치 산업으로 많은 나라에서 전략산업으로 육성되고 있다. 현재 세계 노동시장의 12% 정도가 관광산업에 종사하고 있고 국내에서도 약 10%가 관광서비스업종에 종사하고 있다. 외화가득률도 국내 수출전략상품인 자동차, 반도체, 휴대폰보다 높아 경제발전에 크게 기여하는 효자산업이라고 할 수 있다.

이런 자부심을 바탕으로, 관광 관련 학문을 전공하는 학생들에게 첫 강의를 들려주는 마음으로 '관광학의 이해'를 구성하였다.

이 책은 크게 두 부분으로 나뉘어 있다.

1부에서는 우선 관광학 이론을 중심으로 관광의 개념과 정의, 역사와 미래에 대하여 알아보고, 관광의 주체와 대상에 대하여 살펴보았다.

2부에서는 여행업, 관광교통업, 숙박업, 외식업, 국제회의업, 이벤트업, 유원시설업과 관광편의시설업, 카지노업, 관광 e-Business 등 업종별 산업현황에 대하여 살펴보았다.

각 장의 말미에는 관련 직업에 대한 소개나 현업종사자의 인터뷰를 실어, 관광 관련 직업 선택 동기와 학습의욕을 높일 수 있도록 하였다. 본서가 관광이라는 새로운 영역을 시작하는 초보 전공학생들에게 친절한 안내자와 같은 역할을 하였으면 하는 마음 간절하다.

이 책이 출간될 수 있도록 도와주신 주변의 많은 분들께 깊은 감사를 드린다.

2012년

유재홍 · 김소은

# 차 례

## 제 1 부 관광의 이해

### 제1장 관광의 개념 / 11



### 제2장 관광의 역사와 미래 / 32



### 제3장 관광자 / 47

## 제7장 숙박업 / 121



## 제8장 외식업 / 150



## 제9장 국제회의업 / 165



## 제10장 이벤트업 / 188

## 제11장 유원시설업과 관광편의시설업 / 213



## 제12장 카지노업 / 229



## 제13장 관광 e-Business / 247

# 제1부 관광의 이해

# 제01장 관광의 개념

관광은 인간의 이동과 함께 시작되어, 인류의 경제활동과 밀접한 관계를 가지고 있다. 새로운 환경에 적응이 되면, 인간은 다른 장소의 삶을 궁금해 하며, 이로 인해 그 지역의 자연환경과 문화를 경험하고 싶어 하는 욕구를 지니게 된다. 따라서 인간은 노동소득 중에서 의식주 등에 필요한 예산을 제외한 가처분소득 내에서 관광이란 활동을 하기 시작했다.

고대에는 종교적인 이유로 관광을 하게 되었다면, 근대에는 여가활동의 한 수단으로 관광을 하고 있다. 최근 현대인들은 휴가와 레저 등 관광을 위한 지출은 삶을 질을 높이는 데 필수적인 조건이라 생각하고 있으며, 이로 인해 관광소비는 지속적으로 증가하고 있는 추세이다.

그렇다면 관광이란 무엇일까? 본 장에서는 관광의 개념과 어원을 살펴보고, 이를 바탕으로 관광을 이루는 구성요소에 대해 알아보고자 한다. 또한 관광과 비슷한 개념을 살펴봄으로써 관광의 정의와 구분하고자 한다.

## 1. 관광이란

표준국어대사전에 따르면 관광이란 “다른 지방이나 다른 나라에 가서 그곳의 풍경, 풍습, 문물 따위를 구경”하는 행위를 일컫는다. 학계에서 관광에 대한 정의가 처음 등장한 1911년 슐레른(H. Schulern)의 정의에 따르면, 관광이란 "일정한 지역 또는 타국을 방문했다. 되돌아가는 외래객의 유입·체제·유출의 형태를 취하는 모든 현상"을 의미한다. 또한 보르만(A. Bormann, 1931)은 "기분전환, 위락, 직무 등의 목적을 위해 정주지를 한때 떠나는 여행의 총체적인 개념"이라고 하였으며, 글뤽스만(R. Glücksmann, 1935)은 "체재지를 일시적으로 방문한 사람과, 그 지역에 살고 있는 사람들과의 관계의 총체"라고 하였다. 즉 어떠한 측면에서 관광이란 현상을 보느냐에 따라 그 정의에서 다루는 개념들은 조금씩 차이가 난다.

반면, 국내의 학자들은 보다 인간활동에 초점을 두고 관광현상의 정의를 내리고 있다. 안종윤(1972)은 "일상생활에서 떠나 다시 돌아올 예정으로 이동하여 즐거움을 맛보는 것"이라고 하였고, 이장춘(1986)은 관광이란 "주거지를 일시적으로 떠나 휴식·휴양·위락·놀이·교육·교양증진 및 수련을 통한 자기발견으로 삶의 가치증대를 꾀하며, 이를 위한 시설"이라고 하였다. 윤대순(1992)은 "일상생활을 벗어나 생활개선, 충성, 효도, 견문확대, 인격수양, 건강, 친교, 즐거움 등을 목적으로 여행하여, 진선미(眞善美)를 추구하는 경험"이라고 하였다. 이들 학자들은 모두 거주지를 벗어나야 한다는 점과 인간의 심리적 욕구 충족을 위한 활동을 강조하고 있다.

많은 학자들의 관광에 대한 정의는 거주지에서 벗어난 거리와 시간, 목적지에서의 활동 등에 따라 차이가 있다. 이에 세계관광기구(UNWTO, 1946)는 관광이란 무형의 무역이라고 할 수 있는 교역현상을 측정하기 위해, 관광을 "즐거움, 위락, 휴가, 스포츠, 사업, 친구, 친척방문, 업무, 회합, 회의, 건강, 연구, 종교 등을 목적으로 하여 방문국에 적어도 24시간부터 1년간 체류하는 행위"로 정의내렸다. 특정 기준 없이 국가와 국가 간에 사람과 사람의 이동을 측정할 수 없기 때문이다. 이러한 관광의 전제조건(UNWTO, 1948) 역시 규정하고 있다. 즉, 거주지를 일시적으로 떠났다가 돌아와야 하며, 24시간 이상 1년 미만이라는 일정한 시간적 범위를 필요로 한다. 또한 위락, 친구, 친지방문 등 구체적인 목적을 갖고 있어야 하며, 목적지에서 영리적인 행위를 하지 않고 경제적 소비활동이 수반되어야 한다.

즉, 여행이 목적이나 동기에 관계없이 모든 이동행위를 지칭하는 포괄적 용어라면, 관광은 거주지를 벗어나 일정시간 이상 목적지에서 체재하는 즐거움을 목적으로 하는 여행을 말하는 것이다. 또한 이와 관련된 모든 사업까지 관광이라 부를 수 있다. 한마디로 관광이란 일상생활에서 벗어나, 개인의 욕구 충족을 위해 시간과 금전을 소비하는 활동이라고 할 수 있다.

관광이란 단어는 동양에서 가장 오래된 경전인 중국 주(周)나라(BC 12~AD 3)의 『주역』에서 처음 사용된 것으로 알려져 있는데, "관국지광, 이용빈우왕(觀國之光, 利用牝于王)"이란 어구에서 처음 사용되었다. 그 뜻은 다른 나라의 문물을 살피러 오는 사람들에 대해서는 나라의 임금을 모시듯 환대했다는 것으로, 다른 나라의 실정을 시찰하여 견문을 넓힌다는 것에서 관광의 주요 어원으로 학자들은 판단하고 있다.

한국에서는 고려시대인 1115년 『고려사절요』의 "관광상국(觀光上國) 진손숙습(盡損宿習)"이라는 어구에서 처음 사용된 것으로 알려져 있다. 이후 1385년 정도전의 『삼봉집』의 「관광집(觀光集)」에서 관광이란 단어가 사용되었고, 1396년 한성북부의 지명으로 '관광방(觀光房)'이란 단어가, 1473년 성현의 북경견문기인 「관광록(觀光錄)」에서 관광의 어원을 찾아볼 수 있다. 1780년 연암 박지원의 『열하일기』에도 "위관광지상국래(爲觀光之上國來)"라 하여, 중국(위나라)의 문물과 제도를 관광하였다는 뜻의 글귀가 남아 있다.

서양에서는 1811년 처음으로 tourism이란 단어가 사용되었다. 이는 짧은 기간 동안의 여행을 뜻하는 tour의 파생어로 사용되었다. 이와 유사한 용어인 journey는 한 지역에서 다른 지역으로 이동해 가면서 여행하는 것을 의미하며, travel은 포괄적 의미의 여행을 뜻하고, trip는 1박 정도의 단기여행을, sightseeing은 단순히 보는 것을 강조하는 여행, voyage는 항해여행으로 구분된다.

관광(tour)과 유사한 뜻을 가진 단어는 매우 많다. 한자어로 구성된 각각의 단어들은 문화권에 따라 각기 다른 뜻으로 사용된다. 한국에서 사용되는 관광과 비슷한 단어인 여행, 레저, 소풍, 탐험, 순례 등의 사전적인 뜻은 〈표 1-1〉과 같다.

〈표 1-1〉 관광의 유사개념

| 용어 | 뜻 |
|---|---|
| 관광 | 다른 지방이나 다른 나라에 가서 그곳의 풍경, 풍습, 문물 따위를 구경함 |
| 여행 | 휴식을 취하기 위해서 야외에 나갔다 오는 일 |
| 여가 | 일이 없어 남는 시간 |
| 놀이 | 자발적 의사에 따라 일정한 규칙이 있는 활동에 참여하는 것 |
| 소풍 | 휴식을 취하기 위해서 야외에 나갔다 오는 일 |
| 휴양 | 편안히 쉬면서 몸과 마음을 보양함 |
| 유람 | 돌아다니며 구경함 |
| 유랑 | 일정한 거처가 없이 떠돌아다님 |
| 기행 | 여행하는 동안에 보고, 듣고, 느끼고, 겪은 것을 적은 것 |
| 나들이 | 집을 떠나 가까운 곳에 잠시 다녀오는 일 |
| 답사 | 현장에 가서 직접 보고 조사함 |
| 탐방 | 어떤 사실이나 소식 따위를 알아내기 위하여 사람이나 장소를 찾아감<br>명승고적 따위를 구경하기 위하여 찾아감 |
| 탐험 | 위험을 무릅쓰고 어떤 곳을 찾아가서 살펴보고 조사함 |
| 순례 | 여러 곳을 찾아다니며 방문함을 비유적으로 이르는 말 |
| 순방 | 나라나 도시 따위를 차례로 돌아가며 방문함 |
| 구경 | 흥미나 관심을 가지고 봄 |
| 피서 | 더위를 피하여 시원한 곳으로 옮김 |
| 행락 | 재미있게 놀고 즐겁게 지냄 |
| 야영 | 휴양이나 훈련을 목적으로 야외에 천막을 쳐 놓고 하는 생활 |
| 원정 | 연구, 탐험, 조사 따위를 위하여 먼 곳으로 떠남 |
| 휴가 | 직장·학교·군대 따위의 단체에서, 일정한 기간 동안 쉬는 일 |

출처 : 국립국어원(2012), 표준국어대사전

또한, tour와 유사한 뜻을 지닌 단어 역시 미국권이냐 영국권이냐에 따라, 동사로 쓰이느냐 명사로 쓰이느냐에 따라 다르게 해석된다. tour, trip의 경우 거주지를 벗어난 이동뿐만 아니라 무언가를 본다는 의미가 강조된 단어인 반면, travel, journey의 경우 이동이라는 현상 자체에 초점이 맞춰져 있다. 또한, sightseeing은 관광의 범위에, excursion은 관광의 기간에, voyage, cruise는 여행의 수단에 초점이 맞춰져 있다.

〈표 1-2〉 tour의 유사개념

| 용어 | 뜻 |
|---|---|
| tour | (여러 도시 · 국가 등을 방문하는) 여행<br>(도시 · 건물 등을 걸어서 둘러보는) 관광[방문] |
| tourism | [영국] 관광, 관광사업, 관광산업, 관광객<br>[미국] 관광업 |
| trip | 여행(특히 짧고, 관광이나 어떤 특정한 목적을 위한 것) |
| travel | [동사] (특히 장거리를) 여행하다<br>[명사] 여행, 기행, 이동 |
| journey | [명사] (특히 멀리 가는) 여행 |
| sightseeing | [명사] (도시 안에서 주요 유적지를 보여주는) 관광, 구경, 유람 |
| excursion | (보통 단체로 짧게 하는) 여행, 당일여행 |
| voyage | 여행, 항해(특히 바다 · 우주로 가는 긴 여행) |
| cruise | [명사] 유람선 여행<br>[동사] (신조어) 쉬다, 어울려 놀다(하와이 토착어에서 비롯됨) |
| jaunt | [명사] (구식 또는 유머) 짧은 여행 |
| junket | (공무원들이 공금으로 유람 삼아 다니는) 시찰 |
| picnic | [명사] 소풍, 피크닉 |
| holiday | [명사] (직장의) 휴가, 방학<br>[동사] 명절을 쇠다, 휴가를 신청하다 |
| vacation | [영국] (대학의) 방학<br>[미국] (모든 학교의) 방학; (법정의) 휴정 |
| leisure | [명사] 여가; 한가 |

출처 : 국립국어원(2012), 두산동아영어사전

이렇듯 다양한 관광의 개념에 대한 이해를 위해서는 관광의 구성요소에 대해 알아야 한다. 왜냐하면 관광자, 관광사업, 관광관련 시설 및 서비스 등에 대한 이해가 바탕이 되어야 하기 때문이다.

**환대산업(Hospitality Industry)이란?**

관광은 흔히 환대산업이라고 이야기한다. 집을 떠나 여행하는 사람들을 환대해 주는 다양한 서비스 기업들의 집합으로 이루어진 시스템이기 때문이다. 환대산업, 즉 호스피탤리티란 호텔, 리조트, 여행, 엔터테인먼트, 외식, 면세점 등 관광관련 사업에서 제공하는 각종 서비스를 포괄하는 개념이라고 할 수 있다.

호스피탤리티(Hospitality)란 사전적으로는 '환대, 친절' 등을 의미하는 단어로 '기쁘게 맞아 정성껏 혹은 후하게 대접한다'는 뜻으로 쓰인다. 관광산업의 성장과 더불어 질적인 서비스가 중요시되면서 사용하게 된 용어라고 할 수 있다. 이러한 환대란 숙박업, 식·음료서비스업, 여행업 등 모든 관광산업에 필요한 정신이라고 할 수 있다.

## 2. 관광의 구성요소

관광의 구성요소는 관광의 주체인 관광자, 관광의 객체인 관광지 그리고 관광의 매체인 숙박시설, 교통시설, 식음료시설, 관광행정기관 등으로 구분된다. 관광의 구조체계를 이해하기 위하여 초기단계에서는 관광을 단순히 관광의 행위주체인 관광자와 관광의 대상이 되는 관광자원(관광객체) 간의 상호작용으로 이해하는 두 주체로 보았다. 그러나 관광이라는 활동 자체가 더욱 복잡해지면서 관광주체와 관광객체를 연결시켜 주는 여행업체나 교통수단과 같은 관광기업이 등장하기 시작했으며, 이로 인해 관광주체-관광매체-관광객체로 연결된 3체계론이 관광구조의 기본체계로 인식되기 시작했다. 반면, 최근 관광환경의 변화에 따라 관광행정, 관광교통 등을 포괄하여 5체계론까지 확장하여 사용하는 학자들도 있다.

관광주체는 관광행위자로서의 관광자를 말한다. 관광자는 일상생활의 근거지를 떠나 다시 돌아올 목적으로 이동하여 목적지에서 체재하며, 결국에는 정신적·육체적 휴식을 얻으려는 소비자이다.

관광객체는 관광대상으로서 유·무형의 관광자원을 말한다. 관광자원은 관광자의 관광동기나 욕구를 충족시켜 줄 수 있어야 하며, 개발·보존을 통해 그 가치를 극대화시켜야 한다.

관광객체는 크게 관광자원과 관광시설로 나누어진다. 관광자원은 자연적·문화적·사회적·산업적 관광자원으로 구분되며, 관광시설은 교통시설, 숙박시설, 음식서비스 제공시설, 그리고 레저와 유흥을 제공할 수 있는 시설 등으로 구분된다.

관광자원은 결국 관광자의 욕구를 충족시켜 줄 관광공급이라고 할 수 있다.

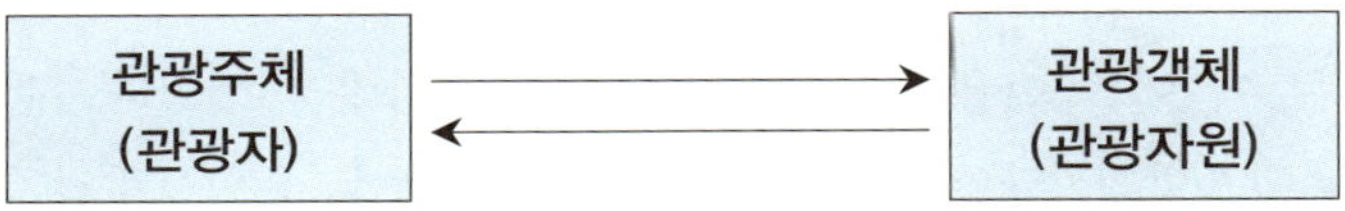


[그림 1-1] 관광구조 2체계론

관광매체는 관광주체인 관광자원, 관광객체인 관광자원 및 시설 등을 연결하는 기능을 하는 모든 것을 말한다. 즉, 관광주체가 요구하는 관광서비스를 제공하고, 관광객체인 관광자원의 부가가치는 높이는 역할을 한다.

구체적으로 교통시설(항공사, 철도, 선박, 버스 등), 숙박시설, 식음료시설, 유흥 및 오락시설, 여행사와 같이 관광에 대하여 알선 및 대행을 해주는 업체와 기타 편의시설 등을 들 수 있다. 이러한 관광매체는 시간적·공간적·기능적 매체로 구분하기도 한다. 시간적 매체는 숙박시설, 관광객이용시설, 관광편의시설을, 공간적 매체는 교통기관, 도로, 운송시설을, 그리고 기능적 매체는 관광알선, 관광안내, 통역안내, 관광정보와 선전물 등을 포함한다.

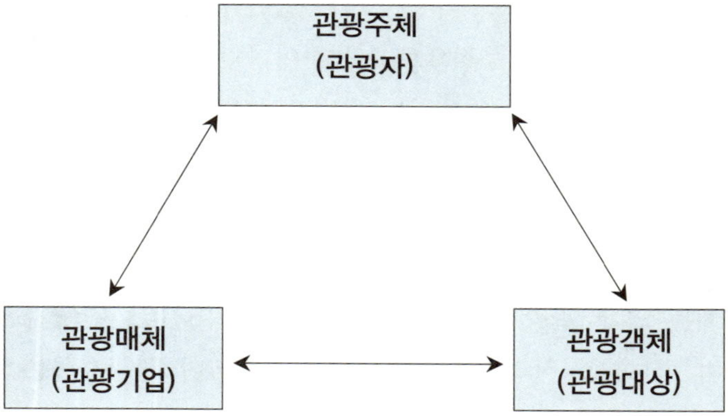


[그림 1-2] 관광구조 3체계론

이러한 관광매체는 관광자를 대상으로 사업을 하기 때문에, 이를 통틀어 관광사업이라고 부른다. 관광사업이란 「관광진흥법」에서 "관광객을 위하여 운송, 숙박, 음식, 오락, 휴양 또는 용역을 제공하거나 기타 관광에 부수되는 시설을 갖추어 이를 이용하게 하는 업"이라 정의내리고 있다. 관광사업은 여행업, 관광숙박업, 관광객이용시설업, 국제회의업, 유원시설업, 관광편의시설업, 카지노업 등으로 구분된다.

본 장에서는 관광의 구성요소인 관광자, 관광대상, 관광기업에 대해서 알아보았다. 보다 구체적으로 관광이란 활동에 가장 핵심적 요인인 관광자에 대해선 3장에서, 관광대상인 관광자원은 4장에서 설명하고자 한다. 또한 관광자에게 제공되는 다양한 시설과 서비스 등은 "제2부 관광산업의 이해"에서 구체적으로 다루기로 하겠다.

## 3. 관광의 분류

지역구분에 의한 관광은 일정한 지역 내에서 이루어지는 역내관광(Intra-regional tourism)과 지역 간을 이동하여 관광을 하는 역외관광(Inter-regional tourism)으로 분류된다. 세계관광기구(UNWTO)로는 역내관광을 특정지역에 속해 있는 관광자가 그 지역 내의 다른 국가로 이동하는 여행형태라고 정의한다. 반면, 역외관광은 특정지역에 속해 있는 국가의 관광자가 다른 지역 내 다른 국가로 이동하는 여행형태를 말한다.

관광은 국적과 국경을 기준으로 국내관광(Domestic tourism)과 국제관광(International tourism)으로 분류된다. 국내관광은 관광자의 이동공간이 지각의 영토 내에서 이루어지는 관광행위를 말하고, 국제관광은 관광자의 이동공간이 자국 또는 특정국의 국경을 넘어서 이루어지는 관광행위를 말한다.

〈표 1-3〉 국적과 국경에 의한 관광의 분류

| 국경 / 국적 | 국내 | 국외 |
|---|---|---|
| 내국인 국적 | 내국인 국내관광<br>(Domestic tourism) | 내국인 국외관광<br>(Outbound tourism) |
| 외국인 국적 | 외국인 국외관광<br>(Inbound tourism) | 외국인 제3국 관광<br>(Oversea tourism) |

세계관광기구(UNWTO)는 국내관광, 내국인의 국외관광, 외국인의 국외관광을 조합해서 관광을 분류하였다. 세 가지 관광형태는 내국인 국내관광과 외국인 국외관광을 결합한 Internal관광, 내국인 국내관광과 내국인의 국외관광을 결합한 National관광, 그리고 외국인의 국외관광과 내국인의 국외관광을 결합한 International관광을 말한다. 이를 도식화하면 [그림 1-3]과 같다.

한편, 한국관광공사(2006)는 최근에 국내관광의 활성화를 위해 국경과 국적을 기준으로 하여 인트라바운드(Intrabound) 관광의 개념을 도입하였다. 인트라바운드 관광이란 기존의 국내관광에 동적인 개념을 도입한 것으로 "특정국가 내 거주자가 1년 미만 동안 일상 거주지를 벗어나 거주국 내 다른 곳으로 가서 레저, 친지방문, 상업, 휴양, 순례 등의 목적으로 여행을 하

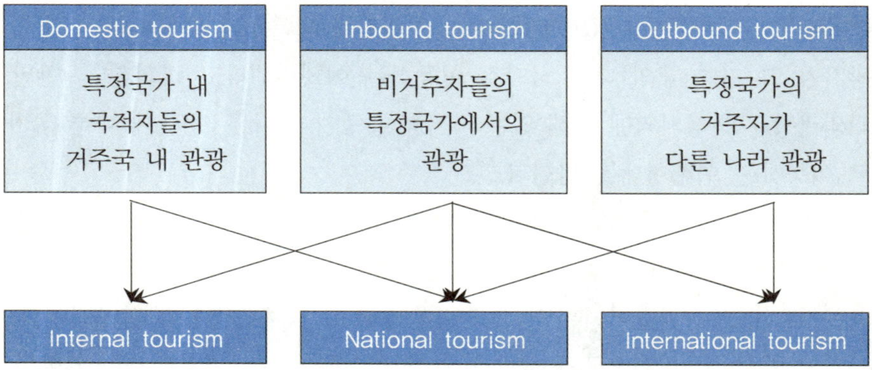


**[그림 1-3] 형태에 의한 관광의 분류**

거나 머무는 행위"로 정의된다. 인트라바운드는 국경 안에서 이루어지는 관광으로 국제관광과 구분되며 국내관광이 국제관광과는 별개로 이루어지는 정적인 의미를 지니고 있다. 하지만 인트라바운드는 동적인 개념으로 인바운드 및 아웃바운드와도 밀접한 상호작용을 한다.

그 밖에 관광목적에 따라 보양적 관광, 문화적 관광, 사회적 관광, 스포츠 관광, 정치적 관광, 경제적 관광 등으로 분류(베르네커, 1962)하거나, 순수목적 관광이나 겸목적 관광으로 분류하기도 한다. 또한 기간에 따라 당일관광과 숙박관광으로, 관광활동 유형에 따라 유동형 관광, 목적형 관광, 체제형 관광으로 분류된다.

## 4. 관광의 형태

관광산업의 발전에 따라 다양한 형태의 관광이 등장하고 있다. 스포츠관광, 문화관광, 실버관광, 복지관광, 문학관광, 의료관광, 녹색관광, 공정관광, 교육관광, 음식관광, 해양관광, 에코투어, 슬로투어리즘, 다크투어리즘 등이 그것이다. 이들을 보다 큰 범주인 생태관광과 문화관광, 그리고 복지관광으로 나누어 살펴보면 다음과 같다.

## 1) 생태관광

생태관광(Eco-Tourism)이란 생태학(ecology)과 관광(tourism)의 합성어로 자연 보전을 위한 활동을 주목적으로 하며, 관광객에게 환경보전의 학습기회를 제공하고 관광으로 인한 수익은 지역의 생태계 보전이나 지역주민에게 되돌아가는 관광형태를 말한다. 풍물을 단순히 보고 즐기던 과거의 관광에서 벗어나 날로 오염되는 지구환경의 심각성을 깨닫고 생태계 보호를 체험하는 관광을 말한다. 생태관광의 원칙은 ① 환경보전에 공헌할 것, ② 지역경제에 문화적 · 경제적으로 공헌할 것, ③ 방문객들에게 학습의 경험을 제공할 수 있을 것 등이 제시되고 있다.

이러한 생태관광의 하나로 녹색관광, 슬로투어리즘, 공정관광 등의 새로운 관광형태들이 제시되고 있다.

녹색관광(Green tourism)이란 농촌의 자연과 문화, 평화로움과 안온함을 느낄 수 있도록 하는 농촌관광을 말한다. 즉 농가에서 숙박시설을 제공하고, 특산물 · 음식 등의 상품을 개발하며, 여기에 이벤트와 농사체험 등의 프로그램을 추가함으로써 농촌지역의 농업 외 소득을 증대시키려는 농촌관광 전략을 말한다.

국가와 상황에 따라서 약간씩 표현이 달라지는데, 영국은 녹색관광(Green tourism), 독일은 농촌관광(Rural tourism)으로, 프랑스의 경우 관광부는 녹색관광(Green tourism), 농업 관계기관은 농업관광(Agri-tourism)으로 관계자에 따라 다른 명칭을 쓴다. 관광활동이 전개되는 공간에 착안한 프랑스의 경우는 산악지대 또는 눈 속에서의 관광을 '화이트 투어리즘(White tourism)', 해안에서의 관광을 '블루 투어리즘(Blue tourism)' 그리고 전원에서의 관광은 '그린 투어리즘(Green tourism)'으로 구분한다. 그리고 이와 같이 '도시가 아닌 바다나 산 그리고 농촌지역을 무대로 전개되는 관광' 전체를 농촌관광(Rural tourism)이라 정의하는 것이 일반적인 경향이다(강신겸, 2000).

슬로투어리즘(Slow tourism)은 오늘날 생산성만을 중시하는 발전과 속도지향의 사회에서 느리게 사는 삶을 추구하고, 환경을 위협하는 급격한 변화에의 거부, 과거로의 회귀를 통한 인간적인 삶의 모습을 중요시하는 슬로시티(Slow city)에서 출발되었다.

슬로투어리즘(Slow tourism)은 Slow food와 Rural tourism의 합성어로, 농촌관광의 한 형태라고 할 수 있다. 패스트푸드와 반대되는 우리나라 고유의 발효음식을 기본으로 하는 전통 건강음식을 중심으로 한 슬로푸드를 생산, 판매하는 농촌관광 마을에서 도시민들이나 학생들이 농촌체험관광을 하는 행위를 말한다.

관광객들이 슬로푸드를 직접 눈으로 보고, 손으로 만들고, 먹어 보고, 구입하고, 느끼고, 생각하는 모든 행위와 농업을 중심으로 한 농촌문화, 지역의 전통문화재 탐방 등의 활동을 포괄한다.

### 슬로시티(Slow City)란?

1999년 10월 이탈리아 그레베 인 키안티(Greve in Chianti)의 파올로 사투르니니(Paolo Saturnini) 전 시장을 비롯한 몇몇 시장들이 모여 위협받는 달콤한 인생(la dolce vita)의 미래를 염려하여 '치타슬로(cittaslow)', 즉 슬로시티(slow city)운동을 출범시켰다. 그러니까 이 운동은 슬로푸드 먹기와 느리게 살기(slow movement)로부터 시작된 것이다.

슬로시티운동을 왜 하나? 이렇게 물으면 사람이 사람답게 사는 세상을 염원하며 우리는 다르게 산다는 운동이다. 속도는 기술혁명이 인간에게 선사한 엑스터시의 한 형태로 빠름이 주는 편리함을 손에 넣기 위해 값비싼 느림의 즐거움과 행복을 희생시키고 말았다. 따라서 우리가 지향하는 슬로시티의 철학은 성장에서 성숙, 삶의 양에서 삶의 질로, 속도에서 깊이와 품위를 존중하는 것이다. 느림의 기술(slowware)은 느림(Slow), 작음(Small), 지속성(Sustainable)에 둔다.

슬로시티운동은 지금 대다수의 사람들이 섬기는 '속도 숭배'를 '느림숭

배'로 대체하자는 것이 아니다. 빠름은 짜릿하고 생산적이고 강력할 수 있으며 만약 그것이 없었다면 아마도 한국은 가난하게 살았을 것이다. 문제는 시계를 거꾸로 돌리는 일이 아니라 빠름과 느림, 농촌과 도시, 로컬과 글로벌, 아날로그와 디지털 간의 조화로운 삶의 리듬을 지키는 것이다. 슬로시티운동은 달콤한 인생(la dolce vita)과 정보시대의 역동성을 조화시키고 중도(中道)를 찾기 위한 처방이다.

속도가 중시되는 사회에서 슬로시티 프로젝트가 비현실적인지는 몰라도 1999년 국제슬로시티운동이 출범된 이래 현재(2012년 6월)까지 25개국 150개 도시로 확대되었으며 한국도 10개의 슬로시티가 가입되어 있다.

출처 : 한국슬로시티 홈페이지(www.cittaslow.kr)

cittaslow 삶의 질을 추구하는 국제슬로시티 공동체

인간은 아무리 잘나도 결국 자연의 등, 달팽이의 등에 업혀 살아간다. 달팽이와 사람이 같이 살며 상생하는 그런 마을이 진정한 공동체이고 풍요로운 행복시티이다. 달팽이는 원래 스스로 치유하면서 천천히 생명을 유지하고 목적지를 향해가고 있는데 작은 공동체 역시 스스로 치유하면서 함께 살아가야함을 의미한다. 달팽이의 등딱지에는 내장이 들어 있어 생명을 유지하듯 슬로시티 로고마크의 달팽이 등에 업힌 마을 공동체도 인간의 생명을 상징한다.

국제슬로시티연맹(Cittaslow International HQ)이 채택한 로고는 '삶의 질을 추구하는 국제슬로시티 공동체(International network of cities wheres living is easy')가 스토리텔링이다.

공정관광(Fair tourism)이란 생산자와 소비자가 대등한 관계를 맺는 공정무역(Fair trade)에서 따온 개념으로, '아름다운 여행의 대가는 오랫동안 그 땅을 지켜온 현지인에게 돌려야 한다.'는 생각에서 출발되었다. 즉 즐기기만 하는 여행에서 초래된 환경오염, 문명 파괴, 낭비 등을 반성하고 어려운 나라의 주민들에게 조금이라도 도움을 주자는 취지에서, 2000년대 들어서면서 유럽을 비롯한 영미권에서 추진되어 왔다. 관광산업은 전 세계적으로 매년 10%씩 성장하지만 관광으로 얻어

지는 이익의 대부분은 G7국가에 속한 다국적 기업에 돌아가기 때문에, 공정여행을 통해 현지인이 운영하는 숙소를 이용하고, 현지에서 생산되는 음식을 구입하는 등 지역사회를 살리자는 취지를 담고 있다.

공정관광이란 관광지에서 쓰는 돈이 그 지역과 공동체의 사람들에게 직접 전달되고, 관광을 통해 숲이 지켜지고, 사라져 가는 동물들이 살아나며, 서로의 문화를 존중하고 경험하며, 관광자와 이를 맞이하는 서로가 서로를 성장하게 하는 여행, 쓰고 버리는 소비가 아닌 관계의 여행을 말한다.

최근 국내에서도 봉사와 관광을 겸하는 공정관광 상품이 등장해 인기를 끌고 있다. 국내 공정 여행을 처음 도입한 곳은 인권운동단체인 '국제민주연대'로 여행의 경제적 혜택을 여행자, 여행산업, 정부, 주민들 간에 공평하게 공유하자는 취지로 시작되었다. 관광산업이 거대산업으로 성장했음에도 실제 여행에서 쓰이는 돈이 지역과 공동체에게 돌아가는 비중은 불과 1~2%에 지나지 않기 때문이다.

### 공정 여행자가 되는 10가지 방법

여행은
'떠남'이 아니라 '만남'이며, '소비'가 아니라 '관계'이며,
'어디로'가 아니라 '어떻게'이다.

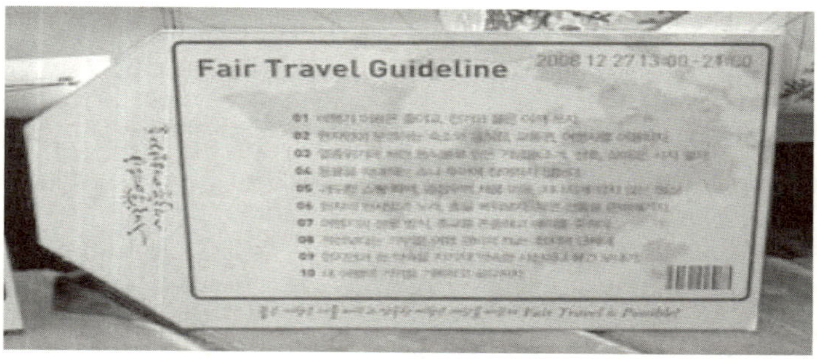

1. 지구를 돌보는 여행
   비행기 이용 줄이기, 1회용품 쓰지 않기, 물을 낭비하지 않기
2. 다른 이의 인권을 존중하는 여행
   직원에게 적정한 근로조건을 지키는 숙소·여행사를 선택하기
3. 성매매를 하지 않는 여행
   아동 성매매, 섹스관광, 성매매 골프관광 등을 거부하기
4. 지역에 도움이 되는 여행
   현지인이 운영하는 숙소, 음식점, 가이드, 교통시설 이용하기
5. 윤리적으로 소비하는 여행
   과도한 쇼핑 하지 않기, 공정무역 제품 이용하기, 지나치게 깎지 않기
6. 친구가 되는 여행
   현지 인사말을 배우고 노래와 춤 배우기, 작은 선물 준비하기
7. 다른 문화를 존중하는 여행
   생활 방식, 종교를 존중하고 예의를 갖추기
8. 상대를 존중하고 약속을 지키는 여행
   사진을 찍을 때 허락을 구하고, 약속한 것을 지키는 여행
9. 기부하는 여행
   적선이 아니라 나눔을 준비하자. 여행 경비의 1%는 현지의 단체에 기부하기
10. 행동하는 여행
    환경·동식물을 해치는 일, 매춘 등 현지에서 일어나는 비윤리적인 일에 항의하고 거부하기

출처 : 희망을 여행하라, 소나무, 2009

## 2) 문화관광

문화관광(Cultural tourism)이란 문화수준을 향상시키고 새로운 지식, 경험, 만남을 증가시키는 인간의 다양한 욕구를 충족시키는 관광활동을 말한다. 한국관광공사(1995)는 문화관광을 문화적 동기를 가지고 전통과 현대의 다양한 문화를 적극적으로 체험하는 특별목적관광(SIT: Special Interest Tourism)의 일종으로 정의내리고 있다. 또한 WTO(1985)에서는 연구관광, 무대예술,

문화여행, 축제와 그 외의 문화행사, 역사적인 장소와 유적, 자연과 민속, 예술을 배우는 여행, 순례 등의 문화적인 동기에 의한 인간행위로 폭넓게 정의내리고 있다.

이러한 문화관광에는 음식관광, 문학관광, 스포츠관광, 의료관광, 교육관광, 다크투어리즘 등이 있다.

음식관광(Food tourism)은 음식이 관광행동을 결정하는 주요한 동기로 작용하는 특별목적관광의 한 형태로, 요리관광(Culinary tourism), 미식관광(Gastronomic tourism), 식도락관광(Gourmet tourism), 퀴진관광(Cuisine tourism) 등으로 불린다. 고유한 문화와 역사가 담겨 있는 한 나라의 음식은 최고의 관광자원으로 인식되면서 관광자들이 특정 음식점, 시장 또는 농식품을 생산하는 특정장소를 방문해 경험하는 관광형태를 의미한다. 대표적으로 유명 와인산지를 방문하는 와이너리 투어(Winery tour), 스페인의 대표적인 음식 타파스[1] 투어나 뉴욕의 유명음식 골목을 살피는 그리니치[2] 투어 등이 있다.

한국의 전통 궁중요리

1) 에스파냐의 전채요리로 주요리를 먹기 전 작은 접시에 담겨 나오는 음식이다.
2) 뉴욕의 브로드웨이, 웨스트 하우스턴 스트리트, 14번가로 둘러싸여 있으며 워싱턴 스퀘어와 뉴욕대학이 속해 있는 곳으로, 1950~60년대에는 젊은 예술가들이 모여 사는 문화지역이었으며 지금은 고급 주택지로 유명하다. 곳곳에 분위기 좋은 카페와 재즈클럽, 부티크 등이 있어 관광객들이 많이 찾고 있다.

스포츠관광(Sports tourism)이란 개인이 일시적으로 일상생활권을 벗어나 신체적 활동이나 관람을 하거나 또는 그런 활동과 관련된 매력물을 좋아하는 레저 중심의 여행을 말한다(Gibson, 1999). 즉 제한된 시간 동안 일상생활권을 벗어난 스포츠 중심의 여행이다. 여기에서 스포츠는 독특한 규정, 신체적 능력에 관련된 경쟁, 그리고 놀이적 특성을 지닌다(Hinch & Higham, 2001). 한국관광공사(1996)는 스포츠 참가나 관람을 목적으로 하고, 일시적으로 일상 생활권을 떠나 다시 일상 생활권으로 돌아오기까지의 사람들의 행동이라고 보다 폭넓게 정의내리고 있다.

스포츠 관광은 월드컵이나 올림픽 등의 스포츠 이벤트 관람과 스포츠 관련 명소 방문, 그리고 스포츠 직접 참여 등의 세 가지 범주로 나눌 수 있다. 이 중에서 월드컵이나 올림픽 같은 스포츠 이벤트는 개최지역에 다양한 파급효과를 발생시키는 것으로 알려져 있다.

의료관광(Medical tourism)이란 다른 지방이나 나라에서 건강의 유지, 회복, 촉진 등을 위해 의료서비스를 받은 환자와 그 동반자가 의료서비스와 병행하여 관광하는 것을 말한다. 일반 대중관광과는 달리 의료관광은 치료와 관리를 위해 특정 나라에서 온 사람들로 비교적 긴 기간을 체재하기 때문에, 그에 따른 관광객들의 경제적 파급효과가 높은 것으로 알려져, 2009년 5월 「의료법」 개정을 계기로 대한민국에 대표 관광상품으로 의료관광을 선정 및 지원하고 있다.

교육관광(Edu-tourism)이란 단순한 유람이 목적이 아니라, 어떠한 교양을 얻고자 다른 지역을 여행하며 돌아보는 것을 의미한다. 즉 관광자의 지적인 관광욕구를 충족시킬 수 있는 교육을 목적으로 한 관광활동을 말한다.

최근 교육의 중요한 수단으로서 관광과 레저활동이 중요하게 인식되고 있어 새로이 생겨난 개념이라 생각하기 쉬우나, 그 근간은 17~19세기 그랜드투어(Grand tour)에 있다. 영국의 귀족층 자녀를 대상으로 유럽 내 다른 지역의 문화를 습득하기 위한 여행으로 길게는 수년에 걸친 긴 여정이었다. 관광 중에 외국어・펜싱・승마・무용 등의 특기에서 외교에 이르는 학습을 하게 되며, 이는 유학의 형태로 발전하게 되었다.

가장 대중화된 교육관광의 형태로는 수학여행을 들 수 있다. 역사·문화적 가치가 있는 유적지·박물관·미술관 등을 방문하여 현장학습·체험학습 중심의 생동감 있는 교육의 장으로 관광을 하는 것이다. 또한 기업의 산업 시찰여행, 어학연수 등도 교육관광의 한 형태이다.

### 그랜드투어(Grand Tour)란?

17세기 중반부터 19세기 초반까지 유럽, 특히 영국 상류층 자제들 사이에서 유행한 유럽여행을 말한다. 주로 고대 그리스 로마의 유적지와 르네상스를 꽃피운 이탈리아, 세련된 예법의 도시 파리를 필수 코스로 밟았다. 무엇보다 그랜드투어는 여행 관행의 기본 틀을 만들어 내었다. 지금의 관광여행은 그랜드투어의 패턴을 받아들여 확대시킨 것이다.

역사적으로 그랜드투어는 유럽 각국의 귀족계급으로 하여금 공통의 행동 규범과 미적 감각을 갖게 하는 데 중요한 역할을 했다. 그랜드투어를 통해 이탈리아에서 얻은 심미안과 프랑스에서 얻은 교양이 결합했으며, 그 결과 종전에는 문화적으로 뒤처져 있던 유럽 외곽 지역은 도회적 세련미를 얻을 수 있었다. 귀족층에 한정되었던 변화는 점차 대중들에게 전파되었고, 나아가 서양 세계는 이로 인해 고대 유럽의 예술적 유산에 대한 공통의 애정을 갖게 되었던 것이다.

그랜드투어라는 말은 영국의 가톨릭 신부 리처드 러셀스(Richard Lassels)가 그의 책 『이탈리아 여행(The Voyage of Italy)』(1670)에서 처음으로 사용했다. 러셀스는 영국의 유력한 귀족 집안의 가정교사로 일했으며, 이탈리아를 다섯 차례 방문했다. 그는 건축과 고전, 그리고 예술에 대해 알고 싶다면 프랑스와 이탈리아를 방문해야 하며, 젊은 귀족의 자제들이 세계의 정치와 사회, 경제를 제대로 이해하기 위해서는 반드시 그랜드투어를 해야 한다고 말했다.

러셀스의 책 출간을 전후하여 영국에서 시작된 그랜드투어는 점차 다

른 북유럽 국가의 부유층으로 퍼져나갔다. 짧게는 몇 달, 길게는 몇 년에 걸쳐 유럽 곳곳의 유적과 문화의 숨결을 직접 체험하는 이 여행은 귀족 사회의 등용문처럼 간주되어 큰 인기를 얻었다. 그들은 주로 고대 그리스 로마의 유적지와 르네상스를 꽃피운 이탈리아의 도시들, 그리고 세련된 예법의 도시 파리를 돌아보며 보다 높은 소양과 지적 체험을 쌓고자 했다.

여행 경로는 우선 도버해협을 건너 프랑스 파리로 가서 프랑스 상류 사회의 각종 예법과 언어를 배웠다. 그 다음에는 스위스 제네바를 거쳐 알프스를 넘고 이탈리아 북부를 지나 로마로 가서 유적지를 돌아보았다. 유적지 순례가 끝나면 피렌체와 피사, 베네치아에서 르네상스와 고전예술을 공부했다. 그리고 나폴리로 내려가 고대 그리스 로마 유적지인 폼페이와 헤르쿨라네움을 돌아본 후 베수비오 화산을 방문하면 여정은 끝이 났다. 여행이 길어지면 시칠리아와 그리스까지 내려가는 경우도 있지만 보통 이쯤에서 여정을 마치고, 돌아오는 길에 독일어권 나라들을 둘러보았다. 스위스의 인스부르크, 독일의 베를린, 하이델베르크, 뮌헨, 네덜란드의 암스테르담을 거쳐 영국으로 돌아오는 것이 일반적인 코스이다.

이러한 여행에는 대개 두 명의 가정교사를 대동했다. 한 명은 학문을 가르치고, 다른 한 명은 승마와 펜싱, 춤 등을 가르쳤다. 또 짐을 나르는 하인과 통역을 담당하는 사람, 그리고 전용 마차도 필요했다. 열차도 없고 다른 운송 수단조차 여의치 않았던 시절에 이러한 긴 여정을 소화하기 위해서는 막대한 비용을 지불해야만 했다. 그렇기 때문에 이 여행은 상류 사회의 전유물이 되었고 부를 과시하는 수단이 되기도 했다.

출처 : 두산백과, 그랜드투어 홈페이지(http://www.thegrandtour.it)

다크투어리즘(Dark tourism)은 블랙투어리즘(Black tourism) 또는 그리프투어리즘(Grief tourism)이라고도 불리며, 휴양과 관광을 위한 일반 여행과 다르게 재난이나 역사적으로 비극적인 사건이 일어났던 곳을 찾아가 체험함으로써 반성과 교훈을 얻는 여행을 말한다. 9·11테러로 무너진 세계무역센터 자리인 그라운드 제로, 유대인대학살 현장인 폴란드의 아우슈비츠수용소, 수백만 명이 학살된 캄보디아의 킬링필드, 원자폭탄이 투하됐던 일본의 히로시마와 나가사키 등이 대표적인 다크투어리즘 코스다. 우리나라의 경우도 2008년 2월 국보 1호 숭례문이 방화로 소실되면서 당시 다크투어리즘 인파가 몰리기도 하였다.

출처 : 중앙일보, 2008년 2월 18일자

[그림 1-4] 불탄 숭례문에 모여든 다크투어리즘 인파

## 3) 복지관광

복지관광은 소셜 투어리즘(Social tourism)이라고도 불리며, OECD에서는 여행자금이 없거나 여행사정에 어둡기 때문에 관광여행에서 소외된 국민층을 관광여행에 참여시키기 위해 필요한 수속과 이에 대한 구체적인 조치를 마련하여 보다 많은 사람들이 관광여행에 참여케 하는 복지차원의 관광장려

정책이라 정의내리고 있다. 가장 유명한 사례로 스위스 여행금고(REKA: Schweizer Reisekasse)가 있으며, 국내의 경우 관광바우처 등이 있다.

이러한 복지관광의 한 형태로 실버관광을 들 수 있다. 실버관광(Silver tourism)이란 시니어관광(Senior tourism)으로도 불리며, 사회발전에 따라 국민들의 소득수준이 향상되었고, 동시에 고령화사회가 진행됨에 따라 노년층의 여행에 대한 욕구가 증가하면서 노인층이라는 특수계층을 중심으로 한 관광형태를 의미한다. 노인층의 생리적·신체적 주기 변화에 따라 여행 프로그램이 구성된다는 특징이 있다.

### 스위스 여행금고(REKA: Die Genoseenschaft Schweizer Erisekasse)란?

1939년 경제력이 부족한 국민들이 관광과 휴가를 즐기게 하기 위해 설립되었다. REKA는 가능한 한 많은 스위스 국민 및 가족들이 스위스에서 레저와 휴가를 즐길 수 있도록 지원함으로써 사회적 가치를 실현하는 데 그 목적을 두고 있다. 2010년 현재 500개 이상의 회원으로 구성되어 있으며, 고용주 및 노동자협회, 관광 및 교통 관련 기업 등이 수익창출을 포기하면서 REKA의 사회적 구상을 지원하고 있다. 대표적 기능으로 REKA 지불수단의 제공, 휴가비 절약수단 제공, 저렴한 휴가여행에 관한 정보제공, 저렴한 숙박시설 개발 및 운영, 저소득가족 초청 여행 실시, 지속가능한 관광개발을 위한 지원 등이 있다.

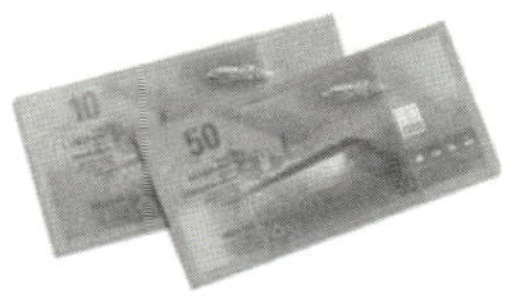

출처 : 스위스 여행금고 홈페이지(http://www.reka.ch/de)

# 제 장 02 관광의 역사와 미래

먹을 것을 찾아다니며 유목생활을 하던 인류는 BC 5000년경 촌락을 형성하여 정착생활을 하게 되었고, 이후 촌락과 촌락 간의 교류, 물물교환, 이민족 간의 침입, 성지순례 등으로부터 관광이 시작되었다고 볼 수 있다. 이후 바퀴·화폐의 발명에서, 나침반·지도의 발명, 증기기관과 자동차의 발달로 이어지는 관광의 역사에 대해 살펴보고자 한다.

서양의 관광사는 그리스·로마시대, 중세, 근세, 근대, 현대로 구분하여 그 특징을 살펴보고, 동양의 관광사는 중국과 일본의 관광 역사를 중심으로 알아보고자 한다. 한국의 관광사는 고조선에서 시작된 관광발생기, 개항시기의 관광도입기, 「관광진흥법」 제정을 통한 관광발전기, 현대의 관광성숙기로 구분하여 알아본다.

## 1. 서양의 관광사

그리스시대에는 철학자, 군인, 승려, 일부 부유 귀족층과 상인들이 체육, 보양, 종교의 이유로 관광을 하였다. 로마시대에는 로마를 중심으로 한 도로망 정비, 교통기관(마차)의 발달, 숙박시설 증가, 화폐경제의 정착, 치안유지, 지식수준 향상 등으로 인해 관광이 발달하기 시작했다. 그리스·로마시대에는 여

바닷길을 통한 교류

행하는 사람을 '신성한 사람'으로 후대하였으며, 이 환대관습은 호스피탈리타스(Hospitalitas)라 하여 최고의 미덕의 하나로 여겨지게 되었다.

중세에 들어 성직자들의 순례여행이 시작됨에 따라 성지인 예루살렘, 로마, 스페인의 산티아고 등이 관광지로 각광받게 되었다. 또한 십자군 원정으로 항해술, 조선기술, 해양지도 등이 발전하면서 관광도 더불어 발전하게 되었다. 또한 초원길, 비단길, 바닷길을 통한 동서문화의 교류가 시작되었다.

### 순례여행(Pilgrimage)이란?

사우디아라비아 메카의 무슬림

신앙심의 형태로서 행하게 되는 신성한 지역으로의 여행을 말한다. 성경에는 예루살렘에 히브리 사람들이 대규모로 모였다는 기록이 있다. 제롬(St. Jerome)을 포함한 초기 기독교인들은 신성한 영토를 방문하였다. 중세기에 기독교인들은 스페인의 샌디에이고 콤포스텔라와 영국의 캔터베리와 같은 몇몇 성지에 몰려들었다. 순례여행에 대한 열망은 많은 사람들을 자극하였으며, 길과 여관 등이 건설되었다.

신앙을 위한 여행은 여전히 현대 기독교인들에게 계속되고 있다. 매해 약 이백만 명의 사람들이 로마 가톨릭 성지를 방문하고 있으며, 교회에서의 사역여행(commitment tour), 전도여행(evangelical tour) 등의 형태로 이어지고 있다.

이슬람교(회교)도의 경우 기본적인 의무 가운데 하나가 성지순례로, 메카라는 신성한 도시를 방문한다. 세계 각지에 살고 있는 회교도들은 카바라는 신성한 지역을 방문하기를 꿈꾸며, 많은 사람들이 메디나의 예언자 모하메드의 묘를 방문하고 있다.

18세기 후반에서 19세기 초에 걸쳐 유럽의 귀족, 작가와 시인들이 견문 확대와 깊이 있는 지식을 위해 유럽 여러 나라를 방문하는 그랜드투어(Grand tour)가 활발해지기 시작했다. 또한 증기기관차의 등장으로 관광이 대중화되기 시작했다.

제2차 세계대전 이후 근대에 이르러 대규모 대중관광으로 조직적인 관광사업의 시대가 열리게 되는데, 이러한 시기를 대량관광(Mass Tourism)의 시대라고 한다. 관광이 중산층 서민대중을 포함하는 전 국민, 전 계층의 여가선용과 자기 창조의 활동으로 폭넓은 동기에 의해서 이루어지는 사회현상으로 여겨지기 시작했다. 토마스 쿡의 활동으로 대중들의 즐거움을 위한 여행업이 최초로 문을 열었다(1845년부터 지금까지 토마스쿡여행사는 운영 중이다).

현대에 들어 산업화의 진행으로 새로운 부유층이 발생, 즐거움을 위한 여행을 다닐 수 있는 시간적·경제적인 여유를 가진 사람이 등장하기 시작하면서, 관광은 대중화되었다. 또한 관광수요의 증가로 인한 교통시설과 숙박시설이 확대되면서 관광이 양적으로 확대되고 있다.

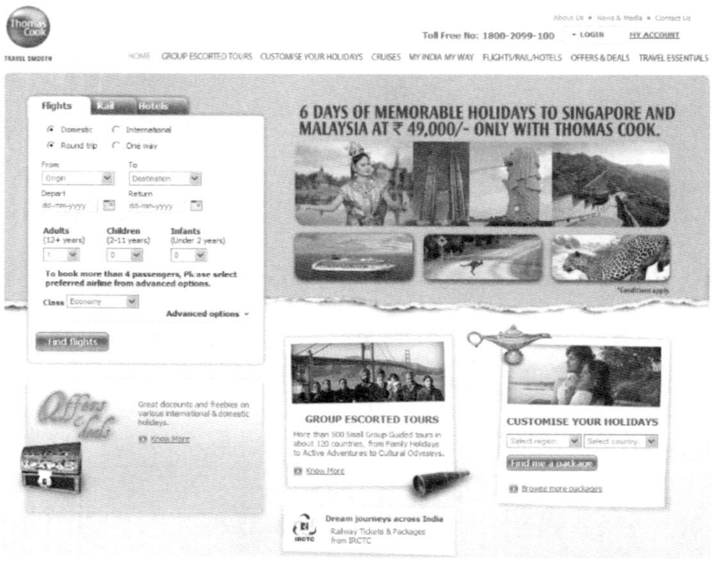


토마스쿡여행사 홈페이지

## 2. 동양의 관광사

서양의 관광이 성지순례라는 종교적 목적에서 시작되었다면, 동양의 관광은 실크로드로 대표되는 무역을 목적으로 시작되었다고 할 수 있다. 알렉산더 대왕의 중국 진출로 실크로드가 개척되어 동서양의 문물교류가 시작되었고, 불교가 북방으로 전파되면서 관광의 역사가 시작되었기 때문이다.

출처 : 네이버지식백과(http://terms.naver.com/entry)

장건출사서역도

중국은 일찍이 여행을 한 인간이 자신의 인격을 수양하고 함양하는 수단으로 여겼다. 이에 문인들은 여행을 학습의 필수과정으로 여기고, 여행에서 느낀 경험을 글, 그림 등으로 다양하게 기록하였다. 진시황의 실크로드를 통한 12년간의 여행, 중국 곳곳을 떠돌며 쓴 사마천의 『사기(史記)』, 명나라 서하객의 중국 전역 답사기인 『서하객유기(徐霞客遊記)』, 험난한 여정을 종교수행의 과정으로 생각한 구법승(求法僧)들의 여행기 등은 고대 중국 여행의 역사를 말해준다.

근세의 중국은 도자기 기술 및 화약, 나침반의 발명으로 서방과의 교역이 본격적으로 시작되어, 육상과 바다를 통해 중국을 찾는 외국인이 많아지게 되었다. 1298년 마르코 폴로의 『동방견문록』도 이 시기에 작성된 것으로, 아시아 전역에 걸친 25년간의 여행을 기록 유럽인들에게 동양을 알리는 가장 중요한 지식서가 되었다.

1949년 중국이 건국되자, 외교사절을 중국으로 초청하여 신생 독립국가 중국을 홍보함으로써 중국 근대관광은 시작되었다. 1978년 개혁개방으로 중국경제가 본격적으로 발전하기 시작하면서, 1985년 중국인의 해외여행이 시작되었다. 그리고 2009년 중국정부는 관광을 중국의 핵심 성장산업으로 지정함으로써, 2004년 세계 4대 관광대국으로 성장하게 되었다.

일본의 경우 근세 에도시대가 시작되어 교통이 발달되면서 여행이 활성화되기 시작했다. 이 시기 해외교역이 시작되었으며, 도로주변에는 숙박시설이 정비되고, 서민들의 보양과 종교 목적의 여행이 시작되었다. 근대 메이지시대에 들어 외국관광객 유치를 위한 일본관광공사(Japan Tourist Bureau)의 설립 등 관광정책이 수립되어, 철도망의 정비와 숙박시설이 확충되었다. 1888년 수학여행이 시작되자 단체관광이 활성화되어 일본은 대중관광시대를 맞기 시작했으며, 1920년 이후 신혼여행의 등장으로 국제관광이 확대되었다.

## 3. 한국의 관광사

### 1) 관광발생기

한국의 관광현상은 고조선시대에서 찾아볼 수 있다. 중국 주변국과의 교역이나 전쟁 등의 이유로 국경 간의 이동이 시작되었으며, 삼한시대에는 한자가 유입되기 시작하여 외국문물을 접하게 되었고, 부여 · 동예 · 마한 등에서는 부족단위에서 축제가 시작되어 여흥을 위한 이동이 시작되었다. 삼국시대는 고구려 · 백제 · 신라가 독립국가로서 각국의 사신을 파견한 시기이자, 불교가 한반도로 전래된 시기이다. 이러한 사신 간의 교류나 불교의 전파과정은 지금 우리가 규정짓고 있는 관광의 정의와 일맥상통한다. 신라의 역참 설치, 혜초의 인도순례, 장보고의 청해진 활동 등으로 당시 상황을 엿볼 수 있다.

### 역참(驛站)이란?

삼례역참

전통시대 공공업무를 수행하기 위하여 설치된 교통 통신기관. 국가의 명령과 공문서의 전달, 변방의 긴급한 군사정보 및 외국 사신 왕래에 따른 영송(迎送)과 접대, 그리고 공공 물자의 운송 등을 위하여 설치된 교통 통신기관이다. 흔히 우역(郵驛)·역관(驛館)이라고도 하였다. 원(元) 참적(站赤)제도의 영향을 받아 참이 설치됨으로써 역참(驛站)으로 통용되었다.

역참은 군사·외교 면에서뿐만 아니라 행정적인 측면에서도 중앙집권적인 사회를 유지하는 데 중요한 역할을 하였다. 육상에는 육참(陸站)을 설치하여 주로 역참이라 하였고, 해상이나 강변에는 수참(水站)을 설치하여 수로와 육로를 연결하였으며, 때로는 통행인을 검문하는 관방(關防)의 구실도 하였다.

이후 통일신라시대에는 아랍상인 등의 모습이 사료에 나타나고 있으며, 고려시대에는 불교의 융성으로 주요 도시와 사찰을 연결하는 도로가 생겨나기 시작했다. 그러나 신분적 차별이 심해 귀족과 특권계층만이 도로나 역참을 통한 이동이 가능했던 시기이다. 당시 귀족 자제들의 국내외 유학이 시작되었으며, 명산사찰 유람, 사냥, 뱃놀이 등의 놀이문화가 확산되기 시작했다. 이 시기 외국사신들의 숙소인 신창관(新倉館)이 운영되기도 했다.

조선시대에 양반인 사대부는 시와 풍류를 즐기면서 학문적 교양 확대를 위한 단체여행을 하기도 했으며, 관용여관인 역(驛)과 일반인 이용도 가능한 객사(客舍) 등 여행자의 숙식을 해결하는 숙박업이 등장했다. 또한 연행사나 조선통신사 등 국제적인 교류도 있었던 시기이다.

출처 : 한국학중앙연구원(www.aks.ac.kr)

연행사 일행(1863년)

출처 : 한국학중앙연구원(www.aks.ac.kr)

조선통신사 행렬도(1852년)

### 객사(客舍)란?

전주객사 '풍패지관'

고려·조선 시대에 각 고을에 둔 관사(館舍)로 객관(客館)이라고도 한다. 『고려사』에는 고려 말 1279년(충렬왕 5) 8월부터 지었다는 기록이 있으나, 실제로는 고려 초부터 지어지기 시작했다고 전해진다. 조선시대에는 이곳에 왕을 상징하는 전패(殿牌)를 모시고 매달 초하루와 보름에 대궐을 향해 예를 올렸으며, 외국 사신이나 중앙에서 내려오는 관리들의 숙소로도 사용되었다. 관찰사가 일을 보는 동헌보다 격이 높았으며, 관리는 이곳에 머물면서 교지(敎旨)를 전하기도 하였다.

일제 때 조선시대의 관청들을 없애버린다는 식민지정책에 따라 많은 객사가 불하되고, 다른 목적으로 쓰이면서 구조상의 변형이 있었다. 남아 있는 객사는 대부분 조선시대의 것으로, 강릉의 객사문(客舍門: 국보 51), 전주객사(보물 583), 고령의 가야관(伽倻館) 등은 조선 전기에, 통영객사·여수객사 등은 조선 후기에 지은 것이다.

## 2) 관광도입기

1876년 일본과의 강화조약, 병자수호조약의 체결로 부산항 등 3개항이 개항되고, 1905년 경부선 개통과 1906년 경의선 개통으로 관광이 활발해지기 시작했다. 외국인들의 입국이 본격적으로 시작되면서 객주조합이 결성되어 개항지에서 외국상품 판매의 중개역할과 숙소제공 역할을 하게 되었다. 근대적인 모습을 갖춘 여관이 서울·인천을 비롯하여 전국적으로 생겨나기 시작했다.

출처 : 한국학중앙연구원(www.aks.ac.kr)

기산풍속도첩 속의 객주

우리나라에서 최초로 세워진 근대적 호텔은 1888년에 설립된 인천의 대불호텔이며, 서울에 생긴 최초의 서양식 호텔은 1902년에 설립된 손탁호텔이다. 이후 1912년 부산, 신의주 최초의 철도호텔 설립, 1914년 서울 조선호텔 설립, 1915년 금강산 금강산호텔, 장안사호텔 설립, 1938년 서울 반도호텔 설립 등 호텔 건설이 본격화된다. 또한, 일본은 대륙진출 활성화를 위해 1914년 일본교통공사(JTB)의 한국지사를 개설하고, 일본인을 위한 관광업무를 시작하였다.

손탁호텔

대불호텔

## 3) 관광발전기

해방 후 1961년 「관광사업진흥법」이 제정되면서 본격적으로 정부주도형 관광사업의 발전기를 맞이하게 된다. 외화획득을 목적으로 관광기반시설들이 확충되며, 관광개발정책의 일환으로 지리산을 국립공원(1967년)으로 지정, 국립공원제도를 출범시킨다. 또한 1962년 6월 설립된 국제관광공사(現 한국관광공사)는 국제관광객 유치를 위해 태평양지역관광협회(PATA)나 미주지역여행협회(ASTA) 등에 가입함으로써 국제무대에 진출하게 된다.

**■ 태평양지역관광협회(PATA : Pacific Area Travel Association)란?**

PATA는 아태지역 관광인들의 제창에 의해 1951년 하와이에서 창설되어, 동지역 관광산업의 발전을 도모하기 위해 전 세계 73개국의 정부 관광기관을 중심으로 1,000여 개의 다양한 회원들로 구성된 민관합동 국제기구로, 아시아태평양관광협회라고도 한다. 한 협회 내에 공공부문과 민간부문이 동시에 가입하고 있으면서 협력관계를 창출하는 유일한 기관으로, 정부・지자체의 관광사무소・항공사・크루즈사・공항・호텔・여행사・리조트・홍보기관・언론사・조사연구기관・관광지개발회사・경영컨설팅회사・교육훈련기관 등 매우 다양한 회원들로 구성되어 있으며 이들은 모두 아태지역의 역내 관광을 증대시키려는 공통의 목적을 가지고 있다. PATA는 연차총회・관광교역전(展)・세계지부회의 및 마케팅 세미나 개최, 관광지・관광상품 개발 자문, 조사연구 및 시장동향 등의 정보제공, 관광인력 개발・훈련 등의 활동을 통해 아태지역 내 관광교류를 촉진시키고, 관광산업의 발전 및 부가가치 창출에 기여하고자 노력하며, 모든 관광객들이 선호하는 여행목적지로서의 아태지역을 부각시켜 PATA의 회원들로 하여금 산업 내 경쟁에서 우위를 확보하도록 돕는 역할을 한다. 우리나라는 1963년 한국관광공사가 정부회원으로 이 기구에 정식 가입하였다.

■ **미주지역여행협회(ASTA : American Society of Travel Agents)란?**

1931년 2월에 창설된 조직단체로서 여행업자들 간의 상호 공동이익을 도모하고 협회 회원을 비롯한 각 호텔 산업체, 여행알선업체, 운송기간 등 상호 불공정한 경쟁을 배제함으로써 관광, 호텔, 여행 서비스의 향상을 기하는 데 목적을 가지고 있는 미주 여행업협회를 말한다.

1970년대에 정부는 관광분야를 경제개발계획에 포함시켜 국가 주요 전략산업으로 추진하게 된다. 「관광진흥개발기금법」 제정을 통해 관광사업을 지원하기 시작하여 관광호텔업의 경우 세제를 지원하여 건설 붐을 이루기도 했으며, 1978년에는 외래관광객 100만 명에 달하게 된다. 또한 보문, 중문 등의 관광단지 등이 전략적으로 개발되기 시작했으며, 관광권역이란 개념이 관광정책에 등장하기 시작한다.

1980년대의 아시안게임, 서울올림픽 등 국제적인 행사의 유치, 1989년 해외여행 자유화 시대를 맞이하며 급격한 여행객의 증가와 관광시장의 대외개방 등 현재의 모습을 갖추게 되었다.

**해외여행자유화란?**

1983년 한국관광공사는 2001년을 목표로 한 관광계획의 일환으로 '국민관광장기종합개발계획'을 수립하였는데 그 주요 내용으로 국내여행의 증가, 레크리에이션활동의 적극 추진, 드라이브 여행인구의 급증, 해외여행 증가경향에 대비한 여가관광시설의 개발을 강조하였다. 이후 1983년 1월 1일부터 50세 이상 국민에 한하여 200만 원을 1년간 예치하는 조건으로 연 1회에 유효한 관광여권을 발급해 주기 시작함으로써 사상 최초로 국민의 관광목적 해외여행이 자유화되었다. 하지만 연령제한, 예치금의 규모, 여권발급의 어려움, 여행경비의 제한 등으로 일부 계층만 해외여행이 가능하였다. 이후 1987년 45세 이상, 1인당 5,000~6,000달러 여행경비 자유화로 조정하였으나, 예치금 및 여권발급의 어려움 등은 여전히 남아 있어 여전히 많은 국민들에게 해외여행은 아무나 갈 수 없는 것이었다.

1989년 1월 1일, 서울올림픽 이후 국제적으로 폐쇄된 나라라는 인상을 지우기 위해 연령 제한 없는 해외여행 완전 자유화가 시행되었다. 그럼에도 여권발급절차는 외무부 여권과에서만 발급이 가능해 일반인들이 발급받기는 쉽지 않았다.

하지만 90년대 들어 1994년 해외여행경비 자유화, 1995년 병역 미필인 고교생과 대학생의 해외여행 완전 자유화, 1999년 군인이나 군무원도 해외여행이 자유화되었고, 초・중・고등학생도 해외 유학 및 학생 어학연수가 완전 자유화되어 오늘에 이르렀다.

### 4) 관광성숙기

1900년대에 들어 관광개발의 목적을 외화획득과 국민 삶의 질 향상으로 정함에 따라 1994년 관광업무 담당부처를 교통부 내 관광과에서 문화체육부로 이관하였다. 관광개발 기본계획 및 권역별 관광개발 계획의 지속적인 추진을 위하여 법정계획을 확정하고, 관광산업에 대한 각종 규제가 완화되기 시작한다. 지방자치제도가 시행됨에 따라 지역별로 테마관광지 조성, 문화관광상품 개발 등 지역경제 활성화 및 지역주민의 소득증대가 중요한 이슈로 등장하면서 기존 관광개발정책의 기조가 점차 변화, 1998년 문화관광부로 부서 명칭을 개칭하고, 타 부처에서도 생태관광(환경부), 농어촌관광(농림부), 해양관광(해양수산부) 등에 대한 사업을 적극 추진하도록 하였다.

2000년대는 외화획득, 국가(지역)위상 및 이미지, 국민여가 등의 관점이 복합적으로 작용하는 가운데 지역경제 활성화 및 지역의 국제화라는 관점에서 지역전략산업으로서의 관광산업에 대한 접근이 나타나기 시작했다. 특히 2000년대 들어 관광에 대한 관심이 이전에 비해 급격히 증가하였으며, '한류관광', '농촌관광', '문화관광' 등과 더불어 'MICE', '의료관광' 등을 국가 및 지역의 전략산업으로 집중 육성하려는 노력이 전개되었다.

또한 금강산관광사업이 시작됨에 따라 관광을 통한 '민족교류' 및 '민족화합'이라는 남북관계의 특수적 상황에 배경을 둔 인식이 나타나기도 하였다.

1980년 후반에 모습을 드러냈던 복지관광(사회적 관광, Social Tourism[3])은 2005년부터 장애인, 복지시설 아동 및 한 부모 가정 아동, 노약자, 외국인 근로자, 국제결혼이주여성 등 취약계층을 위한 복지관광 프로그램이 본격적으로 시작되었다. 또한 환경의 중요성, 관광의 지속가능성 등에 대한 논의가 이슈화되면서 공정관광, 착한 여행 등이 등장하고 있다.

### 금강산 관광이란?

금강산 관광은 현대아산에서 1998년부터 추진하고 있는 북한의 금강산 일대 관광사업을 말한다. 남한 주민들이 북한의 금강산을 관광하는 '금강산 관광사업'은 지난 1989년 고 정주영 회장이 방북하여 금강산 남북공동개발 의정서를 체결한 후, 1998년 6월 북한(조선 아시아태평양 평화위원회와 금강산관광총회사)과 현대가 금강산 관광사업 계약을 체결하면서 본격 추진되었다. 금강산 관광 대가로 매월 1,200만 달러를 북한에 지불하기로 하고 1998년 11월 18일 '금강호'가 첫 출항을 했다.

당초 현대와 북한이 공동으로 금강산관광개발 합영회사를 설립할 계획이었으나 이는 무산되었고, 1999년 2월 금강산 관광을 위해 '현대아산'이 설립되었다. 이후 '풍악호', '봉래호' 등 유람선과 쾌속 관광선인 '설봉호'가 현대상선에 의해 운항되었으며, 육로를 통한 관광, 금강산 관광특구 지정 등이 논의되었으나 계속 지연되었다. 현대그룹의 자금난과 관광객 감소, 이로 인한 대북지불금 연체 등으로 2001년 들어 금강산 관광은 위기를 맞았고 2001년 6월 한국관광공사가 금강산 관광사업 참여를 발표하였다. 또 대북지불금도 월 600만 달러로 조정했다.

3) 경제적으로 취약한 계층을 위하여 대부분의 경우 특별한 조직에 의해 추진되는 관광현상을 의미함. 스위스 여행금고(REKA)가 대표적인 사례로 1939년 경제력이 부족한 국민들이 관광과 휴가를 즐길 수 있도록 하기 위해 설립됨. REKA는 가능한 한 많은 스위스 국민 및 가족들이 스위스에서 레저와 휴가를 즐길 수 있도록 지원함으로써 사회적 가치를 실현하는 데 그 목적을 둔다. 2010년 현재 500개 이상의 회원으로 구성되어 있으며, 고용주 및 노동자협회, 관광 및 교통 관련 기업 등이 수익창출을 포기하면서 REKA의 사회적 구상을 지원하고 있다.

그러나 결국 금강호, 풍악호, 봉래호는 운항을 멈추었으며 2001년 11월 현대상선은 금강산 관광사업에서 철수했다. 이에 정부는 「남북협력기금법」에 규정된 '남북간 왕래경비 지원'에 따라 관광경비를 보조해 주기로 결정, 2002년 4월부터 금강산 관광 경비 보조가 시작되면서 금강산 관광이 다시 활기를 띠게 되었다. 또한 2002년 11월 북한은 개발자에 대한 비과세 원칙을 규정하고 외화의 자유로운 반출입을 허용하는 금강산 관광특구를 공식 지정했다. 이에 따라 현대아산은 금강산 관광지구의 토지에 대해 2052년까지 50년간 이용할 수 있는 이용권을 북측으로부터 확보했다. 이후 북한 핵문제가 불거지면서 금강산 관광 경비 보조가 2003년부터 중단되어 다시 금강산 관광객이 감소하였으나, 2003년 9월부터 육로를 통관 관광이 본격적으로 시작되면서 육로관광이 늘어나게 되었다. 하지만 2008년 7월 남측 관광객이 북한군 초병이 쏜 총격으로 사망한 사건이 일어난 후 금강산 관광은 잠정 중단되었다.

## 4. 미래의 관광

인구와 사회형태의 변화, 경제발전, 정치와 제도의 변화, 기술진보, 여행안전확보 등의 영향으로 미래의 관광형태는 매우 다양해질 것이다.

한류의 예에서 볼 수 있듯이 문화의 관광산업화 경쟁이 치열해지고 있다. 대중문화를 비롯한 문화상품의 수출은 각국의 이미지를 재포장하는 중요한 도구가 되어 전략적인 상품개발을 위해 각국 정부가 끊임없이 경쟁할 것으로 보인다. 또한 다양한 문화콘텐츠(공연, 영화, 미술, 스포츠 등)와 결합하여 새로운 형태의 관광이 등장할 것이다.

또한 관광산업은 정보산업과 그 맥락을 같이하여 정보화를 더욱 민감하게 수용하여 발전할 것으로 예상된다. 최근 정보통신기술인 증강현실과 결합한 가상관광, 웹상에서 이루어지는 사이버관광, IT관광 등 4차원 관광이라 부를 수 있는 다양한 형태의 정보기술 기반관광이 현실화될 것이다.

또한 2012년 3월 영화 타이타닉의 캐머런 감독이 성공한 깊은 바닷속으로의 해저여행, 2015년 민간에 첫 실현될 예정인 우주여행, 미국 과학자들이 준비 중이라는 우주행성 간 기차여행 등이 대중화될 날도 머지않아 보인다.

**[버진 갤럭틱의 우주여행]**

리처드 브랜슨의 스페이스십2호 우주선은 새로운 상업 우주 경쟁의 시작을 알렸다. 세계에서 가장 거대한 탄소섬유로 만들어진 화이트나이트2호의 길이는 24m인데, 현재 버진 갤럭틱이 12대를 운영할 예정이다. 버진 갤럭틱의 우주 관광용 비행선의 탑승요금은 미화 20만 달러(한화 1억 9천만 원 상당, 2010년)이며, 1차 200명을 모집하여 2010년 첫 우주여행을 추진하려다 보류 중에 있다. 예약자의 대다수는 미국인으로 알려졌으며 영국, 일본, 러시아 순으로 예약자가 많으며 중국인도 6명 포함되어 있다.

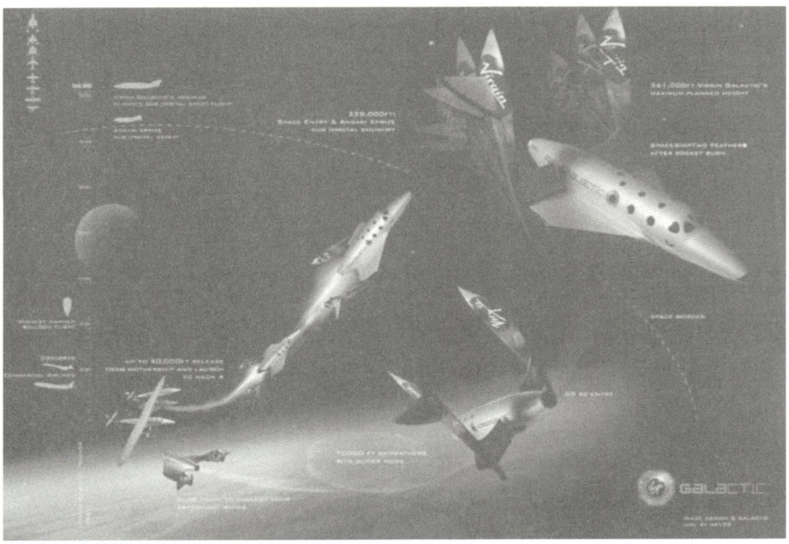


우주여행 개념도(화이트나이트2와 함께 이륙 후 분리되는 스페이스십22)

국내에서도 11번가 여행몰을 통해 판매되었으나, 예약자가 없었다. 우주여행은 뉴멕시코에서 시작된다. 건강상태를 체크한 후 이틀 동안 우주복 착용법, 중력 가속도 적응훈련, 무중력 및 지구 재진입과정 등을 교육받은 뒤 우주선에 탑승한다. 우주여행 전용기인 화이트나이트2(SS2)가 이륙 후 분리되는 스페이스십22(VSS엔터프라이즈)를 타고 4분 동안 무중력 상태를 체험하는 것을 포함해 총 2시간 30분 동안 우주를 유영한다. 최대 6명의 관광객과 2명의 조종사가 한 팀을 이뤄 최대고도 110㎞ 지점에서 지구를 내려다볼 수 있다.

# 제 03 장 관광자

## 1. 관광자의 개념

관광자는 관광활동을 유발시키는 관광이란 행위의 주체이다. 즉 관광을 목적으로 거주지를 떠나서 다른 지역으로 여행하려는 욕구와 능력을 모두 갖추고 있는 사람들을 의미한다.

관광자에 대한 정의는 국내외의 관광관련 단체 또는 관광관련 기구에서 규정짓기 시작하였다. 왜냐하면 관광활동에 대한 정확한 데이터를 수집하여 관광자 관광활동의 통계치를 산정하기 위한 전제조건이기 때문이다. 관광관련 기구에서 내리는 관광자의 정의를 살펴보면 시간, 거주지 이탈 여부, 관광지에서의 활동 등을 기준으로 구분하고 있다.

관광관련 기구의 '관광자'에 대한 정의는 다음과 같다.

〈표 3-1〉 관광자(tourist)의 정의

| 구 분 | 관광자의 정의 |
|---|---|
| 세계관광기구 (UNWTO) | 방문국에서 1박 이상 체재하는 자와 당일 방문하는 사람으로 나눌 수 있으며 여가, 레크리에이션, 휴가, 건강, 연구, 종교, 운동, 사업, 가족, 회의, 업무 등을 목적으로 여행하는 자 |

| | |
|---|---|
| 국제노동기구(ILO) | 24시간 또는 그 이상의 기간 동안 거주지가 아닌 다른 나라를 방문하는 사람 |
| 경제협력기구(OECD) | ① 방문국에서 적어도 24시간을 체재하는 일시 방문자로 여가(레크리에이션, 휴가, 건강, 종교, 운동), 사업, 가족, 업무, 회의를 목적으로 여행하는 자<br>② 당일 여행자는 방문국에서 24시간 미만 동안 체재하는 일시적인 방문자 |

### 1) 관광자와 관광객

관광자와 관광객은 기본적인 의미는 같지만 범위와 견해에 따라 조금은 다른 의미로 해석된다. 인간의 행위를 연구주제로 삼는 인문학이나 사회과학에서의 관광자는 '관광을 하는 주체'로써 접근하는 반면, 경영/경제학에서는 일반적으로 기업경영에 있어서 상품을 구매하는 소비자를 고객으로 구분한 것과 같이 '관광상품을 구매하는 구매고객'을 기업의 입장에서 관광객이라고 부르게 된다. 관광객은 관광의 수요자인 동시에 소비자이며 관광시장을 형성하는 최대의 요소인 것이다.

## 2. 관광자의 유형

관광자의 유형과 특성은 사회적 신분계층과 나이, 성(Sex), 학력, 직업, 소득수준과 소비방식, 거주지, 출신배경 등에 따라 좌우된다. 따라서 많은 학자들은 관광자의 관광목적이나 관광자의 성향, 행동양식 등에 따라 각기 구분하고 있다.

관광목적에 따라 관광자는 여가 관광자와 비즈니스 관광자로 구분된다(Rob Davidson, 1994). 여가 관광자(leisure tourist)는 휴가, 건강, 스포츠, 종교, 교육, 문화 등의 이유로 관광을 하며, 비즈니스 관광자(business tourist)는 회의,

사업상 모임, 전시회, 무역박람회, 교육훈련 이벤트, 인센티브 관광 등을 목적으로 관광하는 사람을 말한다. 하지만 이러한 분류는 너무 포괄적이어서 관광목적에 따라 보다 구체적으로 분류되기도 한다. 즉 친인척방문관광(VFR : Visiting Friends & Relatives), 사업관광, 종교관광, 보양관광, 복지관광, 교육관광, 자연관광, 체험관광, 특별목적관광(SIT : Special Interest Tourism), 문화관광 등 관광목적에 따라 관광자의 유형을 구분한다.

반면, 관광자의 성향에 따라 관광자 행동유형을 구분하기도 하는데(C. Plog, 1977) 이에 따르면 외부지향형(Allocentric), 준외부지향형(Near Allocentric), 중간지향형(Mid-Allocentric), 준자기중심형(Near Psychocentric), 자기중심형(Psychocentric)으로 구분된다.

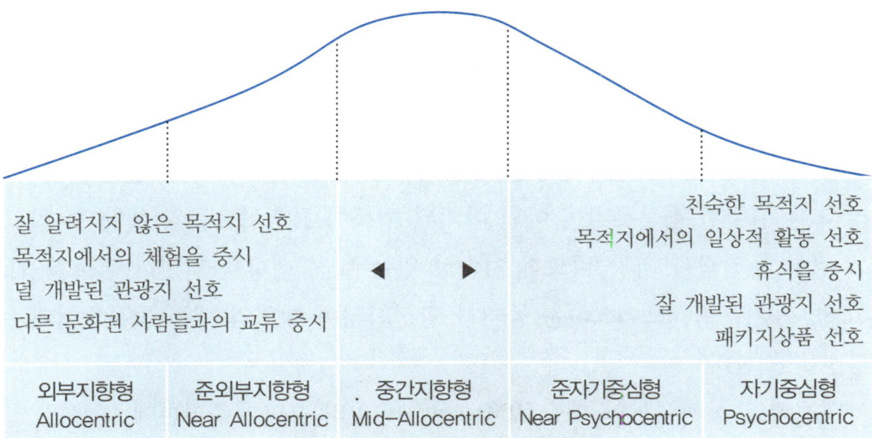


관광객의 관광서비스 이용 정도에 따라 관광자 유형을 분류하면(Cohen, 1972), 단체대중관광자(organised mass tourist), 개별대중관광자(induvidual mass tourist), 탐험형 관광자(explorer), 떠돌이 관광자(drifter)로 구분된다. 단체대중관광자는 단체 패키지상품을 구입하여 잘 알려진 유명관광지를 찾는 형태이다. 개별대중관광자는 에어텔과 같은 준패키지 상품을 구입하여 교통 및

숙박 등을 예약하며, 일정 중 자유여행을 추구하는 형태이다. 탐험형 관광자는 스스로 교통, 숙박을 예약하여 여행을 스스로 준비하고, 현지인과의 상호작용을 중요시하며, 떠돌이 관광자는 결정된 여정 없이 현지에 도착해서 관광목적지와 숙박시설을 결정하는 형태로 일반적인 관광시설 및 서비스를 받지 않으려고 하는 유형이다.

## 3. 관광자 행동

'사람들은 왜 관광을 하는가?'에 대한 답은 관광자가 갖고 있는 욕구나 동기에서 비롯된다고 볼 수 있다. 관광욕구나 동기에 대한 구분은 글뤽스만(1935)에 의해 최초로 시도되었다. 그는 관광의 원인을 파악하기 위해 자발적으로 여행하려 하는 '관념적인 것'과  부득이 여행하지 않으면 안될 '물질적인 것'으로 구분하였다.

동기(motive)란 개인의 행동을 유발시키는 강력하고 지속성 있는 내적 심리 혹은 단순한 행동유발이 아닌 야기된 행동이 특정목표를 지행할 수 있도록 강한 추진력을 가진 비교적 지속성 있는 내적 성향을 말한다(김소영 외, 2008). 동기부여(Motivation)는 동기가 활성화되어 개인의 행동을 유발시키는 과정을 뜻한다.

대표적인 동기이론인 매슬로(Maslow, 1970)의 욕구계층이론에 따르면 일반적으로 사람들의 욕구는 생리적 욕구 → 안전의 욕구 → 소속, 애정의 욕구 → 존경의 욕구→ 자아실현의 욕구 순으로 실현된다. 생리적 욕구는 가장 기초적인 의식주에 관한 욕구에서 성적 욕구까지 포함된다. 일상생활에서의 탈출, 이완, 스트레스 해소 등을 위한 관광관련 행동들이 이에 해당된다. 안전의 욕구는 생리적 욕구가 충족된 후에 나타나는 욕구로서 위험, 추위, 질병 등 외부의 불안으로부터 자신을 보호하려는 욕구를 말한다. 관광지 선택에 있어 안전하고 위생적인 환경을 추구하는 행동이 포함된다. 소속, 애정의 욕구는 인간의 사회적이고 사교적인 동료의식을 조성하기 위한 욕구로서, 애정, 귀속, 우정, 사랑 등이 포함된다. 단체 화합도모를 위한 직장인들의 워크숍, 대학생들의 MT, 연인과의 여행 등이 소속, 애정욕구와 관련된 관광행동이라고 볼 수 있다. 존경의 욕구는 타인에게 인정받고자 하는 욕구로, 관광행동으로 볼 때 미지로의 탐험, 남보다 앞선 명소로의 관광 등의 모습을 보이며, 때때로 과시적인 모습으로 보일 때도 있다. 자아실현의 욕구는 계속적인 자기 발전을 위하여 자신의 잠재력을 발휘하려는 욕구로, 스스로를 이해하고, 미적 즐거움을 추구하는 심미적 욕구 등을 포괄한다. 관광행동으로 나타날 때 여행을 통한 자기 발견, 반성 등을 보인다. 이러한 인간의 욕구는 관광객의 관광동기로 나타날 경우 욕구단계별로 다른 양상을 띠게 되나, 여러 욕구단계가 동시에 실현되기도 한다.

〈표 3-2〉 매슬로의 욕구와 관광관련 행동

| 욕구단계 | 관광관련 행동 |
|---|---|
| 생리적 욕구 | 탈출, 이완, 해소 |
| 안전의 욕구 | 건강, 위생, 질서유지 |
| 소속, 애정의 욕구 | 가족의 친목, 동료애, 인간관계 유지 |
| 존경의 욕구 | 위신, 성공, 성취 |
| 자아실현의 욕구 | 자기발견, 자아성찰 |

관광자는 거주지, 즉 관광송출지에서 발생하는 추진요소와 관광 목적지가 갖고 있는 유인요소를 통해 관광소비행동이 생겨난다. 추진요소(Push factors)로는 일상생활에서 벗어남, 새로움 추구, 모험, 도전, 휴식 및 기분전환, 자아발견 등이 있다. 목적지에서의 유인요소(Pull factors)로는 자연경관, 메가이벤트, 역사유적지, 각종 이벤트 및 저명인사, 친구나 친지 등이 있다.

## 4. 관광자 심리

### 1) 관광 전의 심리

'사람들은 왜 관광을 하는가?'에 관한 대답은 무궁무진할 것이다. 이는 관광자의 관광 전 심리상태에서 찾아볼 수 있다. 사람들은 관광을 하면서 견문을 넓히고, 멋있는 자연환경을 구경하며, 친지를 방문하고 놀이를 즐기고 먹을거리를 즐기기 위하여, 또는 단순한 휴식과 요양을 위하여 관광을 시작하게 된다. 단순히 하나의 이유만으로 관광을 시작하는 것이 아니라 여러 가지 복합적인 이유가 합쳐져서 관광활동이 시작되기도 한다. 어떤 경우에는 아무런 이유를 찾을 수 없는 관광자들도 볼 수 있다.

이는 관광활동을 하게 만든 원인이나 이유가 없는 것이 아니라 관광자의 내면에 내재하고 있어 관광자 본인도 그 원인이나 이유를 명확하게 설명하지 못하면서 관광활동을 시작하는 경우로 볼 수 있다.

인간의 행동에는 반드시 그 행동을 하게 만드는 원인이나 이유가 있다. 관광을 하기 전에 관광자 역시 관광활동을 하게 한 원인이 있는데 이것을 심리학에서는 동기(motivation)라고 부른다.

관광의 동기는 결국 관광자의 관광욕구(need)를 불러일으키게 되고 관광자는 욕구충족을 위하여 관광활동(behavior)을 하게 된다.

예를 들어 'A'라는 사람이 TV시청을 하면서 TV 드라마 극 중 내용에 나온 바닷가의 멋진 풍경을 보고 '야, 정말 멋진 곳인데! 시간 날 때 꼭 한 번 가봐야겠군….' 이런 생각을 하게 된다면 그 사람은 본인도 잘 모르는 과정에 관광동기가 부여되었다고 볼 수 있다. A씨가 그곳에 계속 가보고 싶다는 생각이 든다면 그것을 '(관광)욕구'라 볼 수 있다.

그 후 A씨가 휴가나 여가시간에 바다에 갈 기회가 생긴다면, 드라마에서 보고 가고 싶어 했던 그 장소를 떠올리며 가급적 그곳을 방문하기 위해 노력할 것이다.

이 과정에서 시간, 거리, 비용, 기후, 동반자의 의지, 안전, 사람들의 인식, 주변 관광시설, 다른 관광지 등 많은 제한요소가 고려된다. 이것을 극복할 수 있다면 A의 관광욕구는 충족될 것이고 여러 가지 제반사항으로 인하여 그 바닷가를 갈 수 없다면 그곳과 비슷한 분위기의 대체 목적지를 선택하게 된다.

## 2) 관광 중의 심리

관광자는 관광지에서 자신들이 생활하던 일상 거주지에서와는 또 다른 나로서 현지인들과 대비해서는 이방인으로 취급된다. 즉 관광자와 현지인들은 타인으로서 서로를 접하게 된다. 또한 관광자는 관광을 하면서 현지의 생활문화, 종교, 언어, 다른 민족, 풍습을 접하게 되고 이 과정에서 다음과 같은 다양한 심리유형이 나타난다.

### (1) 해방감

일상생활을 벗어난다는 사실은 관광자 자신이 속한 사회적 구속에서 일시적으로 해방되는 것으로 해석할 수 있으며 이러한 감정은 '해방감'으로 볼 수 있다. 이러한 해방감은 일상생활에서 그 사람에게 요구되는 사회적 위치, 책임을 벗어났다고 느끼기 때문에 평소에 억눌려 있던 유흥, 사행적인 행위, 성적인 욕구, 제도에 대한 일탈욕구 등이 표출되기도 한다. 이러한 해방감으로 인하여 관광을 떠나서 일상생활과 전혀 다른 행동을 한다든가 일탈적이거나 돌발적인 행동을 하기도 한다. 또한 관광지에서는 자신을 아는 사람이 없다는 익명성 때문에 평소에 주변의 관계나 시선을 의식하던 생활과는 다른 모습을 보여주는 경우가 있다. 하지만 잘못 인식된 해방감은 현지의 사회질서를 해치거나 다른 사람에게 피해를 줄 수 있으므로 해방감을 만끽하면서도 자율적인 자기관리가 필요하다.

### (2) 긴장감

인간은 자기가 생활하는 영역을 벗어나게 되면 자신이 알지 못하는 위험으로부터 자신을 보호하기 위하여 정신적·신체적으로 긴장감이 높아지게 된다. 만약 자신이 매일 통근하는 거리와 동일한 거리를 여행했다 해도 새로운 곳으로의 이동이 육체적으로나 정신적으로 더욱 피곤하게 받아들여지는 것이다. 이러한 긴장상태에서는 관광지에서 만나거나 접하게 된 것들에 대하여 깊은 인상을 가지게 되어 오랫동안 기억할 수 있게 된다. 또한, 긴장감은 심리적으로 설렘이나 감정의 고조 등의 현상으로 나타나 여행을 하면서 일상생활에서 느낄 수 없는 흥분된 감정상태를 겪을 수 있다. 이러한 감정상태는 새로운 관광지를 접하면서 흥미를 유발하는 요인으로 작용하기도 한다.

### (3) 우월감

관광자는 현지인이나 관광지의 서비스종사자에 대해서 심리적인 우월감을 갖게 되는데 이는 관광지 내의 관광서비스 상품을 소비하는 과정에서 서비스 상품에 대한 소비자와 제공자로서의 불평등한 관계가 형성되기 때문이다. 이러한 우월감으로 인하여 관광자는 스스로가 특별하게 대우받거나 서비스에 있어 우선권을 갖기를 기대한다. 이런 경우는 관광지뿐만 아니라 주위의 일상생활에서도 찾아볼 수 있는데 평소에 정중하고 예의바른 사람이 레스토랑 등의 서비스매장에서 종사원들에게 고압적인 태도를 취하거나 사소한 실수를 참지 못하는 경우가 그 예가 될 수 있다.

### (4) 호기심

호기심은 동물이나 인간에게서 발견되는 원정, 탐사, 교육 등 선천적으로 무엇이든 알고 싶어 하는 행동들의 원인이 되는 감정이다. 관광자는 일상생활에서보다 새로운 것을 계속 접하게 되는 관광활동 중의 환경에서 호기심을 많이 느끼게 되고 호기심 충족을 위한 행위를 하게 된다.

### (5) 접촉확인성향

관광자는 관광지에서 새롭게 접하는 대상에 대하여 단순히 보기보다는 직접 손으로 만지려는 성향을 가지고 있다. 이는 관광자가 자신의 모든 감각을 통하여 대상을 확인하고자 하는 데서 기인한다. 공공장소의 조형물, 자연 속의 기암이나 수목 등을 보면 많은 사람들이 만진 부분이 반들반들한 경우를 볼 수 있다. 또한 자연경관의 감상에도 전망대가 경관에 빠져들 수 있도록 설계된다면 관광자는 더 큰 만족감을 얻을 수 있을 것이다.

### (6) 공간독점욕

인간의 심리에는 누구나 자기만의 공간을 확보하려는 성향이 있다. 예를 들면 그렇게 친밀하지 않은 누군가가 자신에게 과도하게 가까이 접근한다면 불쾌감을 느껴본 경험이 있을 것이다. 실제 심리실험에서 친밀도가 높은 사람일수록 평소의 생활에서 거리를 가깝게 두고 친밀도에 따라서 그 거리의 간격이 점점 멀어진다고 한다.

관광자는 관광지에 방문하여 관광하는 기간 동안에 그곳을 자신의 영역으로 인식하게 된다. 따라서 관광서비스 제공자는 이러한 관광객의 심리를 파악하여 관광기간 중에 자신의 영역이라는 느낌이 들 수 있는 서비스와 분위기를 제공해야 한다.

### (7) 기념, 추억, 기록 심리

일반적으로 관광자들은 관광 후에 자신의 생활권으로 돌아가서 자신들이 겪은 관광경험을 회상하고 추억으로 오랫동안 간직하려고 한다. 그러한 이유로 관광객들은 관광지를 기억할 만한 기념품(그것이 쓸모가 있는 것이던 쓸모가 없는 것이라 하더라도)을 구매하거나 인상적인 장소를 남기기 위하여 사진을 찍는 등의 활동을 한다. 그러므로 관광서비스 제공자는 관광자들이 관광지를 기억하거나 기념할 수 있는 상황을 연출할 수 있도록 관광자에게 다양한 방법으로 편의를 제공해야 한다.

## 3) 관광 후의 심리

관광자는 관광활동이 끝난 후 몇 가지 심리과정을 거치게 되는데 이는 소비자가 제품을 구매한 후에 갖게 되는 심리상태와 유사하다.

### (1) 기대불일치모델(Expectancy Disconfirmation Model)

올리버(Richard L. Oliver)는 자신의 연구에서 기대불일치모델을 제시하였다. 이 연구에서 관광자는 관광상품 구매 후 만족과 불만족의 심리를 갖게 되는데 이는 관광상품의 구매 전이나 관광활동 이전에 가졌던 기대와 비교하여 얻게 되는 결과가 얼마나 일치하는가는 구매자의 주관적 평가에 달려있다고 보는 것이다. 관광자는 관광상품 구매 전에 각자 개인적인 기대감을 가지게 되는데, 기대감은 제품이나 서비스의 특성이나 성과에 관한 것, 제품이나 서비스의 직접적인 이익을 얻기 위해 사용된 비용과 노력에 관한 것, 또는 구매의 결과로서 여행객에게 발생하는 사회적 비용과 편익에 관하여 나타난다고 하였다. 이는 방문객의 기대와 성과 간의 불일치에 의해 만족 또는 불만족이 발생한다는 것으로 성과가 기대보다 높으면 긍정적 불일치에 의해 만족이 발생하고, 낮으면 부정적 불일치에 의해 불만족이 발생한다고 보는 이론이다.

이 이론에 대하여 '기대가 크면 실망도 크다'는 문구가 가장 적절하게 설명될 수 있다고 하겠다.

### (2) 인지부조화 이론(Cognitive Dissonance Theory)

인지부조화는 1950년대 심리학자 레온 페스팅거가 주장한 이론으로 사람은 자신의 태도 간에 혹은 태도와 행동 간에 일관되지 않거나 모순이 존재할 때 이러한 비일관성이나 모순을 불쾌하게 여겨 이것을 감소시키려고 한다. 이러한 모순을 줄이기 위해 사람은 태도나 행동을 바꾸려 하는데, 태도는 다른 사람들이 모르지만 행동은 이미 다른 사람들이 알고 있으므로, 행동에 맞게 태도를 바꾸게 된다.

예를 들어 담배를 피우는 사람이 담배가 몸에 좋지 않다고 생각하지만 담배를 끊지 못하고 계속 피운다. 이것은 생각과 행동이 일치하지 않는 인지부조화를 일으킨다. 이럴 때 그 사람은 담배를 끊든지 아니면 담배에 대한 부정적인 생각을 바꾸게 된다. 이솝우화 중에 포도밭에 들어간 여우가 포도를 따먹지 못하자 그 포도를 매우 신 포도라고 단정지어 버리는 이야기가 나오는데, 이것도 인지부조화이론으로 설명이 가능하다.

관광사업 경영자는 이와 같은 관광객의 심리와 행동을 분석하여 적절한 고객관리전략을 수립·운용해야 한다.

# 제 04 장 관광의 대상

## 1. 관광대상의 개념

관광대상은 관광자가 관광동기를 부여하고 욕구를 충족시켜 주기 위한 관광행동의 대상이 되는 객체를 통틀어 지칭한다. 관광대상은 관광자원과 관광시설로 나누어진다. 관광자원은 관광객체로서 관광자의 의도와는 관계없이 이미 존재하는 대상이기도 하고 인위적으로 조성되기도 한다. 관광시설은 관광자원이 관광대상으로서의 매력을 가질 수 있도록 교통시설, 숙박시설, 음식점 등의 시설이 관광자원에 결합되어 관광대상의 가치를 높이는 역할을 한다.

관광대상으로서 관광자원의 가치는 접근성(Accessibility), 매력성(Attraction), 관광지 인프라(Infrastructure), 관광지 이미지(Image) 등에 의하여 평가된다. 여기서 관광시설이 관광자원의 가치를 높이는 역할을 한다고 볼 수 있다. 현대관광에서는 관광시설의 역할이 점차로 중요시되고 있다. 관광자가 관광자원에서 관광활동을 영위하기 위해 필요한 시설들이 잘 구비되어 있을수록 관광활동에 대한 만족도가 높아진다. 오늘날의 관광자들은 관광활동을 하고자 하는 관광자원과 관광시설에 대한 사전정보를 얻는 데 매우 익숙한 환경에 있고, 관광시설에 대한 정보는 관광자가 관광객체로서 관광자원을 선택하는 데 있어 큰 비중을 차지하고 있다.

## 2. 관광자원

### 1) 관광자원의 정의

관광자원은 넓은 의미에서 본다면 자연환경과 인문환경의 총체라고 할 수 있다. 이 말은 관광자가 의도하는 관광의 모든 것을 관광자원이라고 볼 수 있다는 뜻이다.

먼저 자연적 관광자원은 산, 바다, 해안, 하천, 계곡, 강, 고원, 동굴, 온천, 폭포, 동식물, 기상 등의 자연환경요소와, 역사나 산업사회의 필요에 의해서 만들어진 사적, 문화재, 사찰, 성, 기념비, 건조물, 궁전, 정원, 공장 및 산업시설 등의 인위적 관광자원으로 구분된다.

### 2) 관광자원의 분류

관광자원을 분류하는 목적은 관광대상으로서의 관광자원을 객관적인 기준을 설정하여 분석·평가함으로써 관광자원의 분포와 특성을 파악하고 미래의 관광수요에 대처할 수 있는 관광개발과 관광정책 수립의 기초적인 근거가 될 수 있기 때문이다.

관광자원은 그 발생적 배경을 기준으로 하여 자연적 관광자원, 문화적 관광자원, 사회적 관광자원, 산업적 관광자원으로 나누어 볼 수 있다.

#### (1) 자연적 관광자원

자연을 관광대상으로 하여 관광자의 욕구를 충족시켜 주는 자원으로 자연을 바탕으로 휴양, 휴식, 감상, 스포츠, 오락, 교육 등의 기능을 제공한다. 자연적 관광자원의 구성요소에는 지형, 지질, 기후, 동물, 식물 등이 있다.

이용상의 기능으로 분류한다면, 자연적관광자원은 그 자신 단독으로 자연경관을 형성하고 있는 것, 또는 자연경관을 형성하는 요소가 되는 지형, 지질, 기상, 천상 같은 관상관광(觀賞觀光)의 자원이 되는 것, 체재나 보양의 목적이 되거나 자연환경을 형성하는 요소가 되는 기후, 온천, 지형 같은 체재관광(滯在觀光)의 자원이 되는 것으로 나눌 수 있다.

전자는 자연의 아름다움, 웅대함, 그리고 진기함 등에 의해 관광재(觀光財)로서의 가치를 지님으로써 대부분 경관지를 형성하여 많은 관광객을 유인하고 있다. 한편, 후자는 스포츠, 심신의 휴식, 체재의 쾌적이나 즐거움을 가져다주는 기능을 갖추어 보양리조트, 스포츠리조트 등을 형성하고 있다. 물론 실제로는 양자 모두 자연적으로 갖추어져 복합적으로 활용됨으로써 가치 있는 관광지를 형성하고 있는 곳도 있다.

### ① 대표적인 자연적 관광자원

• 나이아가라폭포

나이아가라폭포와 폭포유람선

미국 뉴욕주 나이아가라폭포와 캐나다 온타리오주 나이아가라폭포의 국경을 통과하는 나이아가라강에 있는 폭포이다. 이리호에서 흘러나온 나이아가라강이 온타리오호로 들어가는 도중에 형성된 대폭포이다. 나이아가라폭포는 두 개의 대형 폭포, 하나의 소형 폭포로 나뉘는데 이는 코트섬(Goat Island)을 기준으로 캐나다령의 캐나다 폭포(말발굽폭포, Horseshoe Falls)와 미국령의 미국 폭포(American Falls)로 구별된다.

캐나다 측 나이아가라폭포는 높이가 176피트이고 폭포의 절벽면이 깊이 파인 커브를 이루고 있어 그 길이가 2,200피트에 이른다. 나이아가라폭포의 절벽 아래로 떨어지는 강물의 양은 모두 합쳐 분당 168,000m$^3$의 물이 능선(稜線, Crest Line)으로부터 떨어진다. 나이아가라폭포에서 떨어지는 물의 힘은 북미 폭포 중에서 가장 세다. 이 물 중 50~70%는 폭포에 이르기 전에 수력발전을 위해 사용된다.

• 지리산

지리산(智異山)은 대한민국 전라북도, 전라남도, 경상남도에 걸쳐 있는 산으로 백두대간 끝자락에 자리 잡고 있다. 지리산이란 이름은 어리석은 사람이 머물면 지혜로운 사람이 된다고 해서 붙여진 것이다. 또 백두대간의 맥에서 흘러왔다고 하여 두류산(頭流山)이라고도 불렸다. 800여 종의 동식물이 서식하고 있고 천왕봉을 주봉으로 수많은 봉우리가 있다. 대한민국 최초로 국립공원(1967년 12월 29일)으로 지정되었다. 지리산은 예로부터 영산으로 추앙받아 왔으며, 이에 따라 고찰이 많고 흔히 빨치산으로 일컬어지는 조선인민유격대가 활동을 벌여 근·현대 문화재도 많이 남아 있는 중요한 산이다.

정상에서 본 지리산

• 그랜드캐니언(Grand Canyon)

그랜드캐니언은 직접 가봐야 그 엄청난 크기를 짐작할 수 있다. 사진으로 봐도, 이야기를 들어도 그 규모는 상상할 수도 없다. 총길이 446km, 평균 폭 29km, 평균 깊이 1.6km의 그랜드캐니언은 세계에서 가장 크지는 않지만, 20억 년에 달하는 지구의 역사를 기록한 가장 화려하고 아름다운 계곡이다.

그랜드캐니언

• 모허 절벽(Cliffs of Moher)

아일랜드 최고의 명소. 엄청난 바닷바람을 받으며 끝없이 펼쳐진 대서양을 마주보는 이 절벽에서 있으면 마치 세상 끝에 온 것 같은 느낌이 든다. 자그마치 3,200km나 되는 대서양과 절벽의 경관이 압권이다.

모허 절벽

• 스위스의 마터호른(Matterhorn)

해발 4.5km에 달하는 이 장엄한 산은 지금까지 500여 명의 등산가들이 목숨을 잃은 곳이다. 만년설이 뒤덮인 칼날처럼 날카로운 산꼭대기는 스위스 관광의 전성시대를 상징한다. 이곳에서 리펠제(Riffelsee) 호수로 3km가량 산책을 즐긴다. 호수에 도착하면 물에 비친 마터호른의 장엄한 풍광을 제대로 감상할 수 있다. 리펠제 호수로 가는 산책로는 7월부터 10월까지만 개방된다.

마터호른 마운틴과 리펠제 호수

### (2) 문화적 관광자원

문화적 관광자원이란 한 민족의 문화유산으로서 가치가 있는 유무형의 문화재, 민속자료, 기념물 등과 같이 보존할 만한 가치가 있고 관광매력을 지니고 있는 자원을 말한다. 국가의 지정을 받은 국보, 중요문화재뿐만 아니라 예술적 가치가 높은 회화, 조각, 공예, 서적, 고고자료 등이 있다. 또한 의식주 관련 문화, 신앙, 연중행사 등의 인문 관광자원도 포함된다.

① **국보**

보물에 해당되는 문화재 중에서 인류문화의 견지에서 그 가치가 크고 유례가 드문 것을 말한다.

대한민국 국보 1호 숭례문

역사적·학술적·예술적·기술적인 가치가 큰 문화재로서 문화재위원회의 심의를 거쳐 지정된다. 목조건축·석조건축·전적(典籍)·서적·고문서(古文書)·회화·조각·공예품·고고자료(考古資料)·무구(武具) 등이 있다.

국보로 지정되면 「문화재보호법」에 의하여 국가의 보호를 받는다. 국보지정의 연혁을 보면, 일제강점기 때는 '조선보물고적명승 천연기념물 보존령'에 의하여 지정되었고, 1955년에는 보물로 지정되어 있던 유형문화재를 모두 국보로 지정하였으며, 1962년 문화재보호법이 제정·공포되면서 1963년 728점에 이르는 지정문화재 중 116점을 국보로 지정하였다. 2012년 12월 말 현재 총 315개의 국보가 지정되어 있다.

② **보물**

건조물(목/석조건축물, 분묘), 전적·서적·고문서, 회화·조각, 공예품, 고고자료, 무구 등 유형문화재 중에서, 국가가 역사적·예술적·학술적 가치가 크다고 판단하여 법으로 지정하는 문화재를 말한다.

대한민국 보물 1호 동대문

「문화재보호법」 제4조(보물·국보의 지정) 제1항에 "문화관광부 장관은 문화재위원회의 심의를 거쳐 유형문화재 중 중요한 것을 보물로 지정할 수 있다."에 의해 지정된다.

일제 강점기에는 「조선 보물・고적・명승・천연기념물 보존령」에 의하여 보물로 지정되었다가, 광복 뒤 제헌 「헌법」 제100조 규정에 의하여 「조선보물・고적・명승・천연기념물 보존령」의 효력이 유지되었다. 1955년 정부가 일제 강점기에 보물로 지정된 419건을 일괄 국보로 지정하여 보물이 한 점도 없게 되었다. 이는 일제가 일본의 문화재는 국보로 지정하면서 우리나라의 문화재는 격하시켜 보물로 지정하였기 때문에 일괄 국보로 승격시켰던 것이다. 1962년 1월 10일 「문화재보호법」이 제정・공포되고 이 법에 따라 국보와 보물로 분류・지정하게 되어 1963년 386건이 보물로 재지정되었다. 2012년 12월 말 현재 지정된 보물은 1,759건에 이른다.

### ③ 중요무형문화재

연극・음악・무용・공예기술 등 무형의 문화적 소산으로서 역사적・예술적 또는 학술적 가치가 큰 무형문화재 가운데 그 중요성을 인정하여 국가에서 지정한 문화재이다.

중요무형문화재 1호 종묘제례악

국가에서 지정한 무형문화재로 시・도에서 지정한 무형문화재와 구별된다. 무형문화재란 유형문화재와 대를 이루는 인류의 정신적인 창조와 음악・무용・연극・공예기술 및 놀이 등 물질적으로 정지시켜 보존할 수 없는 문화재 전반을 말한다.

문화재보호법에서는 문화재청장이 무형문화재 가운데 중요하다고 인정되는 것을 문화재위원회의 심의를 거쳐 중요무형문화재로 지정할 수 있도록 규정하고 있다. 이때 그 대상은 기・예능을 보유한 자연인이며, 이들을 흔히 인간문화재(人間文化財)라고 부른다. 1964년 제1호로 지정된 종묘제례악(宗廟祭禮樂) 이후 2012년 12월 말 현재 116호까지 지정되어 있다.

④ **사적**

대한민국 사적 1호 포석정

기념물 문화재 중 선사유적, 성곽, 고분, 도요지, 지석묘, 사지, 패총 등과 같이 역사적으로 특별히 기념될 만한 지역과 시설물 등을 말한다.

기념물 가운데 역사적·학술적·관상(觀賞)적·예술적 가치가 큰 것으로서 국가가 법으로 지정한 문화재로 「문화재보호법」 제2조에 규정된 기념물이다. 선사유적, 성곽, 고분, 도요지, 지석묘, 사지, 패총 등과 역사적으로 특별히 기념될 만한 지역과 시설물 등이 사적으로 지정된다. 사적이란 역사의 현장으로서 역사적 사실이 차지하게 되는 비중이 높아 다른 문화자원에 비해 역사적 가치가 상대적으로 높다. 사적 제1호는 1963년 지정된 경주의 포석정지(鮑石亭址)이며, 2012년 12월 말 현재 483개가 지정되어 있다.

⑤ **천연기념물**

대한민국 천연기념물 1호 대구 도동 측백나무숲

동물, 식물, 광물, 동굴, 지질, 생물학적 생성물, 자연현상 중에서 민족의 역사성을 확인시켜 주는 역사적·문화적·과학적 가치가 있거나 경관이 특별히 아름다우면서 학술적 가치가 큰 동물의 서식지와 번식지, 도래지, 식물의 자생지 등을 말한다.

### (3) 사회적 관광자원

사회적 관광자원이란 한 나라의 역사와 전통, 과거의 생활상과 현재를 이해하는 데 도움이 되는 사회규범적인 자원으로서 여기에는 도시의 문화환경, 지역사회의 역사와 민속, 사회적 풍습, 사회구성원의 생활양식, 사회제도와 사회적 시설 등이 포함된다.

#### ① 도시

도시 자체가 지니고 있는 매력과 자연 · 인문적 자원, 각종 위락시설 및 서비스 등 사회제도와 사회형태, 생활방식, 의복, 주거 등의 생활형태 등 관광 매력성을 가진 모든 것을 말한다. 일본의 도쿄, 프랑스의 파리, 미국의 샌프란시스코나 뉴욕, 태국의 방콕, 인도의 뉴델리 등 각국의 수도들은 박물관, 공원, 쇼핑몰, 음식, 도시경관 등 우수한 관광자원을 많이 가지고 있다.

#### ② 박물관

박물관은 고고학적 자료, 미술품, 역사적 유물, 그 밖의 학술적 자료를 널리 모아 보관, 진열하여 관중에게 전람시키는 시설로서 국제박물관회의(ICOM : International Council of Museums)헌장에서는 박물관을 "예술 · 역사 · 미술 · 과학 · 기술에 관한 수집품 및 식물원 · 동물원 · 수족관 등 문화적 가치가 있는 자료 · 표본 등을 각종의 방법으로 보존하고 연구하여, 일반 대중의 교육과 오락을 위하여 공개 전시함을 목적으로 이룩된 항구적 공공시설"이라 정의하고 있다.

박물관을 의미하는 영어의 뮤지엄(museum), 프랑스어의 뮈제(musee), 독일어의 무제움(Museum) 등은 모두 고대 그리스의 뮤즈(Muse) 여신에게 바치는 신전 안의 보물창고인 무세이온(museion)에서 유래한다. 이것이 세계 최초의 박물관 형태라고 전해지고 있다.

넓은 의미의 박물관은 미술관이나 과학관 이외에도 기술관 · 공립기록보존소 · 사적 보존지역까지 모두 포함된다. 박물관의 종류는 전시하는 내용에 따라 종합박물관과 전문박물관으로 나누어진다. 종합박물관은 말 그대로 여러 종류의 전시품을 함께 모은 것이며, 전문박물관은 고고학·역사·미술사·인류학 분야 등에서부터 민속학·자연사·산업·체신·교통·의약·서도 등으로 세분된다.

③ **문화행사**

문화적 가치를 표현하는 모든 행사의 총칭으로 민속놀이나 민속문화행사 등 역사적 의미가 있는 전통문화행사는 물론, 현재 우리가 공유하고 있는 생활양식 전부를 포함하는 모든 행사를 말한다. 문화행사의 주요 수단인 축제는 관광비수기를 극복하는 중요한 수단으로서 관광의 지역적 확대, 잠재적 관광지로서의 이미지 조성에 기여하며, 자연자원의 보존 등 대안관광의 새로운 형태로 자리 잡고 있다.

### (4) 산업적 관광자원

산업적 관광자원은 인문관광자원으로 개발·활용되고 있는 것으로 산업관계에 있는 유무형의 관광자원을 의미하며, 한 나라의 농업·임업·어업·공업·상업 관련 시설들과 그 기술 수준을 볼 수 있는 산업적 대상을 말한다. 현대적인 각종 산업시설을 관광대상으로 하여 자국의 산업과 기술수준을 알릴 수 있는 계기가 될 뿐만 아니라, 내국인 관광자에게는 자국의 산업수준에 대한 감동과 지식확대, 교양 및 교육의 욕구를 충족시켜 주며, 외국인 관광자에게는 경제적·기술적 교류에 직간접적인 역할을 하는 것으로 알려져 있다.

① **농업·임업·어업**

농산물, 임산물, 해산물의 가공시설이나 가공과정 등을 보고, 농원이나 목장 등을 찾아가 농산물, 축산물의 생산기술이나 재배법을 보는 등의 활동을 위한 관광의 대상을 말한다. 농장, 농원, 목장, 농·축산물 가공시설, 식수, 벌채, 채취, 수산물, 어획법, 양식시설, 해산물 가공시설 등이 있다. 최근 이와 관련한 농어촌 체험관광이 등장하고 있다.

② **공업**

기술설비나 산업공정을 보기 위한 공장 등의 관광대상을 말한다. 이러한 형태의 자원개발은 식품가공업이나 화장품 제조업과 같은 대중의 소비활동과 직결되는 품목의 공장을 시찰함으로써 상품에 대한 친숙감을 느끼게 하거나, 직매를 하는 데서 시작되었다. 이를 통해 산업관광(Industrial Tourism) 또는 기술관광(Technical Tourism)으로 현재는 관광사업의 한 형태로 자리 잡고 있다. 국내의 경우 '포항제철(POSCO)'과 울산의 '현대조선' 등의 산업시찰이 인기를 얻으면서, 끊임없이 산업관광의 새로운 소재를 발굴해 나가고 있다.

③ **상업**

각 도시의 시장, 전시회, 상점가, 쇼핑, 유통기구 등의 상업시설물이 관광의 대상이 되는 것을 말한다.

**지식사전 활용 : 자원이란 무엇인가?**

■ **자원의 정의**

자원(資源)이란 어떤 목적을 위해 자연계(自然界)에서 얻고 생산되는 물질을 말한다. 자원의 내용은 시대·장소에 따라 달라진다. 우라늄광이 자원으로서의 가치를 인정받은 것은 그리 오래전의 일이 아니다. 그러나 과거에는 한낱 자연계에 존재했던 광물에 불과하였으며, 인류가 우라늄을 자원으로 구득하는 일은 생각하지도 못하였다. 자원은 인간이 생산활동을 하기 위하여 필요로 하는 물적 원천, 예를 들면 제철공업의 원료가 되는 철광석이나 석탄 및 석회석(石灰石), 또는 제철을 할 때 있어야 할 에너지원인 전력을 생산하는 수력(水力) 등을 자원으로 취급한다. 이외에도 경제조직 등을 자원에 포함시키는 경우도 있다. 이렇게 보면 자원의 종류는 무한하게 많다. 그래서 자원은 여러 가지로 분류가 된다. 자원은 분류방법에 따라 천연·인공 자원과, 지상·지하자원 및 동물·식물·광물 자원 등과 같이 여러 가지로 나뉜다. 그리고 사람이나 토지 자체를 인적 자원·토지 자원이라고 부르게 되었으며, 심지어 화학공업의 발전에 따라 공기·물 자체도 자원으로서의 역할이 높아져 자원이라고 부르게 되었다. 미국의 '국가자원위원회'에서는 이상과 같은 자원 외에도 그 범위를 넓혀서 공장·농장 등의 생산시설, 사회제도와 조직, 국민의 의지·건강·관습·종교까지도 자원의 일부로 간주하고 있다.

자원은 유형적 실재로서, 물 자체가 아니라 물체와 인간의 요구 및 문화를 계기로 하는 것이다. 이것은 자원을 이해하는 데 있어 토지, 물, 삼림, 임야, 광물 등 물 자체를 생각해 온 낡은 자원론과는 전혀 성질이 다른 것이다.

인간생활이 향상됨에 따라 욕구의 범위가 증대하고 그와 동시에 보다 대량의 자원과 신자원의 개발이 필요하게 되었다. 원자력의 평화이용 때문에 우라늄광의 개발, 물수요에 따른 수자원개발, 전력수요에 대응하는 에너지자원의 개발 등이 그 예이다. 그러나 개발된 자원을 분리시켜 단독으로 이용하는 경우 이로 인해 다른 분야에 큰 피해를 주는 경우가 있다. 공업용수의 대량이용으로 인한 지하수의 과잉양수로 지반침하의 현상이 나타나 고조(高潮)나 홍수 등의 재해를 격화시키게 된다.

■ **자원의 보존**

인류의 자원에 대한 욕구가 인구의 증가와 문화의 진전에 따라 무한하게 커짐으로써 자연계에서 얻으려는 물자의 양도 무한하게 커졌다. 그러나 천연자원의 부존은 한정되어 있을 뿐 아니라 지구상에 고루 분포되어 있지 않고, 지역에 따라 그 양에 많은 차를 나타내고 있다. 특히 석유·우라늄 등과 같이 극단적으로 특정 지역에 매장되어 있는 자원이면서도 근대 공업이나 인간생활에 절실히 요구되는 것에 대해서는 이를 구득하려는 욕망을 크게 자극하게 되고, 나아가서는 이 자원을 둘러싸고 국경문제, 영토문제를 일으키고, 이른바 자원전쟁을 일으킨다. 에스파냐가 자국령 사하라 지역을 포기하게 된 동기도 풍부한 인광석(燐鑛石)에 관심을 갖기 시작한 열강의 압력이 작용했기 때문이다. 또 구에스파냐령 사하라를 둘러싸고 인접한 모로코·알제리·모리타니 등이 서로 병합하려고 지금까지 분쟁을 계속하고 있는 일이나, 또는 해저에 유전이 있을 가망성이 크므로 대한민국과 일본의 해저 공동개발계획에 중국이 간섭하는 것도 이의 보기가 된다.

식물자원과 동물자원은 그 자체가 번식력을 갖는 점에서 본질적으로는 재생할 수 있는 자원이라고 할 수 있다. 실제에 있어서 대한민국의 산림자원은 한동안 축적량이 크게 감소되었다가 근년에는 그 축적량이 증대되어 가는 과정에 있다. 이는 입산금지와 남벌(濫伐)·도벌(盜伐)을 막는 일을 철저히 하고, 자연보호에 힘쓴 결과라고 할 수 있다. 그러나 세계의 삼림자원은 고갈상태에 다다르고 있는 실정이다. 문명이 발달하고 인구가 증가됨에 따라 주택·공장·도로 등에 빼앗기는 토지 때문에 삼림면적이 감소되는 것이며, 또 토양의 황폐로 인한 삼림의 파괴가 원인이 되는 것이다. 그러나 한편으로는 벌채에 의한 삼림자원의 감소를 억제하기 위하여 각 지역에 인공림의 조성이 활발해졌다. 이러한 인공림의 조성에 따라 식물자원은 재생할 수 있는 자원이라는 것이 실증되었다. 그러나 삼림의 재생은 일정한 시간적 경과를 필요로 하는 것이므로 벌채와 재생과의 사이에는 시간적·양적인 밸런스가 있어야 한다. 결국 과벌(過伐)함으로써 삼림자원이 고갈된다는 것을 알 수 있다.

동물자원도 남획 등으로 감소하는 경우가 많다. 대어장(大漁場)이 남획으로 괴멸 직전에 이른 것도 있고, 어느 종류의 유용동물은 멸종한 것도 있다. 대한민국 동해안의 정어리는 자연적인 원인인지 아니면 인위적인 원인인지 대한민국 근해에 나타나지 않는다. 베링해나 남빙양(南氷洋) 등에서는 연어·송어·고래 등과 같이 국제협정을 맺어 포획을 제한함으로써 이들 수산동물의 보전이 가능하다는 것을 실증하였다. 또한 목축업의 발달과 사육방법의 개량·시설의 확장 등으로 동물자원을 증가시킬 수 있게 되었다. 토지자원 그 자체는 감모를 회복시키는 힘이 없으나 인력으로 토지자원을 재생시킬 수 있는 자원으로 간주하게 되었다. 농산물을 계속 재배함으로써 감모된 지력(地力)을 회복시키게 되었다. 또 윤작(輪作)이나 이농(移農) 등으로 지력의 회복을 도모하고, 적극적인 방법으로는 관개(灌漑)·수리(水利)시설의 발달과 화학비료의 증산 등으로 지력은 재생산자원으로 간주되었다.

수자원(水資源)은 대기(大氣)를 통하여 순환하는 동안에 거의 무진장한 자원으로 간주되었다. 오늘날처럼 자원을 국가가 통제하고 있는 상황에서는 국가 간의 자원에 대한 자극이 더욱 커지고 전쟁의 우려는 한층 증대되어 가는 과정에 있다. 세계의 원유 매장량이 점점 적어지고 있다. 관광자원도 각종 산업에 의해 아름다운 풍경이 파괴되고, 삼림이 남벌되고, 수질 등이 오염되어 가고 있다. 그러나 근래 세계 각국이 관광자원의 보전과 개발에 주력함으로써 새로운 관광지가 개발되어 가고 있다.

출처 : 자원(資源, resources), 위키백과사전

## 3. 관광시설

관광시설은 관광자원과 마찬가지로 상호 연계되었을 때 관광시설로서의 역할을 정상적으로 수행할 수 있다. 관광시설은 관광지에서의 숙박시설이나 음식서비스 제공시설, 그리고 레저와 유흥을 제공할 수 있는 시설 등으로 관광자가 관광지에서 관광활동을 하며 관광욕구를 만족시키기 위한 서비스를 포함한다.

예를 들어 경관이 뛰어나 많은 사람들이 가고 싶어 하는 자연관광자원이 있다고 가정했을 때 그곳에 접근하기 위한 도로나 대중교통수단 등이 없고 힘들게 도착했다고 하더라도 다시 호텔이나 콘도 등의 숙박시설이 없어 휴식과 수면을 취할 곳을 찾지 못하고 식당 또한 찾아볼 수 없는 곳이라고 한다면 아무리 우수한 관광자원이라 하더라도 관광객들은 그곳으로 찾아가기가 힘들 것이다. 이는 곧 그곳이 관광대상으로서의 가치가 매우 낮다는 것을 의미한다.

오늘날과 같이 관광자의 욕구가 개별화되고 세분화된 상황하에서는 관광대상에 포함되는 관광시설의 역할이 그만큼 중요하다고 볼 수 있다. 「관광기본법」 제8조에서 "정부는 관광객이 이용할 숙박·교통·휴식시설 등의 개선 및 확충을 위하여 필요한 시책을 강구하여야 한다"고 규정함으로써 관광을 하는 데 필수적으로 이용하게 되는 숙박·교통·휴식시설 등을 개선하고 확충할 임무를 정부에 부여하고 있다. 여기서 정부가 개선 및 확충해야 할 대상시설은 숙박·교통·휴식시설에 국한하는 것이 아니라 관광객이 이용하는 모든 시설을 포함하는 포괄적인 의미로 해석해야 한다고 본다. 따라서 공항·항만·철도·주차장·여객선 등 육해공(陸海空)의 교통시설, 상하수도 및 쓰레기처리시설 등의 환경위생시설, 전화·방송 등의 통신시설을 망라하는 관광기반시설은 물론이고, 숙박시설·휴게시설·안내시설 등을 총망라한 여행관계시설 등을 포괄하는 시설이라고 본다.

일반적으로 관광시설에는 기본시설(基本施設)로서 교통시설·숙박시설·

휴식시설·식사시설 및 안내와 접대시설 등이 있고, 부대시설(附帶施設)로서 매점시설·레크리에이션시설·경기시설·관람시설·보건요양시설·환경위생시설·문화교양관계시설 및 산업경제관계시설 등이 있다. 이상의 제반 관광시설은 영업목적으로 기업이 경영하는 것이 대부분이고 사실상 관광사업의 주체가 되고 있으니, 개개의 입지조건 등을 검토하여 가장 유효한 방향으로 충분히 조정·정비되어야 한다. 그리고 인적 서비스 문제도 관광시설을 효과적으로 운영하는 데 중요한 요소가 된다.

관광자를 대상으로 하여 설치된 시설 중에는 관광자를 유치하기 위한 시설 즉 관광욕구를 만족시키는 시설, 그리고 관광객을 안전하고 건전한 여행이 되도록 하기 위해서는 여러 종류의 시설을 필수적으로 갖추어야 한다.

관광단지는 관광산업의 진흥을 촉진하고 국내외 관광객의 다양한 관광 및 휴양을 위하여 각종 관광시설을 종합적으로 개발하는 관광거점지역으로서 「관광진흥법」에 따라 시도지사가 지정한 곳을 말한다.

정부는 관광단지를 「사회간접시설에 대한 민간투자법」상 사회기반시설로 규정하여 민간자본을 적극적으로 유치하도록 권장하고 있으며 각종 세제 및 부담금의 감면혜택을 주고 있다. 관광단지 내 설치 시설에는 공공편의시설, 숙박시설, 운동·오락시설, 휴양·문화시설 등이 있다. 또한 관광단지 개발을 위한 사회적 인프라를 구축할 때에도 공공시설에 대한 보조금을 지원할 수 있도록 하였다.

〈표 4-1〉 관광시설의 종류

| 구분 | 교통시설 | 숙박시설 | 식사시설 | 관광객 이용시설 | |
|---|---|---|---|---|---|
| | | | | 전문휴양시설 | 레저휴양시설 |
| 종류 | 공항, 항만, 역, 터미널 등 | 호텔, 콘도, 민박, 펜션, 게스트하우스 등 | 전통음식점, 일반음식점, 전문음식점 등 | 민속촌, 해수욕장, 동물원& 식물원, 온천 등 | 스키장, 골프장, 수영장 등 |

# 제2부 관광산업의 이해

# 제 05 장 여행업

## 1. 여행업의 개념

여행업은 운송수단, 숙박시설, 관광지, 외식업체, 쇼핑센터 등의 여행에 관련된 시설들을 개별단위 혹은 관광객이 요구하는 요소를 결합한 다양한 조합의 여행상품을 생산하고 여행자들에게 판매하여 수익을 창출하는 사업이라고 할 수 있다.

「관광진흥법」상에서는 "여행자 또는 운송시설·숙박시설 기타 여행에 부수되는 시설의 경영자 등을 위해 당해 시설이용의 알선이나 계약체결의 대리, 여행에 관한 안내 기타 여행의 편의를 제공하는 업"으로 정의하고 있다.

여행업은 향후 관광산업에서 성장가능성이 매우 큰 업종이며 광범위하고 성장력 있는 잠재시장이다. 1992년에 수행된 세계여행관광회의의 연구에 의하면 여행산업은 세계에서 가장 큰 단일산업이고, 세계 경제발전에 가장 큰 기여를 하는 산업이다. 따라서 관광현상에서 얻을 수 있는 사회적·경제적 효과를 높이려는 조직적 활동을 관광사업이라 한다면 여행산업은 여행의 정의에서도 나타난 바와 같이 여행관련기업까지도 포함하는 개념으로 이해해야 할 것이다.

여행사는 Travel Agent, Travel Agency, Travel Retailer, Travel Bureau, Travel Service 등의 다양한 명칭으로 사용된다. 여행알선업은 관광 관련 사업자로

부터 수수료를 받는 것과 관광 관련 사업자의 사용권을 판매한 수수료 수익을 포함하고 한층 더 나아가 여행상품이라는 고유의 제품을 생산・판매하는 일반기업체와 동일한 3차 산업의 하나로 볼 수 있다.

여행업의 중요성은 무엇보다도 여행자의 시간을 보다 효율적으로 활용할 수 있게 해주는 데 있다. 즉 대량생산과 대량소비가 가능해져 인간은 시간적 여유가 많다는 것도 중요하지만 그 여유 있는 시간을 '어떻게 유용하게 활용할 것인가'에 관한 사회적 요망에 여행업의 존재의의가 있다.

관광사업, 즉 여행업, 숙박업, 교통업, 기타 여행 관련 산업은 사람들의 여가시간과 깊은 관계를 맺고 그들의 노동시간과 생리시간을 절약해 휴식시간을 만들어 주기 때문에 시간절약산업(time saving industry)이라고도 부른다. 가령 서울에서 부산으로 업무출장 시에 철도를 이용하여 5시간이 소요된다고 했을 때, 항공기를 이용하게 되면 2시간이 소요되고 이렇게 절약된 3시간을 부산관광이나 온천에서 휴식할 수 있도록 여행상품을 제공하여 준다는 관점에서 볼 때 여행업을 시간활용산업(time utilization industry)이라고 부를 수도 있다.

## 2. 여행업의 발전과정

1841년 영국인 전도사 토마스 쿡(Thomas Cook)은 금주회의에 참여하는 570명의 철도승객을 위한 교통편을 수배하였다. 그는 루브르에서 리체스터까지 열차를 전세 내어 승객들을 모집하여 금주회의에 참가시켰으며, 1실링의 요금으로 승객은 차와 빵과 음악을 제공받았다.

1845년에 토마스 쿡은 잉글랜드, 스코틀랜드, 그리고 유럽을 통과하는 단체여행객의 철도와 기선을 관리하기 시작했고 철도회사에서는 그가 판매하는 승차권에 대하여 수수료를 지불하였다. 1855년에는 영국에서 프랑스 파리의 산업박람회 전시장까지 최초로 국제관광여행을 기획하였다. 1856년에는 유럽대륙의 그랜드투어(Grand Tour)를 기획하여 운영하였다.

토마스 쿡은 세계 최초로 여행사의 개념을 창조하였고 여행사의 기본업무 모델을 제시하였다. 여행업의 효시를 이루는 활동은 단순한 티켓판매나 왕복이동의 개념만을 준 것이 아니다. 이동 중 여행자에게 필요한 휴식의 개념과 즐거움을 제공하려는 노력이 여행업의 중요한 존재의의와 경영지표가 되었다.

미국에서는 1891년 아메리칸 익스프레스(The American Express)가 여행객 수표제도를 도입하면서 여행업의 업무가 시작되었다. 특히 미국의 여행업은 여행객에게 기차의 통행권을 판매하는 단순한 기능으로부터 패키지상품을 생산하였고, 해외여행객을 유치하면서 여행관련 서비스를 보다 다양하게 제공하였다.

1914년까지만 해도 누구나 여권이나 비자 없이 여행하고자 하는 사람은 누구나 어디든지 자유롭게 여행할 수 있었다. 하지만 전 세계를 여행할 수 있는 자유는 제1차 세계대전(1914~1918)으로 인하여 많은 제한을 받기 시작한다. 전 세계의 국가들이 자국의 안보를 목적으로 여권과 비자를 도입하고 출입국 수속을 엄격하게 실시하게 되었다.

또한, 1930년의 경제공황과 제2차 세계대전의 영향으로 관광산업은 위축되었다. 전후 미국은 경제원조 목적으로 자국민의 해외여행을 장려하였고, 유럽 국가들은 여행이 갖는 경제적·사회적·문화적 의의를 중요하게 판단하여 관광관련 국제기구를 설치하였다.

1960년대부터 세계적인 경제발전, 국제긴장의 완화, 자동차와 항공기의 발달과 보급, 생활의식의 변화와 여가 및 소득의 증가로 인해 관광산업은 제3차 산업에서 중요한 비중을 차지하게 되었다.

특히 항공기의 급격한 발달은 항공교통의 대중화를 가져왔으며 민간항공업체들의 출현으로 항공권 판매를 위한 대리점으로서 여행업자를 이용하게 되었으며 그 후 항공권 판매업무는 여행사의 주요업무가 되었다. 편리하고 빠른 항공교통수단은 관광객의 대량 수송과 대륙 간 장거리 국제관광을 가능케 하였으며 이로 인하여 여행업은 급속도로 성장하였다.

최근 여행사들은 기존의 여행상품 사용권에 대한 알선·수배업무에서 벗어나 수익증대를 위한 경영방식의 전환을 주도하고 대기업과의 합병이나 기업체와 장기계약을 체결하는 등 다각적인 경영방법을 적용하여, 관광산업 내에서 그 영역을 확장해 가고 있다.

오늘날 현대인의 라이프 스타일 변화와 여가의 중요성에 대한 인식으로 여행업은 세계에서 가장 비중 있는 산업 중의 하나로 자리매김하고 있으며 이러한 추세는 앞으로도 계속될 것으로 전망된다.

## 3. 여행업의 종류

### 1) 관광법규상의 여행사 분류

#### (1) 일반여행업

일반여행업이라 함은 국내 또는 국외를 여행하는 내국인 및 외국인을 대상으로 하는 여행업을 말하며, 사업의 범위는 여권 및 사증(査證)을 받는 절차를 대행하는 행위를 포함한다. 따라서 일반여행업자는 외국인의 국내 또는 국외여행과 내국인의 국외 또는 국내여행에 대한 업무를 모두 취급할 수 있다. 2011년 12월 기준으로 1,634개의 업체가 등록되어 있다.

#### (2) 국외여행업

국외여행업은 국외를 여행하는 내국인을 대상으로 하는 여행업을 말하며, 여권 및 사증을 받는 절차를 대행하는 행위를 포함한다. 국외여행업은 1980년대에 들어와 국민의 해외여행규제가 점차적으로 완화되어 드디어는 해외여행의 자유화가 시행됨으로써 내국인의 해외여행이 급격히 증가함에 따라 내국인의 해외여행업무만을 전담토록 한 것이다. 따라서 국외여행업체는 외국인이나 내국인을 대상으로 한 국내여행업을 수행할 수 없도록 법으로 금지하고 있다. 2011년 12월 기준으로 국내에 6,767개 업체가 등록되어 있다.

#### (3) 국내여행업

국내여행업은 국내를 여행하는 내국인을 대상으로 하는 여행업을 말한다. 따라서 국내여행업체는 내국인을 대상으로 한 국내여행에 국한하고 있어, 외국인이나 내국인을 대상으로 한 국외여행업은 수행할 수 없도록 법으로 금하고 있다.

국내여행업은 다양한 국민관광의 수요충족을 위하여 종전에 허가제로 운영되어 오던 것이 1982년에 등록제로 변경된 이후 그 업체 수는 282개에서 2011년 12월 기준 6,767개로 증가되었다.

이는 경제발전에 따른 가처분소득의 증가와 여가시간의 확대 등으로 관광이 생활의 중요한 일부분으로 자리 잡게 됨으로써 국민관광이 급격하게 증가한 결과라고 하겠다.

### 2) 형태에 의한 분류

#### (1) 종합여행사

전국적인 지점을 통한 영업망을 가지고 모든 분야의 상품을 기획하고 판매하는 대규모 여행사

#### (2) 해외 홀세일러(Wholesaler)

해외여행을 전업으로 하는 홀세일러 여행사

#### (3) 해외여행 디스트리뷰터(Distributor)

국제 항공권이나 해외 호텔 숙박권, 월드투어 크루즈 티켓 등의 해외여행 소재들을 전문적으로 판매하는 여행사

#### (4) 국내여행 홀세일러(Wholesaler)

국내여행을 전업으로 하는 홀세일러 여행사

(5) 전업 리테일러(Retailer)

자사의 주최상품을 가지지 않고 주로 수배여행과 타사의 기획여행을 판매하는 여행사

## 4. 여행업의 업무

### 1) 기획업무

여행상품을 만드는 업무로서, 여행사에서 판매하는 상품은 기획 단계에서 만들어진다. 지금까지는 거의 알려지지 않았던 지역이 인기 있는 관광지로 부상하는 건 여행상품 기획을 통해서다.

여행상품 기획은 우선 잠재적인 구매자들이 찾고 있는 여행목적지를 파악해야 한다. 그리고 회사의 사정을 감안해 개발 가능 여부를 판단한 뒤 소비자들의 욕구를 충족하는 상품으로 만들어야 한다.

이 과정에서 여행사 내부에서 자체적으로 상품을 기획하는 것과 고객들의 요청에 의하여 이루어지는 주문상품 등이 있다. 상품의 구성은 여행자의 기호나 특성을 고려하여 가장 만족도가 높게 작성되어야 하므로 상품기획담당자는 여행에 관한 풍부한 지식과 정보, 창의력을 가지고 있어야 한다. 기획을 위해서는 관광지에 대한 정보수집과 분석능력, 그리고 참신한 아이디어가 필요하다. 또한 여행상품의 가격경쟁력을 갖는 것도 중요하다.

### 2) 상담업무

여행사에서 상담업무는 영업의 기능을 담당한다. 여행상품은 형태가 없으므로 고객에게 보이지 않는 상품을 판매해야 한다는 어려움이 존재한다.

상담직원은 그 여행사의 얼굴이며 컨설턴트이다. 여행사에서 취급하는 여행상품을 숙지하는 것과 함께 세계 관광지에 대한 해박한 지식을 전제로 하

고 있어야 한다.

상담 시 고객의 희망을 청취하여 최적의 여행상품을 제안한다. 고객이 여행상품을 결정하지 못한 경우에는 최적의 후보지를 추천하고 선택을 돕는다.

상품이 결정되면 구체적인 수배업무를 시작하게 된다. 전용단말기로 항공기나 호텔의 예약상황을 확인하고 예약을 넣는 것도 업무범위에 포함된다.

### 3) 아웃세일즈 업무

여행사 카운터의 상담업무가 소극적인 형태의 영업활동이라면 아웃세일즈는 기업이나 학교, 협회 등의 단체를 대상으로 하는 적극적인 형태의 영업업무를 의미한다. 고객이 되는 단체는 기업의 경우 출장, 포상여행, 연수 등이 있고, 학교는 수학여행이나 체험학습, 졸업여행 등의 학교행사에 따른 상품이 요구된다. 단체를 대상으로 하는 영업에는 개인이 구매하는 일반적인 여행상품과는 다르게 상대의 특정한 요구사항이 있기 때문에 그에 따른 여행상품의 조정과 기획이 필요하다.

아웃세일즈에서는 세일즈맨의 역할이 매우 중요하다. 세일즈맨은 기존의 거래처와 지속적인 관계를 유지하면서 새로운 거래관계를 발생시키고 새로운 업체를 발굴해야 한다. 일반적으로 기업을 담당하는 세일즈맨은 상품의 상담에서 견적제출, 프레젠테이션, 판매, 수배현황파악, 진행 및 최종 정산까지 여행사를 대표하여 담당하기 때문에 주도적으로 업무를 수행할 수 있어야 한다.

### 4) 수배업무

수배업무는 고객의 요청에 따라 그들이 희망하는 운송, 숙박 등의 업소에 예약을 행하여 여행에 필요한 제반요소를 확보하고 이들을 결합시켜 여행상품을 제조하는 업무로서, 여행상품을 일반 생산기업으로 비유하면 상품을 제조하는 공정에서 가장 중요한 부분이다.

(1) **고객의 희망을 정확히 이해**

- 희망하는 수배지에 대한 정확한 기입
- 신속한 수배를 통한 적절한 여행소재 확보
- 고객의 부수적인 희망사항에 부합되는 수배활동

(2) 고객이 원하는 숙박시설이나 교통기관 확보

(3) 수배의 과정을 정확히 기록유지

(4) 비용을 줄일 수 있는 경제적인 수배방법 모색

## 5) 발권업무

발권업무는 공인된 시스템을 통하여 전문적인 발권교육을 이수한 직원에 한해서 가능한 업무이다. 그러므로 발권담당 직원은 항공관계의 전문지식이 필요하고 정확한 업무처리가 필요하다. 즉 효율적인 요금 적용과 스케줄 확보를 통하여 보다 나은 여행을 만들 수 있는 업무이다.

발권은 먼저 카운터나 세일즈로부터 티켓의 신청을 접수받고, 전용 단말기를 이용하여 좌석확보 여부를 확인하고 고객의 정보를 입력하여 예약을 완료한다. 이후 발권전문 직원은 예약된 내용을 발권전용 시스템을 통해 티켓을 작성하고 최종적인 입력확인 후에 발급된 항공권을 발송한다.

발권담당자는 발권전용 시스템을 운용하기 위해 세계 각지의 항공사나 운항루트 등의 상세한 지식이 필요하다. 이는 한국에 취항하고 있는 항공사와 그 외의 항공사 운항루트까지 포함한다.

발권업무 담당자는 일반적으로 카운터나 세일즈를 통하여 현장을 경험한 후에 업무를 맡는 경우가 많고 폭넓은 경험과 지식을 필요로 하는 전문직 업무분야라고 할 수 있다.

## 6) 통역안내업무

외국인의 국내여행 시 언어적 문제를 해결해 주면서 관광안내를 하는 업무를 의미하며 이러한 업무수행직원을 '관광통역안내사'라 한다. 관광통역안내업무는 관광통역안내사 자격증을 소지한 사람만이 할 수 있는 업무이다. 관광통역안내사의 기본자세는 다음과 같다.

### (1) 국민의 대표자라는 마음가짐

대부분의 외국인 관광객들은 현지의 국민들과 접촉할 기회가 별로 없으므로 관광통역안내사를 통하여 그 나라 국민의 속성을 평가하는 경향이 있다. 따라서 민간외교관이라는 자세를 가지고 한국의 좋은 모습을 소개하기 위해 노력해야 한다.

### (2) 성실성을 통하여 고객으로부터 신뢰 확보

고객으로부터 신뢰받는 통역안내원이 될 수 있도록 한다. 훌륭한 어학실력과 관광지식도 중요하지만 그 무엇보다 성의 있고 성실한 자세가 필요하다. 외국인 관광객의 경우 국내에서는 새롭게 접한 사회적 시스템과 생활양식에 있어서는 어린아이와 같은 상태이기 때문에 그만큼 통역안내사를 믿고 신뢰하게 된다.

### (3) 단정한 자세

관광통역안내사는 관광전문가로서 복장과 태도에 주의를 기울여야 한다. 화려하지 않지만 깔끔하고 청결한 복장과 수염이나 두발 등에서도 서비스직종 종사자에게 요구되는 적절한 용모관리가 필요하며 언행 및 태도에 있어서도 항상 친절하고 적극적인 태도, 예의 바르고 인내심 있는 자세, 신뢰성 있고 능률적인 태도가 요구된다.

### (4) 한국에 대한 폭넓은 지식습득

방한하는 외국인 관광객들에게 한국을 소개하는 이 업무는 우선 한국에 대한 폭넓은 지식이 요구된다. 한국의 가치를 알릴 수 있는 관광지, 음식, 전통양식, 역사, 문화에 대하여 잘 파악해 두고 안내함으로써 관광상품의 가치를 높일 수 있도록 노력한다.

또한 전 세계 여러 나라에서 방한하는 관광객들은 국가마다 서로 다른 특성을 가지고 있다. 예를 들면 유럽의 관광객들은 한국문화에 대한 관심이 매우 강하며, 미국과 일본 관광객들은 경제적이고 합리적인 관광활동을 선호하는 반면 중국 관광객들은 쇼핑에 많은 시간을 갖고 싶어 한다.

그러므로 관광통역안내사는 세계 각국의 관광자들을 분석・파악하여 그들의 요구에 맞는 관광이 될 수 있도록 진행해야 한다.

## 7) 국외여행 인솔업무

국외여행 인솔업무는 여행의 출발준비부터 여행 종료까지 고객을 관리하는 업무이며 이러한 업무를 수행하는 사람을 국외여행 인솔자라고 한다. 외국어로는 '투어 컨덕터(Tour Conductor)', '투어 디렉터(Tour Director)', '투어 리더(Tour Leader)', '투어 매니저(Tour Manager)' 등 여러 명칭으로 불리고 있으나 '투어 컨덕터' 혹은 줄여서 'TC'로 가장 많이 사용되고 있다.

점점 증가하고 있는 내국인의 단체 국외여행에 있어서 자격 있는 인솔자가 관광객을 인솔하여 국외여행을 안전하게 안내하고 편의를 도모하여 원만한 여행일정이 되도록 하여야 한다.

이에 「관광진흥법」에서는 "여행업자가 내국인의 국외여행을 실시할 경우 여행자의 안전 및 편의제공을 위하여 당해 여행을 인솔하는 자를 둘 때에는 문화관광부령이 정하는 요건에 적합한 자를 두어야 한다"라고 규정하고 있다.

국외여행 인솔자의 자격을 가진 자는 ① 관광통역안내사 자격을 취득한 자, ② 여행업체에서 1년 이상 근무하고 국외여행경험이 있는 자로서 문화관광부장관이 정하는 소정의 교육을 이수한 자, ③ 문화관광부장관이 지정하는 교육기관에서 국외여행인솔에 필요한 교육을 이수한 자이다.

투어 컨덕터의 기본요건은 다음과 같다.

① 단체여행에 동행하여 현지 가이드와 협력하여 그 여행이 안전하고 원활하게 진행될 수 있도록 고객을 리드하고 예측하지 못했던 문제 발생 시에는 즉석에서 해결할 수 있어야 한다.

② 여행의 매니저로서 프로그램의 일정대로 출입국 관리, 탑승 수속, 수하물 관리, 숙박과 식사의 확인, 관광과 통신 등 여행 전반에 관한 제반 사항에 관해서 전문적인 지식을 가지고 있어야 한다. 그리고 이 과정에서 고객의 이익을 보호하고 대변하는 역할을 수행하여야 한다.

③ 예산집행에 있어서 현장에서의 경비는 투어 컨덕터의 재량에 맡겨지므로 컨덕터는 최초 예산범위 내에서 동일하게 집행하면서 불필요한 낭비를 방지하며 고객에게 만족감을 줄 수 있도록 노력하여야 한다.

④ 투어 컨덕터는 많은 관광객을 여행일정에 맞게 인솔해야 할 책무가 있으므로 고객을 존중하는 자세로 신뢰감을 형성할 수 있도록 투어그룹을 리드해야 한다.

⑤ 단체여행 인솔 중에는 투어 컨덕터가 유일한 여행사 측 사람이기 때문에 고객들은 모든 문제를 투어 컨덕터와 교섭하게 되므로 회사를 대표하게 된다. 이때는 본인의 업무 외에 상담이나 판매, 또는 수배부서 등의 잘못에도 책임감을 가지고 해결할 수 있도록 노력해야 한다.

**새로운 여행지 찾아내는 여행프로그래머, 여행상품 기획자**

프랑스 소설가 마르셀 프루스트는 "여행의 진정한 발견은 보는 것이 아니라, 새로운 눈을 가지는 것"이라고 했다. 여행을 하다 보면 이전과 다른 방식으로 세상을 이해하는 눈이 생기기 때문이다. 그리고 여행 자체를 계속해서 새로운 시선으로 바라보고 고민해야 하는 직업도 있다. 바로 남들에게 새로운 여행 경험을 선사하는 여행상품 기획자다.

여행상품 기획자는 여행지로 활성화되지 않은 지역을 찾아내 새로운 여행지로 상품화한다. 이들은 사람들에게 인기를 끌 만한 여행지를 발굴하는 일부터 교통편, 관광명소, 숙박시설 등에 대한 정보를 수집하고, 관광코스와 일정, 경비 등을 기획한다. 또 다양한 테마여행상품을 기획하고, 홍보와 판매에도 관여한다. 롯데제이티비(JTB) 이문규 대리는 "최근에는 여행객들이 여행에 대한 정보를 더 잘 알고 있는 경우가 많기 때문에 여행과 문화행사를 함께할 수 있는 상품들을 기획하고 있다"며 "한류문화 콘서트, 연예인 팬미팅, 야구경기 등 다양한 문화행사와 여행을 결합한 상품들을 선보이고 있다"고 전했다.

한편, 여행상품 개발을 위해 현지 조사를 떠나거나, 직접 여행객들을 인솔해야 하는 경우도 많아 외국 출장이 잦은 편인데, 세계 각지를 여행할 수 있다는 게 이 직업의 장점이다.

여행상품 기획자가 되기 위해 특별히 요구되는 전공이나 자격이 있는 것은 아니다. 하지만 대학에서 관광관련 학과(관광경영학과, 국제관광과, 호텔경영학과 등)를 전공하고, 여행업이나 관광산업에 대한 전문적인 교육을 받으면 업무에 큰 도움이 된다. 이 대리는 "여행 자체를 좋아하는 것이 가장 기본이고, 영어, 일어, 중국어 등 어학실력을 갖추면 할 수 있는 일이 더 많다"고 전했다. 또 "여행은 무형의 상품이기 때문에 고객마다 느끼는 만족과 감동이 다르다. 따라서 사랑하는 사람과 함께 갈 여행을 만든다는 마음으로 고객의 입장에서 생각할 줄 아는 자세가 중요하다"고 말했다.

여행상품 기획자는 여행지역의 교통, 지리, 숙박, 문화 등 모든 정보를 숙지하고 있어야 한다. 그래야 사람들이 여행지에서 더 풍부한 경험을 할 수 있도록 준비할 수 있다. 이 때문에 여행사에서 아르바이트를 해보거나 여행인솔자(TC: Tour Conductor)로 활동해 보는 등 여행업계에서 어느 정도 경력을 쌓아두는 것이 좋다. 실제로 여행사에 입사해 처음부터 여행상품 기획자로 일하는 경우는 드물며, 유사한 업무를 경험 해봐야 기획업무를 맡을 수 있다. 경기불황에도 여행을 통해 여가를 즐기려는 분위기가 형성되면서 여행업은 꾸준히 발전하고 있다. 특히 한류 바람에 힘입어 국내를 여행하는 외국인 관광객이 크게 늘고 있는 점도 여행산업 발전에 긍정적인 영향을 주고 있다. 단, 몇몇 대규모 업체를 제외하면 중소규모 여행사가 많고, 청년층이 좋아하는 직업이어서 인지도가 있는 여행사에 입사하려면 치열한 경쟁을 치러야 한다.

출처 : 한겨레, 2012년 7월 16일자 발췌

# 제 06 장 관광교통업

## 1. 관광교통업의 개념

교통수단의 발달로 사람들이 다양한 교통수단을 이용하게 되면서 관광산업은 성장하기 시작했다. 관광산업과 교통은 매우 밀접한 관계를 가지고 있으며, 항공기, 철도, 선박, 자동차 등 여러 가지 교통수단에 따른 관광상품들이 계속 개발되고 있다.

넓은 의미의 교통이 교통계획, 기능의 설계, 교통 운영 등이라면 좁은 의미의 교통은 장소적 이동을 뜻한다. 인간은 항상 일정한 지역적인 확장활동을 하는데, 이 지역적인 확장활동의 결과인 공간적 거리를 극복하는 행위가 바로 교통이다.

따라서 교통은 이와 같은 공간적 거리를 가능한 한 가장 작은 시간적 · 경제적 손실에 의해 극복하는 데 있으며, 교통수단의 발달은 그 기능의 강화를 가져온다. 교통에 의한 인간이나 재화의 이동은 장소적인 효용(效用)을 창출하므로 경제학상 교통은 생산의 일부로 간주된다.

관광교통은 '관광자의 거주지에서 관광목적지로의 출발과 귀환을 시간적 · 공간적으로 연결해 주는 수단이며 관광산업에 밀접하게 연계되어 있는 관광시스템'이다. 따라서 오늘날의 발달된 교통수단을 통해 제공되는 서비스는 관광교통 그 자체가 관광의 대상이 될 수 있다.

〈표 6-1〉 교통기관의 종류

| 구 분 | 종 류 | 내 용 |
|---|---|---|
| 육상교통 | 버 스 | 일반노선, 고속버스, 전세버스 등 |
| | 자동차 | 렌터카, 캠핑카, 트레일러 등 |
| | 기 차 | 정기노선, 전동차 등 |
| | 사이클 | 모터사이클, 자전거 등 |
| | 특수목적용 | 마차, 케이블카 등 |
| 항공교통 | 정기노선 | 항공사 일반운항기 |
| | 전세항공기 | 상업용 전세항공기 |
| | 개인항공기 | 전용기, 민간공항 이용 |
| 해상교통 | 정기선 | 크루즈, 여객훼리, 유람선 |
| | 부정기선 | 전세여객선 |
| | 개인선박 | 요트, 보트 등 |

## 2. 육상교통산업

### 1) 승용차시장

전 세계에서 가장 많은 여행의 형태는 자동차를 이용하는 것이다. 미국의 경우 79%의 미국인이 국내관광을 할 때 승용차, 캠핑카, 트럭, RV 차량, 렌터카 등을 이용한다. 자동차는 단거리에서 중거리까지의 이동에 적합한 교통수단으로 인식되고 있으며 오늘날 여가시간의 증대로 인하여 레저용 차량(Recreational Vehicle)의 소유자 수가 점차 증가하고 있고 자동차 업계에서는 SUV와 RV차량의 수요가 향후에도 지속적으로 성장할 것으로 예측하고 있다.

현재 생산되는 차량에 장착된 GPS(Global Positioning System)기능은 별도 안내자의 도움 없이 원하는 목적지로 정확하게 갈 수 있도록 함으로써 자동차 관광자가 자연탐험적 형태의 관광활동을 할 수 있도록 한다.

자동차여행의 장점은 다음과 같다.

① 여행일정을 자유롭게 조정하며 여행 중 정차가 편리함
② 출발시간의 자유로운 조절
③ 짐과 장비를 쉽게 운반
④ 3사람 이상 동반여행 시에 비용절감 효과

## 2) 버스

버스를 이용한 관광활동은 관광전세버스가 대표적이다. 관광전세버스는 단체관광객이나 여객을 대상으로 운송계약에 의하여 관광활동 출발지부터 목적지까지 운송서비스를 제공하고 영리를 추구한다.

버스의 장점은 자동차와 유사하나 더 많은 인원을 운송할 수 있다는 점과 항공사, 철도, 크루즈, 호텔, 레스토랑 등의 다양한 관광상품들을 연계하는 역할을 한다.

관광전세버스 운송사업은 운행계통을 정하지 않고 전국을 사업구역으로 하여 1개의 운송계약으로 건설교통부령이 정하는 자동차를 사용하여 여객을 운송하는 사업인 구역여객 자동차 운송사업의 종류 중 하나이다. 전세버스업에서는 관광자를 단체관광과 개별패키지여행, 도시패키지, 또는 다른 교통수단과의 연계교통관광으로 나누어볼 수 있다.

관광전세버스는 주로 학교, 회사, 협회 또는 모임, 친목단체 등과 같은 자생단체에서 전세버스 운송업체의 운송서비스를 제공받아 각종 행사나 관광활동의 목적으로 여행하는 것이다.

### (1) 전세버스 상품의 종류

① **전세버스관광(Charter Tour)**

전세버스는 학교, 회사, 협회 또는 계모임, 친목단체 등과 같은 단체에서 전세버스 운송업자와 계약을 하여 스포츠행사, 박람회, 박물관, 쇼핑센터, 관광지 등을 여행하는 것이다. 일반적으로 전세버스관광은 단일목적지의 여행으로 숙박시설이 포함되나 관광안내원은 동반하지 않는다.

② **단체관광(Escort Tour)**

국내에서 가장 많이 이용하는 관광버스의 형태이다. 단체의 대표와 여행사의 상담을 통하여 여행일정 및 관광목적지를 결정하여 계획된 운송서비스를 제공하는 것이다. 모든 일정표에 숙박, 식사, 쇼핑, 관광지 등이 포함되며, 전 여정기간 동안 전문 관광안내원이 동반하여 여행서비스를 제공한다.

③ **개별패키지 관광(Independent Package Tour)**

전세버스회사에서 특별한 이벤트나 계절상품, 유명 관광지를 목적지로 한 특별기획 여행상품을 개별 여행자들이 모여 이용하는 운송관광 상품이다.

④ **도시패키지 관광(City Package Tour)**

개별패키지 관광과 유사하나 일정한 도시 내의 주요 관광지, 호텔, 음식점, 쇼핑센터 등을 여행하는 운송서비스를 제공한다.

⑤ **연계 교통관광(Intermodal Tour)**

연계교통관광은 타 교통수단인 항공, 관광유람선, 여객철도와 전세버스를 연결하는 여행운송 서비스를 제공하는 형태의 관광이다. 대표적인 예로는 미국의 암트랙철도와 그레이하운드 등의 9개 노선을 이어 뉴욕시에서 플로리다주까지 관광을 하고 그 후 일주일간 카리브해 유람선으로 관광하는 상품을 들 수 있다. 국내에서는 제주도 관광 시 항공사와 버스, 또는 여객선과 버스를 연계하는 관광상품이 있다.

## 3) 철도

철도는 안전한 교통수단에 속하고 출발과 도착시간이 정확한 정시성을 가지고 있다는 게 가장 큰 장점이다. 그리고 철도를 이용한 이동 간에 경유지 구간에 있는 관광자원을 접할 수 있어 관광자원에 대한 접근성이 뛰어나다.

철도를 이용한 관광은 크게 두 가지로 나누어볼 수 있는데 관광열차와 고속철도이다.

### (1) 관광열차

현대의 기차는 속도도 빠르지만 관광열차는 의도적으로 천천히 이동하도록 운영된다. 이런 이유로 관광열차는 관광지까지 열차를 이동시키면서 열차 내에서의 서비스와 경유지를 통과하면서 관광자원을 접할 수 있다는 장점이 있다. 많은 관광열차 여행은 완전한 경험을 제공하기 위하여 오래된 증기기관을 이용하기도 한다. 관광열차 여행은 전 세계에 널리 퍼져 있다.

#### ① 북미지역 관광열차

경관감상용 열차여행은 미국 전역에서 가능하며 차로는 도달할 수 없는 지역에까지 관광객들을 실어 나를 수 있다. 알래스카의 경관감상을 위한 관광열차투어에는 화이트패스와 유콘 루트 및 데날리국립공원으로 가는 페어뱅크스의 자연관광이 포함된다.

그레이트스모키산맥국립공원의 관광열차는 터널과 강을 통하여 서부 노스캐롤라이나로 이어진다. 그랜드캐니언 철도길은 관광객들이 그랜드캐니언 국립공원을 관광할 수 있도록 재개되었다.

웨스트버지니아에 있는 캐스 경관철도 주립공원은 벌목마을을 통과하며 관광객들에게 경관을 제공한다. 캘리포니아의 나파밸리와인관광열차는 나파밸리의 와인생산지역을 견학하고 와인을 맛보고 싶은 사람들을 위한 이상적인 여행코스이다. 캐나다로 여행하는 사람들은 토론토에서 밴쿠버까지 해안으로 이어지는 3일짜리 관광열차상품을 이용할 수 있다.

**② 호주**

쿠란다 관광열차

호주의 경관감상열차는 오지로 알려진 거대한 대륙에 대한 호기심을 충족시킬 수 있도록 구성되었다. 카툼바 관광열차는 블루마운틴의 오래된 광산을 경유하는데 2011년 세상에서 가장 험난한 철로로 기록되었으며 그 경사도는 심할 경우 52도까지 생긴다.

카툼바 관광열차코스의 승객들은 케언스에서 쿠란다까지 울창한 강우림, 폭포, 그리고 배런고지 국립공원의 경관을 감상할 수 있다.

**③ 남아메리카**

남아메리카에서는 일부의 국가들이 경관감상을 위한 관광열차를 운영하고 있다. 14일짜리 브라질 관광열차는 벨루오리존치와 리우데자네이루와 같은 도시와 이구아수폭포와 같은 경관감상을 포함하고 있다.

아르헨티나의 구름관광열차는 부에노스아이레스에서 시작하여 엄청난 높이의 쿠만과 살타 지역을 운행한다.

페루의 중앙관광열차는 페루의 티티카카(Titicaca)호수와 마추픽추(Machu Picchu)관광을 하고 또한, 볼리비아의 라파스(La Paz)를 포함한다.

**④ 아프리카**

남아프리카는 아프리카 국가들 중에서 가장 고급스러운 사파리관광열차를 운용하고 있다. 카루(Karoo)고원에서 탑승하여 쿠아줄루 나탈(KwaZulu Natal)주의 광활한 사탕수수밭을 관람하고 아프리카의 스펙터클한 자연림을 여행할 수 있다. 또 하나의 관광열차는 드라켄스베르크(Drakensberg)산맥을 관통하며 요하네스버그(Johannesburg)와 마할리스버그(Magaliesberg)폭포의 경관을 즐길 수 있다.

⑤ **아시아**

아시아에는 방콕에서 싱가포르까지 이어지는 고급 관광열차라인이 있다. 이 열차를 타면 고대의 사원, 고무나무밀림, 쌀 생산지와 아시아 전통마을의 경관을 볼 수 있다. India's hill trains는 장난감기차라 불리기도 하며 뜨거운 기후의 뉴 잘파이구리(New Jalpaiguri)에서 히말라야산맥에 있는 다르질링(Darjeeling)역으로 운행한다.

## 4) 고속철도

고속철도란 일반적으로 열차가 주요 구간을 200km/h 이상 속도로 주행하는 철도로서 다른 교통기관과 다른 점은 빠르고 대량수송이 가능하며 안전하다는 것이다. 또한, 정확한 운행성과 편리한 이용성, 환경보호 측면도 빼놓을 수 없다. 운행속도에 있어서는 현재 실용화된 교통기관 중 비행기의 다음 순위이고, 수송량에 있어서는 선박 다음이나, 안전성에 있어서 비행기와 선박보다 뛰어나다.

운행의 정확성 또한 기후의 영향에 좌우되는 비행기 · 선박보다 우수하다. 한편, 도시 내로의 접근성과 경유지의 선택 등이 편리하고, 통과지역의 관광에도 도움이 될 뿐만 아니라, 고속열차가 전기로 움직이므로 배기가스에 의한 대기오염이 없다.

프랑스, 일본, 독일이 우선적으로 고속철도를 개발하여 운행하였으며 현재 한국, 중국, 미국, 브라질, 인도 등에서 고속철도를 개발운행하거나 개발중에 있다.

### (1) 일본의 신칸센

일본이 1964년 10월 세계 최초로 고속철을 개통 · 운행하였으며, 고속철의 명칭은 신칸센(新幹線, 신간선)이다. 평균운행속도는 240~275km/h로서 일본 전역을 일일생활권으로 만들어 일본의 경제와 산업발달에 지대한 공헌을 하였다.

### (2) 프랑스의 테제베

1984년 세계에서 두 번째로 개통한 프랑스의 테제베(TGV)는 프랑스의 수도 파리를 중심으로 주요 도시를 거미줄처럼 연결하고 있으며 에스파냐, 이탈리아, 독일, 네덜란드 같은 이웃 국가와도 연결되고 도버해협의 해저터널에도 들어간다. 주로 여객 전용인 테제베는 동력방식이 동력집중식으로 앞뒤의 양단(兩端) 차를 동력차로 한다. 설계속도 270~320㎞/h, 최고속도 250~300㎞/h이다.

### (3) 독일의 이체에

독일의 인터시티 익스프레스, 이체에(ICE)는 독일의 주요 도시들을 연결하며, 유럽의 주요 도시를 운행하는 유로시티도 있다. 최고시속은 300km까지 낼 수 있고, 현재 세계에서 가장 안전한 고속철도라는 평가를 받고 있다.

출처 : 위키백과

독일의 ICE 3 Fahrenbach

### (4) 한국의 고속철도(KTX)

한국의 고속철(KTX : Korea Train Express)은 2004년 4월 1일 개통되어 현재 305km의 속도로 운행 중이다. 현재 운행되는 차량은 프랑스 알스톰사의 기술로 개발·제작된 것으로, 시제차 1, 2편성부터 12편성까지는 프랑스 알스톰사 현지 제작, 13편성부터 46편성까지는 대한민국 현대로템사에서 라이선스 계약을 하여 조립·생산하였다.

2010년 3월 2일 국산기술로 제작한 KTX-산천이 영업운행을 시작함으로써,

한국은 KTX와 KTX-산천 두 가지의 고속철도를 운행하고 있다. 고속철도의 개통은 빠른 속도를 통한 시간단축으로 전국을 2시간대 생활권으로 연결시켜 국민들의 생활에 커다란 변혁을 가져왔을 뿐만 아니라 경제적·사회적·문화적으로도 많은 영향을 미치고 있다.

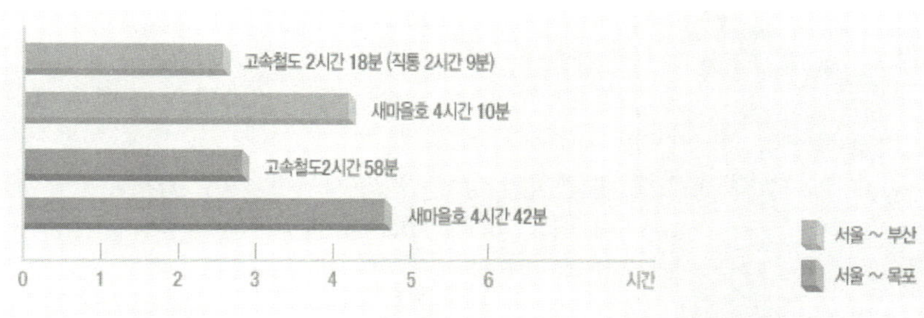


출처 : 코레일 웹사이트

[그림 6-1] 고속철도와 새마을호 소요시간 비교

① KTX의 특성

- 동력원 : 25,000볼트의 고압전류를 동력원으로 하고 있음
- 디자인 : KTX의 외부형상은 유선형 구조로 공기역학적으로 설계
- 객　차 : 객차연결방식은 관절형 대차를 이용하여 사람의 관절처럼 자유로이 움직일 수 있는 원리로 제작돼 가볍고 소음이 적으며 안락한 승차감을 유지
  - * 대차 : 차륜·차축을 보관·유지하여, 차체의 중량을 차축에 전달하는 것과 동시에 주행·제동 기능을 갖춘 기구
- 선　로 : 고속철도 선로는 시속 305km까지 달리는 고속차량의 하중을 안전하게 받칠 수 있도록 전 구간을 용접으로 연결해 하나의 레일로 제작, 선로의 최소 곡선반경은 7,000m로 이는 전 구간이 직선에 가깝도록 곧게 펴져 있음을 의미함

• 속 도 : 시속 300km 도달에는 KTX는 6분 5초, KTX-산천은 5분 16초가 걸리며, 고속철도는 시속 300km에서 비상제동 시 3,300m 이내에서 정차

### ② KTX와 KTX-산천 비교

〈표 6-2〉 KTX와 KTX-산천의 비교 제원

| 구분 | 내용 |
|---|---|
| KTX | • 1편성(1대)당 동력차 2량(칸), 동력객차 2량, 객차 16량 총 20량 전체 차량 길이는 388m이고 총 중량은 692톤(승객 탑승 전 기준)<br>• 차량 내 좌석의 경우 특실은 1열 3석으로 127석, 일반실은 1열 4석 배열로 808석으로서 총 좌석은 1편성당 935석<br>• 간이좌석도 1편성당 30석이 별도로 설치 |
| KTX-산천 | • 1편성(1대)당 동력차 2량(칸), 객차 8량 등 총 10량으로 구성, 전체 차량 길이는 201m, 총 중량은 403톤(승객 탑승 전 기준)<br>• 차량 내 좌석의 경우 특실은 1열 3석 배열로 30석이고, 일반실은 1열 4석 배열의 333석으로서 총 좌석은 1편성당 363석<br>• 간이좌석은 1편성당 13석이 별도로 설치 |

| KTX | KTX-산천 |
|---|---|

출처 : 강원일보 포토뉴스

KTX(좌)와 KTX-산천(우)

### 5) 렌터카

자동차 관광시장에서 또 하나의 중요한 비중을 차지하는 것이 렌터카산업이다. 렌터카산업은 항공산업의 발전과 평행하게 성장하여 왔다. 이 분야의 주고객은 비즈니스 관광자가 주를 이루고 있으며 그 다음으로 복합형 여행객에 의해서 빈번하게 이용된다.

미국의 대형 렌터카업체 중 하나인 Hertz 카운터

## 3. 항공교통산업

### 1) 항공교통의 역사

#### (1) 최초의 비행

미국의 라이트형제는 기계완구와 자전거점을 함께 경영하다 독일의 비행연구가 릴리엔탈이 글라이더 시험 중 추락사한 이후 항공에 흥미를 가져 비행기 연구를 시작하였다. 1900년과 이듬해에 노스캐롤라이나주의 키티호크에서 2회에 걸쳐 글라이더의 시험비행을 하였고, 그 후 데이턴에서 비행기의 과학적 연구에 착수, 모형비행기로 200회 이상, 1902년 키티호크에서 1,000회에 이르는 글라이더 시험비행을 하였다. 같은 해 12월 데이턴에 돌아와 형제가 직접 만든 가솔린기관을 기체에 장치하여 1903년 12월 17일 키티호크에서 역사상 처음으로 동력비행기를 조종하여 지속적인 비행에 성공하였다. 이것은 12h.p.의 발동기를 부착한 무미익복엽기(無尾翼複葉機)로 된 플라이어 1호(號)로서, 첫 비행은 오빌의 조종으로 12초 동안 36m를 날았고, 두 번째 비행은 59초 동안 243m를 비행하였다. 이후 1904년 허프먼 프레리에서 45분 동안 비행하였고, 상하 좌우로 조종하는 문제도 해결하였다. 1905년 플라이어 3호는 주회(周回)비행에 여러 차례 성공, 40km를 38분에 비행한 기록도 세웠다. 1908년에는 유럽 각지를 순회하면서 그들의 비행을 공개하기도 하였다.

## (2) 항공산업의 발달

항공산업은 항공기 제작기술의 발달과 함께 성장하였다고 볼 수 있다.

제2차 세계대전 기간 중 발전한 전투기, 폭격기의 비행기 제작기술이 민간 항공기 제조에도 적용되기 시작하면서 오늘날까지 지속적으로 성장하였다. 1960년대에는 여러 항공사들의 등장으로 항공운임이 할인되기 시작했고 이로 인하여 항공기를 이용한 관광객이 증가하였다.

보잉 B737-800

보잉 B747-400기 모델

1970년대에는 항공기술의 발달로 대규모의 인원을 수송할 수 있는 항공기가 개발되면서 국제관광이 대중에게 확산되었다.

보잉 B747-400기 모델

보잉 B777-400

인천국제공항(ICN) 전경

# 4. 항공산업의 특성

## 1) 항공산업의 장점

### ① 고속성

항공기의 속도 표시단위는 'Knot'를 사용하며 음속단위인 'Mach'를 사용하기도 한다. 속도의 차이는 동일한 동력을 사용하는 경우에도 고도에 따라 달라질 수 있다. 보통 고도가 낮아지면 비행할 수  있는 최대속도가 낮아지는데 이는 공기밀도가 높아짐에 따라 공기저항이 더 커지기 때문이다. 고도의 단위로는 피트(Feet)를 사용한다. 국제선 여객기의 경우 순항고도가 3만피트 정도로 1ft가 30cm이므로 지상에서 약 10km의 상공에서 비행한다고 볼 수 있다.

대형 여객기는 고속순항 방식일 경우 950km에서 1,000km의 속도를 유지하며, 장거리 순항방식에서는 시속 800킬로미터 정도의 속도를 유지한다.

### ② 안정성

항공기는 설계・제작・운항에 있어 특히 안전성에 중점을 두고 있다. 그로 인해서 해마다 안전성이 향상되고 있다. 미국의 통계에 의하면 비행기 사고로 인한 사망자 수는 자가용 자동차의 약 1/10에 불과하다. 교통기관으로서의 비행기가 이와 같은 안전도에 도달한 것은 비행기 자체의 안전성과 신뢰성이 제2차 세계대전 전에 비해 현저하게 향상된 것이 첫째 이유이다. 대전 전에는 기관의 고장으로 불시착이나 추락하는 경우가 많았으나, 현재는 기관의 신뢰성이 현저하게 향상되었을 뿐 아니라 쌍발(발동기가 2개) 이상의 비행기에서는 만일 기관 중 하나가 고장이 나도 나머지 기관으로 이륙이나 착륙이 가능하게 설계되어 있다.

또한, 항공기 제작기술, 운항기법, 정비기술의 발달과 더불어 정보통신기기 등의 다양하고 과학적인 운항관련 장비를 장착하기 때문에 항공운항의 안정성은 더욱 높아졌다.

③ **경제성**

항공운송요금은 타 교통기관에 비하여 높은 편이다. 하지만 경제적인 측면을 고려해 보았을 때 다른 교통기관보다 이동시간의 단축으로 인한 시간 절약의 효과가 크다고 볼 수 있다.

예를 들어 한국에서 선박을 이용하여 유럽으로 이동할 때 한 달 이상의 기간이 소요된다고 하면 항공기를 이용한다면 12시간 정도의 비행으로 도착할 수 있다. 경제적 관점에서는 선박을 이용할 때 소요되는 시간에 생산적인 활동을 한다면 항공기를 이용하는 편이 훨씬 효율적이라는 것을 알 수 있다.

## 2) 항공산업의 단점

항공기는 고가의 운송장비로 분류되며 항송사업 초기에는 막대한 투자비용이 요구된다. 현재 가장 많이 운용되고 있는 보잉 747기종의 경우 약 2,200억 원에서 옵션에 따라 2,680억 원까지 책정되며 에어버스 380기종은 약 3억 유로로 한화로 환산하면 약 4,300억 원에 달한다.

이러한 거액의 구입자금과 국제유가의 지속적인 상승으로 인하여 항공사의 경영에 있어 영업수지의 악화 위험성이 높은 산업이라고 할 수 있다. 또한, 항공기 사고의 발생비율은 타 교통기관에 비하여 현저하게 낮은 수준이지만 사고가 발생하면 대형참사로 이어지므로 항공사의 높은 정비능력이 요구된다. 공항의 정비능력에 따라 항공기의 운항횟수, 거리 등에 영향을 받으므로 공항정비능력에 있어 높은 수준의 유지가 요구된다.

## 5. 해상교통산업

### 1) 해양관광의 개념

해양관광은 해양과 도서, 어촌, 해변 등을 포함하는 공간에 부존하는 자원을 활용하여 일어나는 관광목적의 모든 활동을 의미하는 것으로서 해양관광의 공간적 범위는 해안, 해상, 해저를 포함하여 해양환경이 영향을 미치는 영역으로 정의할 수 있다.

해양관광의 역사는 유럽에서 시작되었으며 중세기 말부터 발달한 피서, 피한의 목적으로 해양활동을 하기에 적합한 기후와 해양조건을 갖춘 지역을 중심으로 발전하기 시작하였다. 19세기 말에서부터 휴가제도의 정착으로 일반 대중의 휴양활동이 활성화되면서 해변관광지가 본격적으로 개발되기 시작했다.

해수욕을 중심으로 발달한 해양관광은 단순한 휴양형, 휴식형 관광에서 적극적이고 모험적인 해양활동형으로 변화되기 시작하였다. 이후 사회적·경제적 여건이 성숙되어 해양관광활동은 주로 수상 레저스포츠나 어촌의 문화체험 등으로 확산되었다.

우리나라에서는 1960년대 교통이 편리하고 대도시에 인접한 해운대 해수욕장이 개장되면서 해양관광이 시작되었다고 볼 수 있다. 1980년대 들어서면서 국민소득과 국민관광의 수요가 증가하기 시작하였다. 1990년대에는 해안에서 이루어지는 해수욕이 하계 관광활동의 중심이 되었으며 요트, 보트, 스킨 스쿠버 등의 수상 레저스포츠형 해양관광활동이 활발해지기 시작했다.

### 2) 해양관광의 유형

#### (1) 휴양형 해양관광

하계 폭서기간 동안 휴양과 휴식을 목적으로 하는 해양관광은 주로 해변가에서 해수욕, 모래찜질, 해변캠프, 해변학교 등의 프로그램을 중심으로 다양한 레크리에이션활동을 수행한다. 또한 계절에 관계없이 참여할 수 있는 바다낚시도 휴양형 해양관광의 일환으로 개발되고 있다.

### (2) 레저스포츠형 해양관광

해양공간에서 바람, 파도, 해류 등의 자연조건을 활용하여 수면이나 수중공간에서 하는 스포츠로서 보트, 요트, 수상스키, 윈드서핑, 제트스키, 스노클링, 스쿠버다이빙 등의 스포츠활동이 레저스포츠형 해양관광의 대표적인 사례이다.

해상스포츠는 장비나 보조도구가 필요하며 기본적인 강습이 요구되는 등의 기본적인 경비가 지출되므로 소득수준이 높아져야 일반화될 수 있는 특성이 있다.

### (3) 유람형 해양관광

해양유람(Cruise)은 유럽, 미국, 일본 등에서 가장 성장속도가 빠른 관광상품 중 하나이며 여유시간과 여유자금이 있는 계층에서 선호하는 상품으로 여객운송과 리조트 호텔이 결합된 형태의 서비스를 제공한다.

크루즈 관광은 숙박, 식음료, 위락시설 등의 각종 시설을 갖추어 놓고 관광객에게 수준 높은 선내 서비스를 제공하고 여러 관광지를 기항하면서 관광자원을 접하는 선박을 이용한 해양관광활동이다.

단순히 이동서비스를 제공하는 여객선도 있지만 크루즈에서는 관광지를 이동하는 여정 자체가 위락활동을 포함하는 해양관광상품으로서 관광객들에게 가장 큰 만족도를 줄 수 있는 완성도 높은 여행상품이다. 비용측면에서는 비교적 고가의 가격대를 형성하는 상품이고 크루즈선박이 정박하는 기항관광지에는 경제적인 기여도가 높아 세계 각국에서 관심을 가지고 있다.

## 3) 해상교통수단

### (1) 수상레저보트

수상레저산업은 21세기 차세대에 새로운 레저문화를 창출하고 있다. 소득수준이 높아지고 근무일수가 줄어들면서 상대적으로 늘어나는 풍부한 여가시간을 즐기면서 전보다 더 여유로운 삶에 대한 욕구가 증대되고 있다.

한국은 세계 최고의 조선 산업시설과 기술을 가지고 있지만 레저용 보트 제조 기술이나 시설투자는 미비한 실정이다. 레저보트산업은 중대형의 조선 산업과는 구분되는 분야로서 수요 계층이 다양하고 레저보트의 유형도 용도와 구매자의 취향에 따라 매우 세분화되어 있다.

선진국의 레저활동은 이미 1960년대에 형성되어 오늘날에는 기하급수적으로 늘어나고 있으며 가장 부가가치가 높은 미래 산업으로 인식된다. 선진국가들 중 가장 안정적으로 레저보트산업이 발달한 나라는 미국으로 2005년 기준 1,400여 개의 보트생산 업체와 940,000명의 보트산업 종사자가 레저보트, 요트산업의 근간을 이루고 있으며 이러한 레저보트를 접안하고 휴식과 오락을 즐길 수 있는 마리나항은 12,100여 개에 이른다. 한국의 경우 12,800km에 이르는 해안선, 3,200여 개의 섬과 수심 20m 내외의 해역이 국토의 1/3을 차지하고 있어 해양스포츠활동에 적합한 자연환경을 구비하고 있다.

보트는 크게 두 가지 형태로 나눌 수 있는데 7m 이하의 보트를 레저보트라 하고 7m 이상의 보트를 요트라고 한다.

#### ① 모터보트

모터보트는 '물 위의 자동차'라고 할 수 있다. 모터보트의 구조는 조종실, 엔진룸, 침실, 취식시설을 갖추고 있다. 보트의 상단(Deck)에서는 낚시, 일광욕, 식사, 수면, 경치조망, 독서 등의 활동을 할 수 있고 보트의 하단(Hull)에서는 휴식, 취사, 세면, 숙식 등의 숙박시설에서 할 수 있는 일반적인 실내활동을 할 수 있다. 레저보트 활동에 적합한 최상의 기후는 여름과 같이 따듯한 기후이며 보트의 상단과 하단에서 즐거운 여가활동을 즐길 수 있고 해양에서 즐길 수 있는 자연친화적인 해양관광활동이다.

② **요트(yacht)**

해양스포츠 종목 중 오랜 역사를 가지고 있으며 해양스포츠의 대명사로 불리는 요트는 48조 원 규모에 달하는 해양스포츠산업으로서 미국 등 선진국을 중심으로 치열한 경쟁을 벌이고 있다.

요트의 어원은 네덜란드어인 '야겐(jagen)'에서 유래되었는데 '사냥하다. 쫓는다'는 의미가 있어 요트가 빠르게 항해하기 위한 목적이었음을 알 수 있다.

요트는 돛 없이 엔진의 힘으로 항해하는 모터요트(motor yacht)와 돛을 사용하여 항해하는 세일링요트(sailing yacht)로 나누어진다. 세일링요트는 다시 딩기(dingy)와 세일링 크루저(sailing cruiser)로 분류되는데, 딩기는 주로 연안이나 내수면에서 경기 또는 레저를 즐기기 위한 선실이 없는 스포츠경기용 소형 클래스이다.

*** 요트의 분류**

| 구 분 | 중분류 | 대분류 |
|---|---|---|
| 요트(yacht) | 모터요트(motor yacht) | |
| | 세일링요트 (sailing yacht) | 딩기(dingy) |
| | | 연안 항해용(day cruiser) |
| | | 대양 항해용(offshore cruiser) |

### (2) 여객선(ferry)

여객선은 선박상선으로 여객수송(passenger boat passenger ship)을 목적으로 한 선박안전법상 13인 이상의 여객을 수송하는 선박으로서 일반적으로는 선내 공간의 70% 이상을 여객설비에 충당한 배를 말한다. 그 속도 또는 수송 형태를 기준으로 다음과 같이 분류할 수 있다. 제2차 세계대전 전까지는 국제여행의 수단이 선박이었기 때문에 여객선이 취항하는 정기항로망이 발달하였다. 그러나 항공기술의 발달과 항공산업의 급격한 성장으로 인하여 오늘날 정기여객선 운항은 쇠퇴하고, 대신 관광을 목적으로 하는 주유 여객선의 활동이 중심이 되고 있다.

* 여객선의 분류

| 명 칭 | 분 류 기 준 |
|---|---|
| 초쾌속여객선 | 시속 35노트 이상(65km/h) |
| 쾌속여객선 | 시속 20노트 이상~35노트 미만(37km/h~65km/h) |
| 고속여객선 | 시속 15노트 이상~20노트 미만(27km/h~37km/h) |
| 일반여객선 | 시속 15노트 미만(27km/h) |
| 카페리선 | 차량, 컨테이너 등의 화물과 여객을 동시 수송할 수 있는 선박으로 차량적재 구역이 밀폐형임 |
| 차도선 | 차량과 여객을 동시에 수송할 수 있는 선박으로 차량적재 구역이 개방형임 |

### (3) 크루즈 유람선(cruise)

크루즈란 '선박을 이용한 유람 · 관광'을 뜻하는 용어로 제1차 세계대전이 끝나고 평화가 정착되던 시기에 대서양의 정기여객항로에 운항되던 대형 여객선을 겨울철 비수기에 아열대 해역을 항해함으로써 선박의 운항효율을 높이려는 목적으로 시작된 해상교통수단이다.

한국관광공사에서는 크루즈를 이용한 크루즈 여행은 '운송보다는 순수 관광목적의 선박여행으로 숙박, 음식, 위락 등 관광객을 위한 시설을 갖추고 수준 높은 관광을 제공하면서 수려한 관광지를 안전하게 순항하는 여행'이라 정의하고 있다. 김천중은 크루즈여행이란 유람선을 이용한 독특한 관광여행으로 비교적 숙박이 필요한 원거리를 운항하면서 쾌적한 선상생활을 즐기면서 매력적인 항구도시나 유명한 관광목적지에 상륙하여 관광여행을 즐기는 항해여행으로 정의하였다.

즉 일반적인 의미의 레저를 목적으로 해상에서 운항되고 있는 여객선에 의한 선박여행을 크루즈라고 할 수 있다.

### ① 크루즈산업의 현황

북미 카리브 지역과 유럽의 지중해 지역에서 고연령 부유층을 중심으로 발전한 크루즈시장이 지속적으로 발전하면서 일반인들도 쉽게 이용할 수 있게 되어 가고 있다. 전 세계 크루즈 승객은 2000년 1,010만 명에서 2010년에는 1,600만 명으로 증가했다.

세계 크루즈시장의 지역분포를 2000년 기준으로 살펴보면 북미시장이 70%, 유럽지역 14%, 아시아지역이 16%의 점유율을 나타내고 있다. 1990년대와 비교할 때 아시아지역의 비중이 확대됐다.

크루즈산업 조사연구기관인 시트레이드(Seatrade)는 세계관광산업의 연평균 성장률이 4.3%(1980~2005년)였다면, 세계 크루즈산업 연평균 성장률은 8.1%(1980~2003년)로 두 배 가까이 높다는 결과를 발표했다.

북미지역에서는 미국이 주요 시장이며, 유럽은 영국과 독일의 이용객이 절반을 차지하고 프랑스와 이태리, 네덜란드 이용객이 주류를 이루고 있다. 아시아지역의 경우 크루즈관광에 대한 문화적 인식 차이로 크루즈상품의 개발수준이 낮고 성숙돼 있지 않으나 1990년대 스타크루즈사가 싱가포르를 거점으로 크루즈사업을 급성장시킴으로써 세계 주요 크루즈선사의 대열에 올랐으며, 일본도 최근 자국의 크루즈선사를 설립·운영하는 크루즈 관광시장에 적극 진출하고 있다.

우리나라는 3면이 바다로 둘러싸인 반도국가라는 지리적 특성과 더불어 조선업과 해운업 등이 발전한 해양선진국임에도 불구하고 크루즈 관광산업과 관련해서는 아직 초기 단계에 머물러 있다.

우리나라에 크루즈사업이 본격적으로 시작된 것은 1998년 현대아산의 '금강산 크루즈 사업'에서이다. 이후 스타크루즈사가 동북아 크루즈라인의 개척을 목적으로 2001년부터 부산과 평택 등을 기점으로 우리나라를 정기적으로 취항하여 중국-일본을 연계하는 크루즈상품을 판매하였으나 현재는 운항하지 않고 있다. 2013년 현재 부산항 내항 및 울산 등 주변 지역까지 운항하는 팬스타크루즈와 부산-오사카를 운항하는 팬스타호가 화물과 여객을 운반하는 페리선박 기능과 관광상품을 동시에 판매하여 통상적 개념의 크루즈사업과 유사한 형태로 운항되고 있으며 러시아 블라디보스토크와 동해, 일본의 사카이미나토를 정기운항하는 DBS크루즈가 있고, 인천과 중국의 청도와 위해를 운항하는 위동해운 등도 크루즈선과 유사한 서비스를 제공하고 있다.

### ② 크루즈의 유형

| 구 분 | | 내 용 |
|---|---|---|
| 운항유형 | 항만크루즈 (Harbor Cruise) | 주요 항구를 중심으로 운항하는 소형선박 |
| | 도서순항크루즈 (Island Cruise) | 아름다운 섬들을 정기적으로 순회 운항하는 크루즈로 당일 또는 1박 2일의 자유로운 선택이 용이하며 섬의 호텔에서 숙박하고, 해변에서 레저스포츠를 즐길 수 있다. |
| | 파티크루즈 (Party Cruise) | 전세형태로서 운항코스와 서비스내용에 따라 가격이 다르다. |
| | 레스토랑크루즈 (Restaurant Cruise) | 점심과 저녁 식사를 주로 하는 크루즈로 계획된 프로그램에 따라 개인적으로 이용할 수 있다. |
| | 장거리크루즈 (Leisure Cruise) | 자연생태와 내륙 및 해안선 등의 경관감상을 중심으로 선상쇼핑, 각종 파티 등의 특별한 이벤트 실시 |

③ 규모별 크루즈선의 분류

| 규 모 | 중 량(GRT) | 승선인원(명) |
|---|---|---|
| 소형선박(small ship) | 2,000~25,000 | 50~500 |
| 중형선박(middle ship) | 25,000~50,000 | 500~1,000 |
| 대형선박(large ship) | 50,000~150,000 | 1,000~4,000 |

④ 크루즈선내의 시설과 서비스

| 시 설 | 내 용 | 비 고 |
|---|---|---|
| 객실시설 | 1인용에서 5인용 객실까지 인사이드, 아웃사이드, 디럭스급, 스위트 등급까지 다양하게 구비되어 있음 | 호텔수준의 편의시설과 서비스 |
| 식음료시설 | 레스토랑, 뷔페식당, 바, 라운지, 커피숍, 베이커리 | |
| 레저시설 | 수영장, 조깅트랙, 골프연습장, 테니스, 농구, 배구, 탁구, 스쿼시, 피트니스센터 등의 스포츠시설 | 선사별/선박별 특성화 |
| 부대시설 | 면세점, 클럽, 극장, 영화관, 사우나, 스파, 뷰티숍, 게임방, 어린이놀이방, 회의실, 도서관, 세탁소, 카지노, 쇼핑센터 등 | |
| 편의시설 | 프런트, 통신실, 룸서비스, 메디컬센터, 사진관, 우편서비스, 흡연실, 장애인 편의시설, 금융서비스 | |
| 선상프로그램 | 일별 다양한 행사, 식사일정, 쇼핑뉴스, 기후, 스태프 인사, 방문지역 및 기항지 관광안내, 이벤트 파티 등 선내의 이용시설과 정보를 객실로 전달 | |

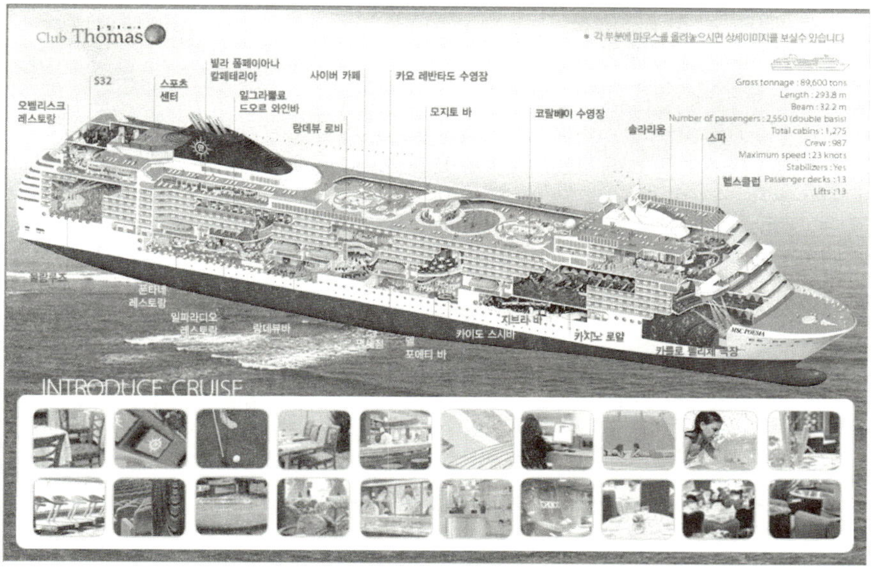

## 6. 관광교통업에서의 직업

매년 10억 명 가까운 사람들이 국제관광을 하고 있으며, 이러한 사람들은 이동을 위해 관광교통업을 이용하고 있다. 전 세계 크루즈여행객은 1,600만 명으로 추정되며, 저가항공사의 등장, 고속철 선로 확대 등으로 관련 직업세계도 넓어짐을 짐작할 수 있다.

이러한 관광교통업에서의 대표적인 직업은 승무원으로, 차·배·비행기 등에 타고 승객사무를 수행하는 사람을 의미한다.

승무원의 종류에는 크게 항공기승무원·열차승무원·크루즈승무원 등이 있다. 항공기승무원은 좌석상태 점검과 좌석안내, 구급약·비상용 장치의 확인 및 승객에게 주의사항을 전달하여 승객의 안전을 꾀하고, 필요한 안내방송과 음식물 등 각종 서비스를 제공하여 승객의 편의를 도모하는 일을 담당한다.

크루즈승무원은 크루즈의 구명장비와 화물 취급장비 및 케이블·돛 등에 대한 정비와 수리업무를 담당하며, 때에 따라서는 갑판의 청소 및 정비를 하거나 갑판용품을 보관·지급하는 일을 수행하기도 한다. 크루즈의 안전한 항해를 위해 모든 사항을 총 지휘하는 선장, 음식과 음료, 하우스 키핑, 게스트 서비스 등 선상 호텔의 전반적인 운영을 책임지는 호텔디렉터, 크루즈의 주요 행사 진행을 담당하는 크루즈 디렉터, 크루즈 여행 중 안전과 관련한 모든 사항을 담당하는 보안담당 승무원, 음식&음료 매니저, 메트르디[1] & 레스토랑 승무원, 선실 관리 책임자, 선실 당담 룸메이드 등으로 직무가 구분된다.

한편 열차승무원은 방송기기의 시험과 비품 점검을 하고, 운행 시 승차안내를 주로 담당한다. 수시로 차량 내를 순회하면서 차량 내의 온도조절과 승객의 요구사항을 돌보며, 승차요금 징수업무를 수행한다.

이들 승무원의 자격요건을 살펴보면, 항공기승무원의 경우 전문대학 이상의 학력을 요하며, 특히 회화능력과 용모를 중시한다. 국내 항공사의 경우

1) Maitre d'는 메트르 도텔(maitre d'hotel)의 약자로 프랑스 귀족들의 집사를 부르는 데서 유래했다. 레스토랑의 지배인 또는 책임자로서 레스토랑과 관련된 식품과 음료관련 업무를 총괄한다. 또한 레스토랑 스태프와 함께 고객들에게 최상의 서비스를 제공하기 위한 세련된 서비스 교육을 하는 역할을 한다.

일반적으로 키 162cm 이상, 교정시력 1.0 이상, 나이 23세 이하의 미혼여성으로 자격을 제한하고 있다.

항공기승무원에는 사무장과 스튜어디스(stewardess), 스튜어드(steward)가 있는데, 취업은 보통 공개채용으로 이루어지며 서류전형 · 1차 면접 · 필기시험(영어 · 상식) · 2차 면접시험 등 몇 단계의 시험을 거쳐야 한다. 여승무원으로 근무한 지 만 2년이 되면 시험을 거쳐 선임 여승무원이 되고, 만 4년이 되면 보조 사무장 대리급이 된다. 이 보조 사무장이 바로 여승무원을 관리하고, 근무평가를 내린다. 보조사무장 위로 전체 사무장이 있는데, 남자가 대부분이었던 전체 사무장에 요즈음에는 여성이 올라서는 경우도 있다.

스튜어드는 승객 서비스 업무와 안전업무를 담당하는 남자 객실 승무원을 이르는 명칭으로, 비행기 객실 내에서 스튜어디스와 함께 일한다. 부드러운 인상과 세련된 국제 매너로 세계인을 향한 민간 외교관 역할까지 겸해야 하는 전문업무 특성까지 담당한다.

일의 특성상 다른 직업과는 달리 공중에서 일을 해야 하고 해외 체류가 잦으며 야간, 주말, 휴일이 따로 없으므로 신체건강이 무엇보다 우선되는 직업이라고 할 수 있다. 남녀 승무원의 업무는 비슷하지만 스튜어드의 경우는 여기에 보안업무가 추가된다.

스튜어드는 스튜어디스와 근무형태나 봉급이 비슷하지만 상대적으로 외국어 공부와 항공기종에 대한 꾸준한 학습으로 승진시험을 거쳐 여승무원보다 높은 지위에 오를 수 있는 장점이 있다. 항공기승무원의 보수와 대우는 다른 종류의 승무원에 비하여 매우 좋은 편이다.

한편, 크루즈승무원은 선박의 종류에 따라 그 자격요건이 다양하지만, 일반적으로 고졸 이상의 학력과 신체 건강한 사람을 요구한다. 크루즈승무원에 대한 보수는 경력 정도에 따라 차이가 크지만, 대체로 급여가 높은 편인데, 이는 작업 강도와 위험도가 매우 높기 때문이다.

열차승무원의 경우 일반적으로 고졸 정도의 학력을 요하며, 기본적인 영어회화를 할 수 있어야 한다. 열차승무원은 각 지방철도청에서 고용직 공무원으로 채용하는데, 시험은 보통 면접으로 이루어지며, 서비스 업무이므로 용모 · 태도 등에 중점을 두고 있다. 열차승무원에 대한 보수와 대우는 일반 하급행정직 수준이다.

승무원은 업무의 성격상 여러 지역을 다닐 기회가 있어 흥미로운 일에 자주 접하지만 밤 · 주말 · 휴일에도 근무해야 하며, 특히 선박 및 항공기 승무원은 근무시간의 많은 부분을 해외에서 보내기 때문에 장시간 가족과 떨어져 지내야 하는 어려움이 있다.

### 전직 스튜어디스 안은정 '여성 승무원을 둘러싼 오해와 진실'

**최소 100대 1에서부터 많게는 300대 1의 높은 경쟁률**
빼어난 외모와 외국어실력까지 완비한 여성 구직자들이 몰려드는 그곳
바로 '하늘의 미소' 스튜어디스다.

깔끔한 유니폼을 입고 늘씬한 키와 몸매로 전 세계 각지를 누비고 다니는 스튜어디스는 여성이라면 한번쯤 꿈꿔 봤을 선망의 직업이다. 전직 스튜어디스 안은정 씨(39)는 "17년이나 비행을 했어요. 세계 각지를 누비며 다양한 사람들을 만나는 점이 이 직업의 가장 큰 장점이죠. 반면 불규칙적인 생활과 부족한 잠이 가장 큰 애로사항이에요"라고 밝혔다. 12시간의 비행시간 중 스튜어디스에게 허용된 휴식시간은 약 2시간. 그들에게 비염이나 어깨, 척추 통증 등은 기본적인 질환이다. 안 씨는 철저한 자기관리가 필수적인 직업이라고 강조했다.

어제는 파리, 내일은 홍콩, 주말엔 뉴욕….
크리스마스, 명절, 내 생일에도 아랑곳없이 정해진 스케줄대로 세계를 누비는 생활은 고단하지만 큰 기쁨이 되기도 한다. 안 씨는 "최근에 아프리카 새로운 노선에 취항하게 됐더라고요. 전 동료들 사진 보니까 부러웠어요. 멀리 비행갈 때는 현지에 며칠씩 머무르기 때문에 새로운 곳을 경험해 보는 재미가 쏠쏠하죠."라고 말했다. 이어 "그만두길 잘했다고 느꼈던 순간은 유치원생 아이를 내가 직접 보살필 때예요. 엄마 손길이 한창 필요한 나이라 비행 나갈 때마다 울고불고하는 통에 힘들었거든요. 아이가 아플 때도 내가 옆에 있어줄 수 있다는 게 너무 다행이다 생각이 들어요."라고 답했다. 반면 후회되는 순간도 있다. 첫 번째는 이제

는 새로운 곳이나 신기종을 경험해 보지 못한다는 점. 두 번째는 경제적인 이유. 스튜어디스는 불규칙적인 생활과 기내 서비스 등 힘든 점도 많지만 소득 수준 또한 높은 편이다. 세 번째는 가끔 나 혼자만의 시간을 갖고 쉬고 싶을 때 그럴 수 없다는 점이었다.

비행 일정상 외국에 장기간 체류하게 될 때 그들은 무엇을 할까.

보통은 밀린 휴식을 보충하고 동료들끼리 쇼핑을 하거나 시내관광을 즐기며 맥주를 한 잔씩 나누기도 한다.

전용호텔에 묵을 때 최신 필수품은 바로 노트북. 전에는 삼삼오오 모여 수다를 떨었지만 요즘은 각자의 방에서 자기 시간을 갖는 경우가 많다. 몸매관리와 체력유지에 열심인 부류는 외국에 갈 때마다 항상 운동화와 운동복을 챙겨 가 호텔 헬스장에서 땀을 뺀다. 해외 투어 등은 보통 명승지가 많은 유럽을 비행할 때 2년 경력 미만의 스튜어디스들이 자주 하게 된다. 스튜어디스들이 명품을 좋아하고 사치스러운 쇼핑을 즐길 것이라는 것은 대부분 편견이다.

대부분은 국내에 소개되지 않았거나 국내에 비해 가격이 저렴한 브랜드의 SPA매장 등을 찾아다니며 꼭 필요한 몇 가지 아이템을 구입한다. 명품에 다른 직장인보다 많이 노출돼 있는 것은 사실이지만 외국에서 샤넬이나 루이비통 등 값비싼 명품을 구입해 반입하는 것은 금지돼 있기 때문에 친구나 친척의 청탁(?)도 단호히 거절한다. 국내 항공사 규정상 승무원이 국내로 반입할 수 있는 금액은 100불 이하이기 때문이다. 스튜어디스에 대한 규정은 갈수록 까다로워져 면세점에서 스튜어디스의 쇼핑이 아예 금지돼 있다.

안 씨는 "해외 세일기간 등의 정보가 많기 때문에 꼭 필요한 화장품 등을 국내에 비해 현저하게 싼 가격으로 살 수 있는 장점이 있어요. 이런 점 때문에 스튜어디스는 명품이나 수입품을 좋아하고 사치스럽다는 편견이 있는 것 같아요. 보통은 싼 제품을 사기 위해 발품을 파는 경우가 대부분이죠."라고 말했다.

동료들 중에서는 해외에 나갈 때 햄버거와 라면으로 식사를 해결하고 체재비를 모으는 개념 있는 친구들도 많았다고 말했다. 스튜어디스라는 특성상 여행이라면 언제든 공짜로 마음껏 떠날 수 있을 것이라는 것도 어쩌면 오해다. 안 씨는 재직기간에 따라 1년에 8장의 티켓을 받았다. 세계 어느 곳이든 갈 수 있는 이른바 골든티켓인 것. 그러나 스튜어디스가 받은 티켓은 미리 예약을 할 수 없다. 평소 비행기를 많이 타기 때문에 휴가기간에까지 해외 멀리 여행 가려는 이들은 많지 않으며 가족과 함께 여행을 간다 해도 자리가 지정석이 아닌 관계로 꺼려지게 된다고. 실제로 임신 중 부모님 등 가족들과 여행을 갔다가 오는 비행편을 못 구해 공항에서 발을 동동 굴렀던 경험이 있다고 밝혔다.

당시 한 여행객이 '난 괜찮으니 저 임산부에게 자리를 양보하겠다'고 선의를 베풀었지만 공항직원은 "항공사 직원은 절대 그럴 수 없다. 남는 자리에만 탑승하게 돼 있다"고 못 박았다. 스튜어디스와 결혼하는 연예인들이 최근 늘면서 '시집을 잘 가기 위해 스튜어디스가 된 것 아니냐'는 근거 없는 시선에 당황스러워하는 경우도 많다. 물론 스튜어디스는 미모와 지적 수준 등이 어느 정도 이상이 된다는 안정감 때문에 선이나 소개팅 주선이 많이 들어오는 편이라고.

안은정 씨 또한 미혼시절엔 "'차 한 잔 달라'며 접근해 명함을 내미는 남자들의 요청을 수도 없이 받았어요. 그러나 규정상 명함을 받으면 폐기하도록 돼 있고 한 번도 만난 적은 없어요"라고 말했다. 안 씨는 "스튜어디스가 해외에 오래 체류하는 직업이다 보니 아무래도 체재비 등으로 경제적 여유도 있고 생활이 자유로워 잘못된 판단을 하기 쉬운 면도 있어요. 가치관만 뚜렷하면 돈 모으고 안정된 직업의 사람들을 만날 기회가 많죠. 화려한 스펙을 자랑하는 사람도 많지만 저를 비롯해 주위 동료들은 모두 조건을 따지기보다는 자신에게 따뜻하게 대해주는 남자를 택해서 결혼하게 되더라고요."라고 밝혔다.

"승무원이 되고 싶어 하는 친구들은 먼저 승무원이 뭔지를 알고 시작해야 합니다. 학원에 등록해 인사나 웃는 법 등을 배우고들 싶어 하는데 그보다 어떤 마인드가 있어야 일을 잘할 수 있는지부터 알아야 해요. 힘들고 스트레스도 많은 직업이기 때문에 '나는 예쁜 승무원이야' 하고 왔다가는 상처받기 쉽죠. 승객을 보살피고 도와주는 마인드를 먼저 가진 다음에 학원에 등록하길 권해요. 자기 자신의 마음을 수양할 수 있는 강인한 마음이 우선이죠."

양성학원에서 강의를 하다 보면 지원자가 워낙 많다 보니 그들이 획일화되는 모습을 보기도 한다. 안은정 씨는 "세상은 넓고 할 일은 많다는 게 평소 생활신조"라면서 "승무원 시험을 보러갈 때 허황된 마음을 가진 친구보다는 남을 배려하는 예쁜 마음을 가지고 간 친구가 합격을 많이 하는 걸 봤다"면서 "진정으로 서비스를 할 수 있는 마음가짐을 가지면 미소는 자연스럽게 나오게 되더라"라고 조언했다.

최근 라디오 출연까지 하며 활동영역을 넓히고 있는 안은정 씨는 17년간 몸에 밴 서비스 정신과 매너를 바탕으로 CS 강사자격을 취득했으며 안은정 씨는 현재 승무원 양성학원 강사와 기업 등을 대상으로 한 CS강사로 활동하고 있다.

출처 : 한국경제, 2012년 10월 21일자 발췌

### "하늘 위에서 와인 한 잔 어떠세요?"

박효진 아시아나항공 소믈리에 승무원 인터뷰
"소믈리에 특화팀, 아시아나 대표 서비스로 자리매김"

"불고기 영양쌈밥에는 불고기와 쌈장같이 매콤한 맛을 내는 재료들이 많이 들어갑니다. 여기에는 단맛을 내는 독일산 리슬링이 제법 잘 어울리죠."

나비넥타이에 말끔한 검은 정장 차림을 한 소믈리에의 와인 따르는 솜씨가 예사롭지 않다. 언뜻 보기엔 프로페셔널한 와인 소믈리에다. 그러나 그는 평범한 소믈리에가 아니다. 기내에서 와인을 서비스하는 '소믈리에 승무원'이다. 박효진(31) 씨는 아시아나항공에서 올해로 6년 넘게 캐빈 승무원으로 일하고 있다. 그러나 소믈리에 승무원으로 활동한 것은 그작 5개월 남짓이다.

"아시아나 기내식과 와인에 관심이 많았어요. 친한 친구가 와인 수입업체에 일하고 있어 저렴하게 많은 와인을 접할 수 있었습니다. 그러던 중에 교육받을 기회가 생겨 소믈리에 자격증을 따게 됐고요."

평소 와인에 관심이 많던 박 씨가 소믈리에 승무원에 도전하게 된 데는 회사의 전폭적인 지원이 있었기 때문이다. 아시아나항공은 2007년부터 소믈리에 교육 지원 프로그램을 운영하고 있다. 요리, 와인, 안전, 서비스 경영 등 4개 분야에서 각 1명의 승무원을 뽑아 유학을 보내준다.

박 씨가 와인을 배운 곳은 와인의 본고장인 보드로 카파 포르마시옹(프랑스 남서부)이다. 지난해 2월 MBA 대상자로 뽑힌 그는 10개월간 제조방법, 흙, 기후, 포도품종 등 와인에 관한 모든 지식을 듣고 보고 익혔다.

박 씨는 현재 아시아나항공 소믈리에 특화팀 소속이다. 한 달에 두 번 정도 미주와 유럽 등 장거리 노선에서 소믈리에로 활동하고 있다. 일등석과 비즈니스석 고객에게 기내식에 어울리는 와인을 골라 설명하고 권하는 게 주된 업무다. 소믈리에 특화팀이 생긴 것은 2010년 10월. 소믈리에 자격증을 딴 승무원이 하나둘씩 늘어나면서 국내 항공사에서 최초로 이 팀이 탄생했다. 처음 소믈리에 승무원을 접한 고객들의 반응은 "생소하다"였다. 와인에 대해 아는 게 없다며 무작정 손사래를 치는 사람도 많았다. 그러나 지금은 달라졌다. 아시아나항공만의 대표 서비스로 자리매김하고 있다는 게 박 씨의 설명이다.

소믈리에 특화팀의 활약은 '비행기 안'으로 한정되지 않는다. 최근에는 미국 뉴욕에서 회사 알리미 역할을 톡톡히 했다. 아시아나항공과 유니세프(유엔아동기금)가 벌이고 있는 '사랑의 기내 동전모으기' 70억 원 돌파 기념행사에 참석해 주요 인사들에게 와인을 서비스했다.

이 자리에는 반기문 유엔 사무총장과 앤서니 레이크 유니세프 총재, 김숙 유엔대사 등이 참석했다. 김 대사는 소믈리에 특화팀이 권해준 캘리포니아산 레드와인을 맛본 후 "일등석에서 마시는 것보다 이곳에서 마시니 훨씬 더 맛있다"고 칭찬했다.

박 씨는 "소믈리에 특화팀이 기내 서비스 부문의 오스카상으로 불리는 '머큐리상'을 받는 게 꿈"이라며 "아시아나항공을 찾는 고객들이 훌륭한 와인을 접하고 잊을 수 없는 여행의 추억을 만들어 갈 수 있었으면 좋겠다"며 밝게 웃었다.

출처 : 이데일리, 2012년 11월 12일자 발췌

### [자녀에게 들려주는 직업 이야기] 크루즈승무원

**바다 위 호텔서 최고의 서비스 제공**
- 30년 후에도 유망할 직업

직업의 세계는 끊임없이 변화한다. 역사 속으로 사라지는 직업이 있는가 하면 시대의 변화에 따라 새로운 직업들도 속속 등장한다. 한때는 유망했지만 갈수록 빛을 잃는 직업도 있다. '하고 많은 진로 중 왜 하필 이 길을 선택했나.' 어느 순간 이런 후회를 하지 않기 위해서는 직업에 대한 미래 전망도 필수. 자녀들에게 권해줄 수 있는 30년 후에도 유망할 직업에는 어떤 것이 있을까. 대형 유람선을 크루즈라고 한다. 평균 수명과 여가시간이 늘면서 크루즈승무원은 미래에 유망한 직업으로 손꼽히고 있다. 해외뿐만 아니라 경남 거제도 부근처럼 아름다운 한반도의 바다도 크루즈로 돌아보기 좋은 곳이다.

**여가시간 늘면서 갈수록 유망 / 파티기획 · 요리 · 카지노딜러 등 / 초대형 선박엔 2천여 명 근무**

세계에서 가장 규모가 큰 크루즈 오아시스호는 우리나라의 STX조선해양이 만들어서 미국 회사에 인도한 유람선이다. 메릴린 먼로가 주연한 영화 '신사는 금발을 좋아해'라는 노래의 배경에도 크루즈가 등장한다. 영화는 호화로운 크루즈 선상에서 아름답게 펼쳐진다. 크루즈 선내 풍경이 꼭 이 영화 같지만은 않지만 크루즈승무원들이 하는 일은 다양하다. 영화에서처럼 크루즈선에는 파티를 기획하는 파티기획가가 있다. 크루즈 내에는 요리사, 식료품저장담당 등 분야별로 다양한 직업군이 존재한다. 초대형 크루즈 오아시스호에는 무려 2천여 명의 종업원이 일하고 있다. 이처럼 많은 크루즈승무원들은 저마다 즐겁게 일하는 법을 습득해야 한다. 하우스키핑 분야에서는 객실 스튜어드들이 일한다. 이들은 각각의 객실에 투숙한 고객들을 위해서 서비스를 한다.

크루즈선의 카지노딜러들은 선상에 카지노를 열고 흥을 돋워 고객들이 즐길 수 있도록 한다. 카지노딜러들은 외국어에도 능통해야 한다. 중국어를 잘하는 직원은 카지노를 하려는 중국인들에게 서비스를 하고 영어 담당 카지노딜러는 영어권 고객을 위한 응대를 맡는다. 아무리 뛰어나고 훌륭한 시설의 크루즈선박이라도 서비스에 대해 좋은 평가를 받기 위해서는 뛰어난 요리사가 있어야 한다. 선상 레스토랑 매니저와 각국의 요리사들은 일하는 과정에서 크루즈 손님들의 요리 취향을 분석하는 일을 한다.

크루즈승무원들은 세계적인 크루즈 운영 회사인 미국의 로열 캐리비언에 소속되어 일하기도 한다. 이들은 정해진 보수를 받는데 맡은 임무에 따라 수입은 차이가 있다. 초대형 호화 크루즈일수록 승무원들의 수입도 많다. 우리나라에서는 일본 사카이미나토 크루즈 노선이나 러시아 블라디보스토크 크루즈 노선을 여행하는 인턴십 기회를 거친 후 크루즈선 운영회사에 지원해 일할 수 있다. 크루즈승무원들은 '바다 호텔'을 경영하는 것처럼 항해하면서 서비스를 해가야 한다.

관련 학과는 흔치 않지만 일부 대학에 있는 관광크루즈승무원과에 진학하는 방법도 있다. 이 학과에서 접객 매너 등을 익혀 크루즈승무원의 커리어를 만들어가는 것도 하나의 길이 될 수 있다.

출처 : 부산일보, 2011년 6월 15일자

# 제 07 장 숙박업

## 1. 숙박업의 개념

### 1) 호텔의 개념

일반적으로 호텔의 어원(語源)은 라틴어 hospitale에서 비롯됐다고 한다. 이 어원에서 hospital, hostel, inn, hotel 등의 순서로 발달되었다고 본다. Hospital이란 현대어로 병원을 의미하지만 Webster's Dictionary에서는 "a place of shelter and rest for travelers"로 원시적 숙박시설의 기원을 의미하고 있다. 이 관점에서 본다면 호텔과 병원은 가장 밀접한 관련을 갖고 있다고 볼 수 있다.

중세 영국에서 호텔이 하나의 피난처의 구실을 하였다는 것은 여행자에게는 현실감 있는 사실이다. 프랑스 중세의 병원을 Hotel Dieu라 하였으며 오늘날 시청을 Hotel Deville이라 하는 것이 이를 뒷받침한다.

호텔의 정의를 영미(英美)법률에서는 "호텔이란 지불능력이 있는 모든 사람에게는 시설의 여유가 있는 한 수용이 허락되며, 체재기간 및 보상 등에 관한 약정 없이 체재 중에는 타당한 대가를 지불하면 식사·침실 등이 제공되며, 그 집을 임시적 가정으로 이용하는 데 필연적으로 부수되는 서비스와 관리를 받을 수 있는 장소이다."라고 하였다.

일본의 호텔관계 법령인 「국제관광호텔 정비법」에는 "외객(外客)의 숙박에 적합한 양식구조 및 설비를 갖추어 지어진 시설"이라고 규정하고 있다.

우리나라의 경우 1961년 제정 공포한 「관광사업진흥법」에서 "관광 호텔업이라 함은 외국인 관광객의 숙박에 적합한 구조 및 설비를 갖춘 시설에서 관광호텔 또는 이와 유사한 명칭을 사용하여 사람을 숙박시키고 음식을 제공하는 업"으로 규정하여 전항(前項)의 여러 개념과 근본 취지에 부합하는 일면을 보여주고 있다.

이와 같이 호텔은 일반대중을 대상으로 숙박과 음식을, 그리고 인적 서비스를 상품으로 한 사적 시설이 아닌 사회 공공에 기여하는 현대적 기업으로 과거의 개념과는 달리 대연회장 설비와, 다양한 부대시설을 갖추고 부대사업을 영위하면서 휴식과 오락은 물론 여가와 문화생활 및 사업활동까지 제공하는 장소로 인정받고 있다.

## 2) 숙박업의 기원

인간은 의·식·주를 떠나 생존할 수 없다. 고대의 여행자들은 발달되지 못한 도로사정과 불안한 치안상태에서 여행을 해야 했던 시절에 피난처로서 숙소를 필요로 했고 당시에 간이숙소가 제공되었을 것이다.

그러나 오늘날 우리가 의미하는 호텔의 기원은 영국에서 발단되었던 산업혁명(Industrial Revolution)과 때를 같이하여 발전하였다. 산업혁명이 모든 분야에 걸쳐 인류의 새로운 역사적 발전계기를 이룩하였음은 우리가 다 아는 사실이나, 숙박시설이 하나의 기업형태로서 발전하고 이동의 새로운 물결을 불러일으켰음은 주목할 일이다. 인류의 역사에서 산업혁명 이후 동력화한 여러 교통수단의 발달과 정비된 도로망의 형성은 숙박시설이 기업형태로서 발전할 수 있는 바탕을 마련하였던 것이다.

그런 의미에서 숙박시설의 역사는 여행의 역사이기도 하며 숙박시설의 정비가 여행을 용이하게 했다고 말할 수 있다.

## 3) 호텔업의 발전과정

산업혁명 이후 호텔의 발전과정은 유럽과 미주 두 대륙의 지역적 특성에 기인하여 각기 다른 개성을 보여주고 있다. 영국에서 근대 호텔 기업 발전의 터전을 마련하고 귀족적 취향의 세련된 운영형태를 보였다면, 미국의 호텔은 평등하고 대중적 취향이 오히려 융성한 발전을 가져와 오늘날 호텔 기업의 본고장으로 평가되고 있다. 이는 미국 숙박업자들이 유럽에 비해 보다 진취적이고 과감성을 보여준 결과라고 할 수 있다.

### (1) 유럽의 호텔

영국에서는 1670년에 이르러 유럽대륙여행이 시작되었으며, 유럽국가들 사이에도 국제여행이 활발해지기 시작하였다. 또한 유럽에서는 17세기에 와서 온천장이 개발되기 시작하여 온천장들은 오락시설과 숙박시설을 갖춘 유흥지가 되었다. 영국의 배스(Bath), 독일의 바덴바덴(Baden-Baden), 오스트리아의 바덴(Baden), 이탈리아의 루카(Lucca), 그리고 프랑스의 리크 스프링스(Rick Springs)는 유럽인들에게 애호(愛好)를 받았던 온천들이다.

오늘날 우리가 의미하는 개념상의 호텔의 시초는 19세기 초 독일의 바덴바덴(Baden-Baden)에 건립된 바디셰 호프(Der Badische Hof)호텔로 일컬어진다. 초기의 여인숙과 비교할 때 건축구조도 호화스러운 양식을 취하고 기둥이 있는 홀과 이동식 무대장치, 연회장 등의 시설과 로마풍의 목욕탕, 냉·온수의 공급을 마련하는 등 현대 호텔의 초기적 모습을 보였다.

프랑스의 호텔은 1850년 르 그랑호텔(Le Grand Hotel)의 건립으로 처음 출현하였으며 이 호텔의 이름은 현재도 고급호텔의 대명사로 쓰이고 있다.

세계 호텔 경영사상 고급호텔의 창시자로 불리는 세자르 리츠(Cesar Ritz, 1850~1918)는 1898년 파리에 호텔 리츠(Hotel Ritz)를 개업하여 대성공을 이루고 1899년에 다시 영국 런던에 호텔 칼튼(Hotel Carlton)을 개업하였다. 이와 같이 리츠는 유럽 호텔 발전사(發展史)에 있어 선구자적인 역할을 담당하였고 "고객은 항상 정당하다"라는 슬로건을 확립한 장본인이기도 하다. 또한 동일계통의 체인호텔이 각국에 18개나 건립되었던 것으로 보아 체인호텔 시스템의 효시라고도 볼 수 있다. 유럽 호텔의 유형은 발전과정에서 바디셰호프풍의 휴양지 호텔의 특성과 르 그랑호텔(Le Grand Hotel) 등과 같이 철도회사의 부대사업으로 발전된 전형적 도심지 호텔의 특성으로 크게 양분되어 오늘날의 휴양지 호텔과 도심지 호텔(상용호텔)의 구분에 작용했던 것이다.

### (2) 미국의 호텔

미국의 호텔업이 급격히 성장할 수 있었던 배경과 요인은 다음과 같다. 첫째, 영국의 호텔업은 귀족계급만을 대상으로 한 한정성을 지닌 영업이었으나 미국의 호텔업은 누구나 평등하고 저렴하게 이용할 수 있는 대중적 영업이었다.

둘째, 미국인들의 라이프 스타일은 여행이 생활화되어 호텔과 같은 대중숙박시설을 많이 이용하게 되었기 때문이다.

최초의 호텔이 출현하게 된 것은 1794년 뉴욕시에 건립된 시티호텔(City Hotel)이다. 이 시티호텔은 73실의 객실을 보유하고, 당시 인구 30,000명의 신흥도시인 뉴욕에 있어서 사회적 중심지가 되었다. 이어 뉴욕시 외에 보스턴 익스체인지 커피하우스(Exchange Coffee House), 발티모어에 시티호텔(City Hotel), 필라델피아에 맨션하우스(Mansion House) 등이 때를 같이하여 문을 열게 됨으로써 그 지역 공공적 집회장소로서의 기능을 선보였다. 이와 같은 호황은 35년간 계속되었으며 이 시기를 미국 호텔산업의 제1차 황금기라 한다.

보스턴 익스체인지 커피하우스

1829년 호텔산업의 원조로 불리는 호텔인 트레몬트 하우스(Tremont House)가 보스턴에 세워졌으며 호텔 건축가 아이자이어 로저스(Isaiah Rogers)가 설계한 170실의 트레몬트 하우스는 호텔 건설의 권위를 인정받는 계기가 되었을 뿐만 아니라 경영 면에서도 많은 기술혁신을 이룩함으로써 과거 여인숙 운영을 탈피하는 이정표가 되었다.

이 호텔 건축양식과 방법은 그 후 50여 년간 호텔 건축에 절대적인 영향을 미쳤고 오늘날 호텔 객실에서 개인 프라이버시의 특성을 최초로 실현한 것으로 개인전용 열쇠가 부착된 싱글 룸(single room)과 더블 룸(double room)을 마련하고, 쟁반을 받친 물주전자를 방마다 들여놓았으며 비누도 자유로이 쓸 수 있게 했다.

미국의 호텔 건설 붐은 1830년부터 1850년 사이에 동부에서 서부로 진출하여 마침내 태평양에까지 이르게 되었다. 시카고(Chicago)에는 그랜드 퍼시픽(The Grand Pacific), 팔머 하우스(The Palmer House)가 건립되었고 샌프란시스코(San Francisco)에는 그 당시에 최대로 화려한 팰러스(Palace)가 세워졌다. 또한 19세기 말에도 미국에는 뉴욕시의 구 월도프 아스토리아(Old Waldorf Astoria)나 덴버(Denver)시에 브라운 팰러스와 같은 우아하고 사치스러운 호텔들이 운영되었고 시골역 주변 등지에는 많은 여관들이 출현했다. 20세기에 들어 미국 호텔업계에서는 전혀 새로운 형태와 요율(料率)을 캐치프레이즈로 하여 스타틀러(Ellsworth Milton Statler, 1863~1928)에 의한 300실의 버펄로 스타틀러호텔(Buffalo Statler Hotel)이 1908년 초 버펄로에서 문을 열게 됨으로써 미국 호텔산업의 신시대(新時代)를 열었고, 현대적 의미의 상용 호텔이 탄생하였다.

스타틀러는 당시에 놀라운 비상방화문 설치, 열쇠, 입구 스위치의 설비, 개인욕탕, 각 객실에 얼음물 제공, 전신크기의 거울 설치 등으로 중산층의 고객을 흡수하기 위해 오늘날까지 전해지는 1.5달러의 목욕탕 딸린 객실(a room and a bath for a dollar and a half)이라는 슬로건을 내걸고 호텔업계의 왕좌를 차지하기에 이르렀다. 이 스타틀러호텔의 건설시기를 비롯한 1910~1920년대를 미국 제2의 호텔산업 황금기로 본다.

뉴욕의 펜실베이니아(Hotel Pennsylvania, 현대의 스타틀러호텔)가 당시 가장 규모가 큰 호텔로 등장했으며 그 후 랄프 리츠(Ralph Ritz), 호텔 뉴요커

(New Yorker)가 호텔 펜실베이니아보다 더 큰 호텔로 등장하였다.

또한 1927년에는 타의 추종을 불허하는 초대형 호텔인 스티븐스호텔(Stevens Hotel: 그 후 Conrad Hilton Hotel로 개명되었음)이 3,000개의 객실을 보유한 호텔로 시카고에서 개관을 했다. 세계에서 규모가 가장 큰 호텔로서의 지위를 확보하게 되었고 그 위치를 아직도 견지하고 있다.

1930년 미국이 대공황기에 휘말려 모든 분야가 마이너스 성장으로 도산과 혼란으로 걷잡을 수 없을 때 호텔업계도 역사상 가장 심한 불황을 겪어야 했다. 이 공황 속에서 호텔업계는 경제 전문가들이 재기불능이라고 공공연히 낙인을 찍을 정도로 호텔 전 업계의 85%가 도산을 하고 말았다.

이 영향으로 말미암아 공황이 끝나고 새로이 안정을 회복한 후에도 투자가들은 호텔 투자를 기피하는 경향이 있었다.

1940년 새로운 경기회복으로 인한 풍요로운 생활은 1942년 제2차 세계대전의 거센 물결이 미국 전역에 대량의 관광 동기를 불러일으켜 여행자들의 급격한 수요로 이어져 호텔업계는 새로운 경기를 되찾았다. 이러한 요인은 1945년 종전과 더불어 미국사회에 부의 축적이 가져온 왕성한 여행현상으로 인해 호텔업계를 다시 없는 호경기로 돌려놓았다. 당시 1947년까지 객실 이용률은 평균 90%선을 상회하였을 정도였다.

여러 발전과정에 추가하여 미국 호텔업계의 경이적 발전형태를 두 가지 관점에서 살펴볼 수 있다. 첫째가 1952년 10월에 개업한 로스앤젤레스 스타틀러(The Los Angeles Statler)의 출현이다. 호텔의 한 동실을 완전히 임대사무실로 내어놓음으로써 새로운 호텔 수입의 안정성을 추구하는 경영방식을 확립한 것이다. 이것은 공황기의 쓰라린 경험에 비추어, 그리고 계절적 영향을 가장 심하게 받는 호텔 수입의 불안정성을 극복하고자 하는 노력의 결정이었다. 이는 이후 많은 호텔에 영향을 미치고 전후 미국 호텔산업계의 이정표를 새로이 마련하였다. 다른 또 하나의 특기할 사항이 곧 체인호텔(Chain Hotel System)의 발전이다. 오늘날 현대를 상징하는 여행의 대량화(Mass Tourism)의 물결이 호텔업계에도 불가피하게 받아들여져야 할 명제로 대두되었고, 이의 구체적 표현이 곧 체인호텔로 발전된 것이다.

미국 호텔산업 발전과정에서 지나칠 수 없는 또 하나는 리조트 호텔(Resort Hotel)의 생성이다. 모든 호텔 기업인이 중점적인 노력을 일반 상용 호텔 건설에 경주함과 동시에 리조트 호텔의 건설도 등한시하지 않았다. 미국에 있어서 이 분야의 발전은 철도의 확장과 때를 같이한다. 남북전쟁 이후 남부에서 호화스러운 리조트 호텔이 출현하기 시작하였다. 그 후 자동차 산업의 발달에 영향을 받은 여행의 유형은 명승지 경관지에 훌륭한 휴양지 시설이 마련되고 이어 1910년부터 플로리다는 캘리포니아와 더불어 가장 훌륭한 겨울 휴양지로 각광받게 되었으며 플로리다의 마이애미(Miami)와 하와이의 와이키키(Waikiki)는 그 대표적 휴양지 호텔의 본산이 되고 있다.

## 2. 숙박업의 분류

숙박업은 위치한 장소, 경영의 형태 및 일반적으로 이용되는 특성 등의 여러 가지 조건에 따라 각기 상이한 명칭이 부여된다. 호텔은 다음 몇 가지를 기준으로 하여 구분할 수 있다.

### 1) 법에 의한 분류

「관광진흥법」에서 관광숙박업은 호텔업 및 휴양콘도미니엄업으로 분류하고 있으며 '호텔업'이라 함은 관광객의 숙박에 적합한 시설을 갖추어 관광객에게 이용하게 하고 음식을 제공하는 행위라고 정의를 내리고 있다.

#### (1) 관광호텔업

관광객의 숙박과 체재에 적합한 시설을 갖추어 이를 이용하게 하고 음식을 제공하는 업으로서 「관광진흥법」에 의하여 시설의 위치, 구조, 시설 및 운용기준에 따라 별도의 특수한 경영형태를 갖추고 이를 이용하는 자에게 필요한 서비스를 제공하는 업을 포함하고 있다.

### (2) 국민호텔업

단체관광객의 숙박·체재 및 취사에 적합한 시설을 갖추어 이용하게 하는 업을 말한다. 1990년도 「관광진흥법」 개정으로 '유스호스텔업'의 명칭이 '국민호텔업'으로 변경되었다.

### (3) 수상관광호텔업

관광객의 숙박에 적합한 구조물 또는 선박을 해상에 고정하거나 계류시켜 이를 이용하게 하고 음식을 제공하는 업을 일컫는다.

수상관광호텔이 되기 위해선 다음의 시설기준을 충족해야 한다.

① 호텔이 위치하는 수면은 관리청으로부터 점용허가를 받을 것
② 욕실이나 샤워시설을 갖춘 객실이 30실 이상일 것
③ 외국인에게 서비스를 제공할 수 있는 체제를 갖추고 있을 것
④ 수상오염을 방지하기 위한 오수 저장·처리시설과 폐기물처리시설을 갖추고 있을 것
⑤ 구조물 및 선박의 소유권 또는 사용권을 확보하고 있을 것

### (4) 가족호텔업

가족단위로 여행하는 관광객의 이용에 적합하도록 숙박·취사 및 운동시설 등을 갖추고 이를 이용하게 하는 업을 한다.

가족호텔이 되기 위해선 다음의 시설기준을 충족해야 한다.

① 가족단위 관광객이 이용할 수 있는 취사시설이 객실별로 설치되어 있거나 층별로 공동취사장이 설치되어 있을 것
② 욕실이나 샤워시설을 갖춘 객실이 30실 이상일 것
③ 객실별 면적이 19$m^2$ 이상일 것
④ 외국인에게 서비스를 제공할 수 있는 체제를 갖추고 있을 것
⑤ 대지 및 건물의 소유권 또는 사용권을 확보하고 있을 것

### (5) 한국전통호텔업

관광객의 숙박과 체재에 적합한 한국고유의 시설을 갖추어 이를 이용하게 하고 음식을 제공하는 업이다. 한국전통호텔이 되기 위해선 다음의 시설기준을 충족해야 한다.

① 건축물의 외관은 전통가옥의 형태를 갖추고 있을 것
② 이용자의 불편이 없도록 욕실이나 샤워시설을 갖추고 있을 것
③ 외국인에게 서비스를 제공할 수 있는 체제를 갖추고 있을 것
④ 대지 및 건물의 소유권 또는 사용권을 확보하고 있을 것

### (6) 휴양콘도미니엄업

숙박시설의 한 유형으로서 관광객의 숙박과 취사에 적합한 시설을 갖추어 이를 그 시설의 회원이나 공유자 그 밖의 관광객에게 제공하거나, 숙박에 딸리는 음식·운동·오락·휴양·공연 또는 연수에 적합한 시설 등을 함께 갖춘 시설을 의미한다.

## 2) 규모에 의한 호텔의 분류

① Small Hotel : 25실 미만
② Average Hotel : 25~100실까지의 규모
③ Above Average Hotel : 100~300실까지의 규모
④ Large Hotel : 300실 이상

## 3) 입지에 의한 분류

① 도심지 호텔(City Hotel)
② 휴양지 호텔(Resort Hotel)
- Lakeside Hotel
- Seaside Hotel

- Hot Spring Hotel
- Mountain Hotel

③ 고속도로 호텔(highway Hotel)
④ 공항 호텔(air port Hotel)
⑤ 터미널 호텔(terminal Hotel)
⑥ 항구 호텔(seaport Hotel)

## 4) 숙박목적에 의한 분류

### (1) 상용호텔(Commercial Hotel)

비즈니스호텔(Business Hotel)로도 불리며 도시에 소재한 호텔들이 상용호텔로 분류된다. 주로 도심지 및 상업지역에 위치하고 객실에는 업무를 위한 유・무선 인터넷 접속서비스를 제공하며 사업상의 회의 등을 할 수 있는 공간도 제공한다. 또한, 비서의 역할을 제공해 주는 비즈니스센터(business center)를 운영한다. 상용호텔이라 해서 비즈니스 여행객들만 이용하는 것이 아니라 일반관광객, 단체관광객들이 이용하는 경우도 많다.

### (2) 컨벤션 호텔(Conventional Hotel)

세계적인 대형 전시회나 박람회, 국제회의 유치를 위해서는 행사를 위한 전시시설과 회의시설뿐만 아니라 대규모의 참가객들이 투숙할 수 있는 객실, 식당 및 부대시설 등이 잘 구비되어 있어야 한다. 최근에는 상용호텔이나 리조트 호텔, 카지노 호텔 등이 회의시설이나 전시장을 구비하여 컨벤션 호텔의 기능을 갖추고 있다. 이는 세계적으로 국가 간의 교류가 빈번해지고 컨벤션 산업이 나날이 성장하고 있기 때문이다.

### (3) 리조트 호텔(Resort Hotel)

리조트 호텔은 단순한 숙박시설이기보다는 관광 대상지의 역할을 할 수 있다. 해변, 산, 강 등 자연환경이 우수한 곳에 위치하여 관광객들이 휴양과 레크리에이션 활동을 즐길 수 있도록 골프, 스키, 하이킹, 댄스, 테니스, 수영 등과 같은 다양한 기회를 제공한다.

리조트 호텔의 이용객들은 대부분의 시간을 호텔 내에서 보내는 경우가 많기 때문에 리조트 호텔들은 호텔 내에 다양한 식음료시설을 갖추고 있는 경우가 많다.

#### (4) 주거호텔(Residential Hotel)

주거호텔은 단기숙박객이 아닌 장기 체재자들을 주고객으로 하는 호텔을 말한다. 장기 출장 중인 비스니스 방문자나 단기간의 해외파견근무자, 장기 체류 목적의 관광객이 그 대상이다. 주거호텔의 객실은 침실과 거실이 분리되어 있고 간단한 요리를 할 수 있는 주방시설을 구비하고 있다.

### 5) 서비스 제공 범위에 의한 분류

#### (1) 풀 서비스 호텔(Full Service Hotel)

**① 최고급호텔(Deluxe Hotel)**

가장 고급호텔이고 제공되는 서비스 범위가 제일 다양하다. 호텔등급기준에 의하면 별 네 개 또는 별 다섯 개 수준의 호텔을 의미한다. 디럭스 호텔의 고객층은 호텔투숙비에 부담을 느끼지 않는 기업체 임원, 상용 및 관광객이라고 할 수 있다. 대표적인 디럭스 호텔로는 Four Seasons Resort, Ritz-Carlton, Bellagio, Mansion on Turtle Creek, The Oriental Hotel, The Greenbrier 등이 있다.

**② 고급호텔(Luxury Hotel)**

고급호텔은 최고급호텔보다 모든 면에서 약간 낮은 단계의 호텔로 가격이나 시설, 서비스 제공범위에 있어 최고급호텔보다는 다소 아래이지만 서비스에서는 최고급호텔 못지않은 풀 서비스를 제공한다. 대표적인 고급호텔을 찾아본다면 Marriott, Sheraton Hotel, Hyatt, Hilton, Westin, Renaissance, Omni, Wyndham, Loews, Inter-Continental, Nikko, Helmsley Hotel, Hotel Sofitel, Meriden 등을 들 수 있다.

#### ③ 중상급호텔(Upscale Hotel)

중상급호텔은 고급호텔보다 규모, 시설, 서비스의 제공범위, 가격 등에 있어서 한 단계 아래의 호텔들을 의미한다. 대표적인 중상급호텔로는 Radisson, Hilton Inn, Embassy Suite, Crown Plaza, Clarion 등이 있다.

#### ④ 중급호텔(Midscale with F & B Service)

중급호텔은 풀 서비스 호텔 중에서 그 규모 면이나, 호텔시설, 서비스 수준, 부대시설, 가격대 등이 가장 낮은 호텔이며, 제공되는 서비스의 범위도 가장 제한적인 호텔이다. 중급호텔의 예로는 Holiday Inn, Best Western, Ramada, Courtyard Quality Inn, Howard Johnson 등이 있다.

### (2) 제한적인 서비스 호텔(Limited Service Hotel)

#### ① 중저가호텔(Economy Hotel)

중저가호텔은 호텔 이용객에게 제한된 서비스를 제공한다. 간단한 아침식사 이외에는 식음료서비스가 제공되지 않는 경우가 많고 회의시설, 연회시설, 주차서비스 등은 없거나 제한적으로 운용된다.

중저가호텔은 가격에 민감한 소비자들을 고객층으로 두고 있다. 중저가호텔은 경제가 불황일 경우에 이러한 고객층을 확보함으로써 경제적인 위기를 극복하기가 용이하다.

대표적인 중저가호텔로는 Days Inn, Travelodge, Fairfield Inn, Ramada Limited 등의 호텔을 들 수 있다.

#### ② 저가호텔(Budget Hotel)

저가호텔은 제한된 서비스의 질이나 시설, 가격 면에서 가장 낮은 수준의 호텔이라고 볼 수 있다. 저가호텔의 주 고객층은 호텔 선택 시 가격을 최우선으로 하는 관광객이다. 저가호텔의 대표적인 예로는 Motel 6, Motel 8, Econo

Lodge 등이 있다.

## 3. 세계의 호텔

### 1) 해외의 체인호텔 순위

#### (1) IHG(Intercontinental Hotels Group)

IHG is a global hotel company whose goal is to create Great Hotels Guests Love. We have more guest rooms than any other hotel company in the world – that's more than 666,000 rooms in over 4,500 hotels in nearly 100 countries and territories around the world.

We operate nine hotel brands – InterContinental, Crowne Plaza, Hotel Indigo, Holiday Inn, Holiday Inn Express, Staybridge Suites, Candlewood Suites, EVENTM, Hotels and HUALUXE Tm Hotels and Resorts.

[출처 : IHG웹사이트(www.ihgplc.com)]

IHG Brands

#### (2) Starwood Hotel & Resorts Worldwide

Starwood Hotels and Resorts Worldwide, Inc. is an American hotel and leisure company headquartered in Stamford, CT.[4] One of the world's largest hotel companies, it owns, operates, franchises and manages hotels, resorts, spas, residences, and vacation ownership properties under its nine owned brands. As of December 31, 2009, Starwood Hotels and Resorts Worldwide, Inc. owned, managed, or franchised 992 properties employing over 145,000 people, of whom approximately 26% were employed in the United States.

### Brands

① Westin Hotels
② Sheraton Hotel
③ Four Points by Sheraton
④ The Luxury Collection
⑤ W Hotels
⑥ St. Regis
⑦ Le Méridien
⑧ Aloft
⑨ Element by Westin(출처 : www.starwoodhotels.com)

Starwood Hotel & Resorts Brands

## (3) Accor

Accor, the world's leading hotel operator and market leader in Europe, is present in 92 countries with more than 4,400 hotels and 530,000 rooms. With more than 180,000 employees in Accor brand hotels worldwide, the Group offers to its clients and partners nearly 45 years of know-how and expertise.

The Group's hotel operations include complementary brands — from luxury to budget — that are recognized and appreciated around the world for their service quality: Sofitel, Pullman, MGallery, Novotel, Suite Novotel, Mercure, ibis, all seasons / ibis Styles, Etap hotel / ibis budget, hotelF1, Motel6, Thalassa sea & spa.

Present in 92 countries, with more than 4,400 hotels and 530,000 rooms, Accor's brands offer hotel stays tailored to the specific needs of each business and leisure customer.(출처 : www.accor.com)

Accor그룹 브랜드 포지셔닝 맵

## (4) Best Western International

Best Western International, Inc., is The World's Biggest Hotel Family with more than 4,000 hotels in over 100 countries and territories worldwide. Each of our hotels is independently owned — which means there's always someone there who cares and rewards you for your loyalty.(출처 : www.bestwestern.com)

Best Western International Hotel Types

### (5) Hilton Hotel Corporation

The most recognized name in the industry, Hilton Hotels & Resorts stands as the stylish, forward thinking global leader of hospitality. With over 92 years of experience, Hilton continues to be synonymous with hotel because of our innovative approach to products, amenities and service. We help make traveling easier with our smart design, innovative restaurant concepts, authentic hospitality and commitment to the global community.(출처 : www3.hilton.com)

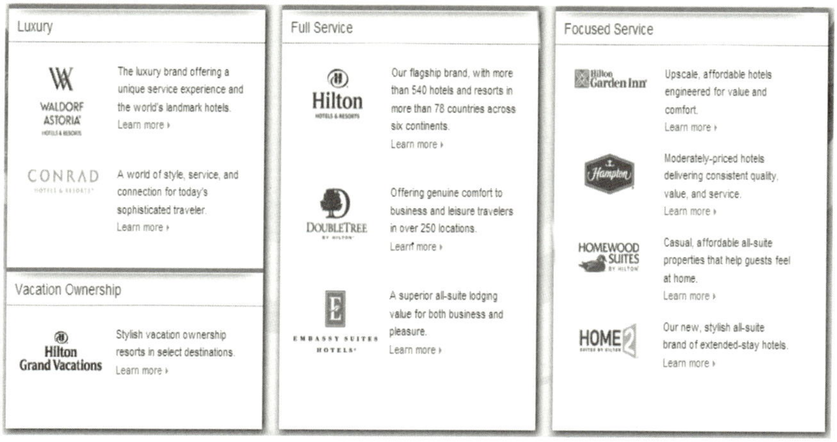


Hilton Hotel Corporation Brand

## (6) Carlson Hotels Worldwide

Carlson Hotels Worldwide is deeply rooted in our more than 70-year history and the Carlson Credo. Looking ahead, we are driven by our purpose, our Ambition 2015 strategy and our values.

Headquartered in Minneapolis, Minn., Carlson encompasses more than 1,300 hotels in operation and development in more than 80 countries and territories; more than 900 restaurants in more than 60 countries and territories; and a majority stake in Carlson Wagonlit Travel, the global leader in business travel management, which operates in more than 150 countries and territories.

For Carlson, hospitality is more than a market: it represents the essence of what we do for our guests. We simply like to take care of them and bring them extraordinary service.

"Hospitality, travel, leisure and food — what I describe collectively as the 'happiness business'."(출처 : www.carlson.com)

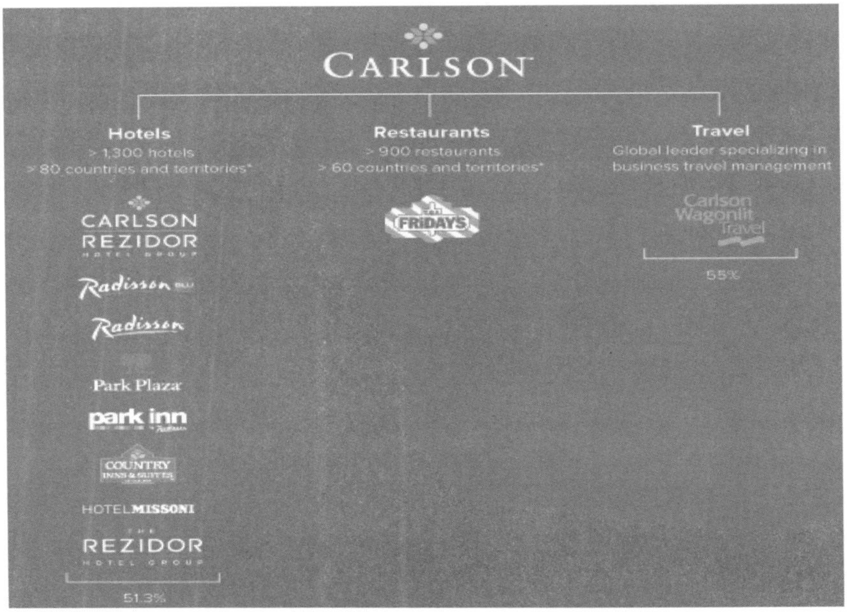


Carlson Hotels Worldwide 브랜드 구조

### (7) Wyndham Hotel Group

Wyndham Hotel Group is the world's largest and most diverse hotel company, encompassing approximately 7,190 hotels and 609,600 rooms in 66 countries under 15 hotel brands. Headquartered in Parsippany, NJ, with offices around the globe, including London and Hong Kong, the Hotel Group employs more than 4,000 associates worldwide.

From the award-winning upscale offerings of its namesake Wyndham Hotels and Resorts brand to the distinctly comfortable and familiar properties of its iconic Days Inn, Super 8 and Howard Johnson brands, the company prides itself on providing guests and franchisees with exceptional customer service, great value and the most lodging choices around the world.

The company's loyalty program, Wyndham Rewards, is the largest in the lodging industry, based on number of participating hotels, with more than 8 million active members.

Wyndham Hotel Group is one of the three business units of Wyndham Worldwide Corporation (NYSE : WYN), one of the world's largest hospitality companies providing hotels, timeshare resorts, vacation rentals and timeshare exchange.(출처 : www.carlson.com)

Wyndham Hotel Group Brands

## (8) Marriott International

As Marriott International has grown to be a leading lodging company with more than 3,700 properties in 74 countries and territories worldwide, we remain grounded in a set of core values: put people first, pursue excellence, embrace change, act with integrity and serve our world.

Our relentless focus on innovation and action fuel the way we do business. With the most powerful brand portfolio in the world, we set the bar for the hospitality industry.

Yet our strength lies in more than just a business model. It's our unique and storied heritage — a way of doing business — that enriches relationships and instills a passion for who we are. Together, we are opening doors of opportunity...for our guests, owners and franchisees, and associates.

**The Ritz-Carlton**

A worldwide symbol for the finest in accommodations and service, there are over 70 Ritz-Carlton hotel and resort locations worldwide. Our properties offer signature service amenities, including fine dining, 24-hour room service, twice-daily housekeeping, fitness and business centers, and concierge services.
Hotel Directory

**JW Marriott**

At Marriott's most elegant and luxurious brand, little touches add up to exceptional experiences. JW Marriott luxury hotels and resorts provide business and leisure travelers with simple elegance, an inviting atmosphere, and a deluxe level of comfort and personal service on their terms.
Hotel Directory

**Autograph Collection**

The Autograph Collection is an evolving ensemble of strikingly independent hotels. Each destination has been selected for its bold originality, rich character and uncommon details. From near to far, iconic to historic, the result is an array of properties that is nothing less than unique, nothing short of collectively exceptional.
Hotel Directory

**AC Hotels**

An upper moderate tier lifestyle hotel brand, targeting the design conscious, younger traveler looking for a cosmopolitan hotel stay in a great city location. With stylish, urban hotels, the brand appeals to both business and leisure travelers who seek to experience the culture of the city.
Hotel Directory

**Courtyard by Marriott**

Courtyard gives you a place where your travel needs meet staying your way, with the quality you love in convenient locations throughout the world. We offer spacious rooms, plush bedding and high-tech amenities, plus a redesigned lobby, and breakfast, dinner, and cocktails at the Bistro in select locations.
Hotel Directory

⊞ Brand Features

**SpringHill Suites by Marriott**

Discover an all-suite hotel infused with stylish spaces and inspiring design. Work the way you want with modern amenities and refreshingly designed spaces at nearly 300 locations. Style and space. Beautifully priced.
Hotel Directory

⊞ Brand Features

**TownePlace Suites by Marriott**

TownePlace Suites is designed for the self-sufficient, value-conscious, extended stay guest with locations throughout the United States. Choose the suite plan that works for you, maintain your fitness routine, and enjoy a free breakfast with something for everyone. Live like you.
Hotel Directory

⊞ Brand Features

**Marriott Executive Apartments**

Stylish apartment living and premier hotel services deliver the upscale residential experience desired by international business travelers. With spacious floor plans, gourmet kitchens, housekeeping, and grocery delivery, our guests truly live while staying with us. You don't stay here. You live here.
Hotel Directory

**Marriott Vacation Club**

Marriott Vacation Club owners enjoy access to resorts, destinations, and vacation experiences for the entire family. Options include spacious vacation villas, adventure and specialty travel, more than 3,000 welcoming Marriott hotels, and more than 2,500 affiliated resorts in 75 countries worldwide.
Hotel Directory

**Grand Residences by Marriott**

This unique brand of fractional and private ownership combines the advantages of a second home with the amenities and personal service of a luxury resort. It offers the ultimate alternative to condominiums and seasonal rentals, providing flexible usage options that open endless travel possibilities.

**Bulgari Hotels & Resorts**

The leading luxury hospitality collection in the world, comprised of a few, selected properties in major cosmopolitan cities and luxury resort destinations. Each shall make a strong reference to the local culture, yet be designed with an Italian contemporary luxury feel, enriched by rare and lavish materials.

**EDITION**

This is the latest edition of luxury boutique hotels and the perfect combination of energetic atmosphere, attitude and style. Each property is distinctive and designed by award-winning hotelier Ian Schrager. Each EDITION hotel is located in one of the world's most attractive destinations.
Hotel Directory

**Renaissance Hotels**

Travel should be inspiring. At Renaissance Hotels worldwide, you'll find inspiration at every location. Choose from one of our historic icons, chic boutiques or luxurious resorts. Each offers its own personality, local flavor, distinctive style and charm. All will stimulate your appetite for discovery.
Hotel Directory

**Marriott Hotels & Resorts**

Our Flagship brand of quality-tier, full-service hotels & resorts provides consistent, dependable, and genuinely caring experiences to guests on their terms. Features include fully equipped fitness centers, gift shops, swimming pools, Concierge levels, business centers, and meeting facilities.
Hotel Directory

**Fairfield Inn & Suites by Marriott**

Provides everything you need to work productively, maximize down time, eat well and sleep soundly, and keep your stay going smoothly, all at an exceptional value. You can once again believe in the value of a comfortable, affordable and reliable business hotel. Welcome to a productive stay.
Hotel Directory

⊞ Brand Features

**Residence Inn by Marriott**

Designed to provide travelers with everything they need to thrive on long stays, Residence Inn offers spacious suites with room to eat, work, and relax. Activated public spaces for unwinding and relaxing, and a tradition of warm service give upscale travelers a home away from home.
Hotel Directory

⊞ Brand Features

**The Ritz-Carlton Destination Club**

An equity-based luxury vacation program whose members select either a Home Club Membership which provides use of a residence at a property they can return to every year, or a Portfolio Membership which affords the opportunity to discover a wide variety of worldwide locations and experiences.

**Marriott Conference Centers**

At Marriott Conference Centers, we focus on the critical details so you can concentrate on results. Our properties provide the latest communications technology, learning facilities, and recreational venues. Logistics, environments, and meals are all managed so you can attend to the business at hand.
Hotel Directory

**Preferred Partner Site**

**ExecuStay**

ExecuStay, an Oakwood Worldwide brand , is the preferred corporate and temporary housing partner of Marriott International. ExecuStay guests are eligible to earn Marriott Rewards points. From contemporary apartments to city flats, Oakwood Worldwide offers locations in more than 55 countries through the Oakwood and ExecuStay brands. Fully inclusive - from utilities to furnishings - we take care of the details so you can quickly settle in and focus on your priorities.

Reservations can be made through www.execustay.com or at www.oakwood.com

Marriott International Brands

## (9) Golden Tulip Hospitality Group

The Golden Tulip chain traces its roots back to the early 1960s, when the first Golden Tulip hotels opened their doors in the Netherlands. Since then the chain has evolved and expanded across the globe, always in step with the changing needs and expectations of our customers.

Today, the chain operates three well-known brands, Tulip Inn, Golden Tulip, Royal Tulip with a total of over 200 hotels in 40 countries. Each establishment combines the chain's commitment to high international standards with the unique personality of the people who manage it and the local flavour. The result is a stay as inspiring as it is pleasurable.

Golden Tulip Hospitality Group Brands

## (10) The Rezidor Hotel Group

With more than 430 hotels in city centres and key suburban locations, at gateway airports and exclusive resorts, Rezidor has 95,000+ rooms in operation or under development and more than 35,000 employees in more than 70 countries across Europe, the Middle East & Africa.

We have a long history of successful hotels and resorts and can deliver across all brands and all stakeholders. Our management is consistent, with an emphasis on attention to detail, support for all our partners and empowerment of our employees. And we're growing at a dynamic pace, with an increasing focus on the emerging markets.

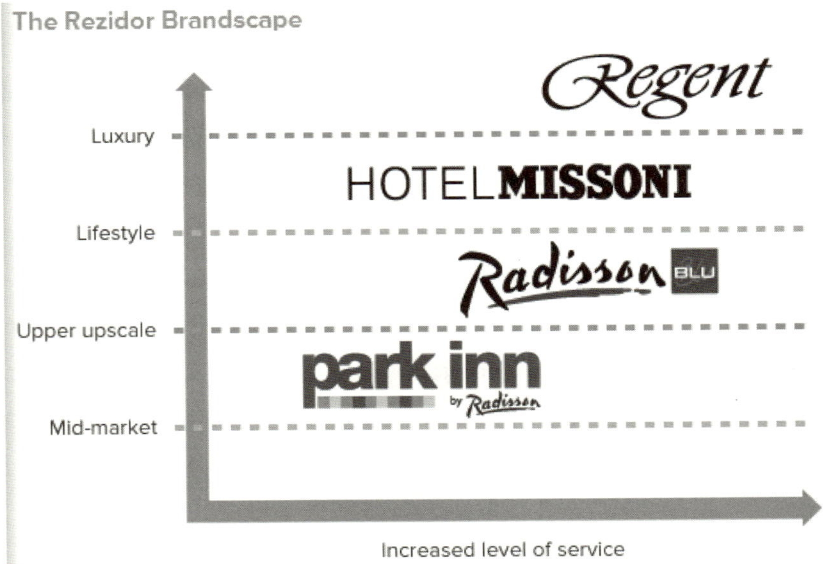


The Rezidor Hotel Group Brands

### (11) Global Hyatt Corporation

We are a global hospitality company with widely recognized, industry leading brands and a tradition of innovation developed over our more than fifty-year history. Our mission is to provide authentic hospitality by making a difference in the lives of the people we touch every day. We focus on this mission in pursuit of our goal of becoming the most preferred brand in each segment that we serve for our associates, guests, and owners. We support our mission and goal by adhering to a set of core values that characterizes our culture.

We manage, franchise, own and develop Hyatt branded hotels, resorts and residential and vacation ownership properties around the world. As of June 30, 2012, the company's worldwide portfolio consisted of 492 properties.

HYATT Hotel Brand

## (12) Club Mediterranee

The Club was started in 1950 by former Belgian water polo champion, Gérard Blitz. The first village opened on the Spanish island of Mallorca. The original villages were simple with members staying in unlit straw huts on a beachfront, sharing communal washing facilities. Such villages have been replaced with modern blocks or huts with ensuite facilities.

Club Med staff are called "GOs", or Gentils Organisateurs (Genteel Organizers). Clients are "GMs", or Gentils Membres (Gracious/Nice Guests/Members). The resort is known as a village. The resort manager is called the chef de village (Village Chief).

The special feature of Club Med is that the GOs and GMs play, dine, drink, and dance together every day and night. Outdoor buffet dining (usually on tables of eight, mixing GMs and GOs), daytime sport-playing, and evening shows with extensive audience participation, are part of the holiday experience.

Club Med Brand

## (13) Choice Hotels International

Founded over 70 years ago, Choice Hotels is one of the largest lodging companies in the world with 6,600 hotels open or under development in more than 30 countries and territories. From the upscale Cambria Suites and Ascend

Hotel Collection to the iconic Comfort Inn and popular Quality Inn and Econo Lodge brands, Choice Hotels has a variety of options to fit your investment needs. With award-winning training programs, national marketing support, a loyal customer base, and one of the industry's strongest reservations systems, we work day-in and day-out to ensure we're doing everything in our power to help drive reservations straight to your hotels. As a franchisee, you will be supported by a dedicated team of Choice Hotels associates focused on delivering value for you, from our cutting-edge distribution systems to property-level operational support. Our collaborative approach with franchisees is what truly feel makes us a leading player in today's hospitality industry.

Comfort Inn　Comfort Suites　Quality　Sleep Inn　Clarion

Cambria Suites　MainStay Suites　Suburban　Econo Lodge　Rodeway Inn

Choice Hotels International Brands

## (14) Four Seasons Hotel & Resort

The story of Four Seasons Hotels and Resorts, which opened its first hotel in 1961, is a tale of continual innovation, remarkable expansion and a single-minded dedication to the highest of standards. The Canadian-based company has, for nearly 50 years, transformed the hospitality industry by combining friendliness and efficiency with the finest traditions of international hotel keeping. In the process, Four Seasons has redefined luxury for the modern traveller.

Four Seasons Hotel & Resort Brand

### (15) TUI AG/TUI Hotel & Resorts

TUI Hotels & Resorts, the largest holiday hotel company in Europe, is responsible for managing all of the World of TUI hotel subsidiaries. The TUI AG Group has 248 hotels and 157,000 beds in approx. 30 countries around the world and portfolio includes such famous hotel brands as Robinson, Riu, Grecotel, Grupotel, Iberotel and Dorfhotel. The hotels of the various brands are situated at premium attractive holiday regions, and offer guests a diverse range of hotel concepts with the highest levels of service, quality and environmental standards.

TUI AG/TUI Hotel & Resorts Brands

## 4. 호텔에서의 직업

호텔 내에서 일하는 사람은 모두 호텔리어로 불리며, 호텔 총지배인, 객실 지배인, 식음료지배인, 프런트 직원(호텔에서 손님을 맞아주는 직업), 컨시어지(고객의 편의를 위해 총괄적인 서비스를 담당), 도어맨(호텔 문 앞에서 인사 해주고 문 열어주는 사람), 벨맨(짐을 호텔방까지 옮겨주는 사람), 룸메이드(객실을 청소하는 사람), 호텔세탁원, 호텔고객지원사무원 등이 있다.

컨시어지는 불어 "le Comte des Cierges"에 시작되었으며, "Keeper of Candles" 라는 뜻으로 중세시대에 많은 성(Castle)의 방들을 밝히는 초를 관리하는 사람을 지칭했으며, 현대 호텔산업에서는 고객의 편의를 위해 총괄적인 서비스를 담당하는 집사와 같은 의미로 쓰이고 있다. 호텔의 꽃이라고 할 수 있는 핵심적인 고객 접점부서로, 호텔에 도착한 고객에게 호텔의 이용방법과 기본정보를 제공함은 물론 고객의 든든한 개인비서가 되어 드리는 부서가 바로 컨시어지이다. 본인이 근무하는 지역 외에도 지방의 정보 및 투어 안내, 다양한 레스토랑, 사우나, 마사지 시설 안내에 이르기까지 각종 정보를 제공한다.

### 레클레도르(Les Clefs d'Or)란

레클레도르는 황금열쇠 배지로 상징되며, '모든 문을 열 수 있는 사람'으로, 고객들이 원하는 모든 문제를 해결하고 최상의 서비스를 제공한다는 의미를 담고 있다. 세계컨시어지협회에서 엄격한 심사과정을 거쳐 수여하게 되며, 골든 키 배지를 단 컨시어지(호텔 직원)는 '호텔의 꽃'으로 불릴 정도로 선망의 대상이다. 2012년 현재 한국에서는 모두 16명이 골든 키를 갖고 있으며, 정회원이 되기 위해 준회원에 머물고 있는 컨시어지도 15명이 있다. 레클레도르 자격을 갖추기 위해서는 먼저 국내 컨시어지협회 정회원으로서 호텔 경력 3년 이상, 칩 컨시어지나 어시스턴트 컨시어지 근무 경력이 1년 이상이어야 준신청자 자격이 주어지고, 정식 신청자가 되려면 호텔 경력 5년 이상, 칩 컨시어지나 어시스턴트 컨시어지 근무경력이 3년 이상 돼야 한다. 여기다 총지배인의 추천, 서류심사와 필기시험, 인터뷰를 거쳐 세계컨시어지협회의 심사와 이사회의 정식 승인을 거쳐야 될 수 있다.

※ 세계컨시어지협회(U.I.C.H. : Union International des Concierges d'Hotels)는 1929년 파리 그랜드 호텔에서 11명의 컨시어지들이 모여 처음 발족한 협회이다. 유럽 내 호텔의 급격한 증가에 따라 호텔서비스의 전반적 지휘자인 컨시어지의 역할이 중요해지고, 고객들의 요구가 증가함에 따라 네트워크 조성의 필요성에 의해 생겨났다. 전 세계 여행자들을 돕는 전문 컨시어지로 거듭나고자 국제 네트워크를 통해 활발한 교육, 세미나를 개최하고 있다. 한국은 1994년 협회를 설립하고, 2006년 독립지부 요건인 10명 이상의 국내 레클레도르가 인정을 받아 세계에서 39번째 독립지부가 되었다.

### [미래의 일꾼] 호텔리어 – 최순희 파라다이스호텔 부산 컨시어지

"아무리 어려운 부탁에도 'NO'는 안돼"

부산 해운대구 '파라다이스호텔 부산'의 최순희(53) 컨시어지. 호텔 근무경력 32년차 고참 호텔리어다.

최 씨는 지난 2002년부터 부산에 4명, 전국에 13명밖에 없다는 호텔리어의 꽃인 '컨시어지'로 일하고 있다.

'컨시어지'란 고객이 원하는 것이면 가능한 모든 것을 도와주는, 호텔의 총괄적인 서비스를 담당하는 직원을 뜻한다. 규격화되거나 만들어진 미소가 아닌 그녀의 다소 수줍은 듯한 미소에서 내재된 진정한 아름다움이 묻어났다.

• 간단한 소개

여고 졸업 후 21세 때인 지난 1977년 강원도 용평리조트에 웨이트리스로 들어가면서 처음 호텔에 발을 들여놓게 됐다. 손님의 시중을 드는 서빙일이 너무 재미있어 그곳에서 계속해서 7년 6개월을 근무했다. 그러다 대구 금호호텔을 거쳐 1987년 5월 '파라다이스호텔 부산' 본관 오픈 때

조리사로 입사했다. 이후 조리사무실, 식·음료사무실, 하우스키핑지배인, 당직지배인을 거쳐 현재 컨시어지 지배인으로 근무하고 있다.

지난 2002년 당시 호텔 대표께서 컨시어지 기능을 강화하면서 국내 정회원에 가입한 뒤 세계 준회원을 거쳐 2006년 세계 레클레 도어(Les Clefs d'Or) 정회원이 됐다. 정회원이 되려면 호텔경력 5년 이상, 컨시어지 경력 4년 이상인 자 중에서 신청자격이 주어지며, 세계총회 및 아시아총회에 1회 이상 참여해야 한다.

• 업무와 일과

주 5일 근무를 기본으로 한다. 하지만 호텔은 주말에 바쁜 관계로 보통 1주일 중 화요일, 금요일에 쉰다. 출근하면 먼저 전날과 당일, 그리고 일주일간의 객실점유율과 VIP사항, 연회장 행사내용, 식당가 예약상황, 고객들의 배차사항, 택시 예약상황 등을 체크한 뒤 업무를 시작한다. 예컨대 휠체어나 유모차가 필요한 고객, 허리가 불편해 침대를 사용할 수 없는 고객, 침구에 특별히 알러지가 있는 고객 등을 파악해 사전에 불편함이 없도록 배려하기 위해서다. 업무는 별도로 마련된 컨시어지 데스크에 서서 고객의 각종 문의에 친절히 응대하는 것이다. 만약 고객이 "리무진버스는 어디서 탑니까"라고 물어오면 단순히 "호텔 신관 앞에서 타면 됩니다"라고 답하는 게 아니라 다음 질문까지 미리 예상해 탑승시간과 요금, 목적지까지 걸리는 시간 등을 모두 친절히 말해줘야 한다.

• 시작한 계기와 필요한 자질은

호텔은 건강한 사람들이 좋은 음식을 먹으며 편안하게 쉬다 가는 곳이다. 나는 기분 좋은 표정의 그들을 만나는 게 항상 즐겁다. 그래서 지금까지 다른 곳에 한눈팔지 않고 32년 동안 이곳에 머물 수 있었다. 또 우리 호텔을 찾는 외국 VIP고객에게 최선을 다해 좋은 인상을 갖도록 하고 싶은 욕심도 있었다.

2005년 APEC 정상회의 때는 호텔에 머문 한국 등 7개국 정상들의 영접을 위해 아예 로비에 상주하며 직접 레드카펫을 깔거나 수행원들에게 호텔 주변 각종 관광 및 쇼핑정보를 제공하곤 했던 일들이 기억에 남는다.

유니폼 상의 옷깃 양쪽에 달린 '골든 키' 모양의 배지는 컨시어지를 뜻하는 것으로, 고객이 원하는 것은 뭐든지 열어준다는 의미를 갖고 있다. 다시 말해 컨시어지는 고객이 어려운 부탁을 해도 절대로 "노(NO)"라고

해서는 안된다는 것이다. 따라서 주로 외국인들을 상대하는 만큼 영어와 일본어 등 외국어 사용에 불편함이 없어야 하겠지만 올바른 품행과 투철한 서비스 정신이 그 무엇보다 중요하다고 생각한다.

• 보람과 어려움

몇 년 전 초등학생 자녀를 동반한 태국인 부부가 호텔에 머물렀는데 갑자기 아이가 과식으로 배탈이 나 차로 직접 병원으로 이송한 뒤 비번인 다음날 퇴원 때까지 함께 있다 데려다 주었는데 귀국 후 조그만 선물과 함께 감사편지를 보내올 때 뭉클한 기분을 느꼈다. 이런 게 호텔리어의 보람이 아닐까. 하지만 최선을 다해 도와드렸는데도 고객의 좋지 않은 기분을 컨시어지의 잘못으로 돌릴 때면 난감한 기분이 들기도 한다.

• 호텔리어가 되려면

호텔리어의 꽃인 컨시어지는 호텔에 관련된 전반적인 것들을 숙지해 고객에게 토털 서비스를 제공하는 직업인 만큼 외국어 공부는 물론 기상 뉴스 등 일반상식도 어느 정도 꿰고 있어야 할 정도로 매일 공부를 게을리하면 안된다. 나도 호텔 내 어느 부서는 전문대 이상 자격이 돼야 한다는 사내 게시판을 보고 뒤늦게 진학을 결심, 37세 때 동아대 관광경영학과에 입학해 7년 공부 끝에 동아대 경영대학원 관광경영학과까지 졸업했다. 대학 때는 첫 학기를 빼곤 4년 연속 장학금에다 수석졸업까지 했다. 꾸준히 노력하는 자만이 목표를 이룰 수 있는 것이다.

출처 : 부산일보, 2009년 1월 20일자 발췌

# 제 08 장 외식업

## 1. 외식업의 개념

### 1) 외식의 정의

'외식(外食)'은 한자어가 의미하는 바와 같이 집 밖에서 이루어지는 식생활에 대한 포괄적인 의미를 가지고 있다. 국어사전에서는 외식을 '자기 집이 아닌 밖에서 식사하는 것'으로 정의하고 있다. 그렇다면 '외식'의 반대개념으로 '내식'에 대해서 알아보자면 내식은 조리하는 사람이 집 안에서 음식을 조리하여 집 안에서 식사하는 것을 의미한다. 하지만 우리 주변에는 다양한 형태의 음식물이 존재한다. 음식물의 상태에 따라 조리가 필요한 원상태, 간단한 조리작업을 해야 하는 반가공상태, 구입한 음식물을 바로 먹을 수 있는 가공된 상태 등으로 나눌 수 있고, 구입하는 장소와 취식하는 장소 등 모든 상황들을 종합하여 내식과 외식을 구분하려 한다면 내식과 외식의 경계는 모호하다고 할 수 있다. 오늘날 경제발전과 소득증대로 인하여 외식이 일상화되고 있으며, 국민 1인당 GNP의 증가와 가처분소득의 증대로 인하여 국민의 외식비 지출비율은 지속적으로 높아지고 있다.

### 2) 외식업의 정의

외식업은 가정 외의 장소에서 요리나 음료수를 제공하고 그 대가를 받는 업종으로 식사와 음료에 부수되는 인적 서비스, 연출되는 분위기 등 세 가지 상품의 종합으로 볼 수 있다. 즉 불특정 다수의 고객에게 편안한 분위기에서 식음료 제공을 위한 장소와 시설을 준비하여 고객들에게 식음료를 제공하는 사업이라고 할 수 있다. 하지만 오늘날에는 외식업의 발달로 인하여 불특정 다수뿐만 아니라 특정고객을 대상으로 한 외식업의 형태로 단체급식업체, 출장연회 및 운송사의 식사서비스 등으로 범위가 확대되고 있다. 재정경제원(1996)에서는 외식업을 '음식점업'으로 명명하고 접객시설을 갖춘 실내에서 또는 특정 장소에서 조리된 음식상품 또는 직접 조리한 음식상품을 소비하도록 하는 사업으로 규정하였다.

외식업의 형태를 시대적 흐름에 따라 살펴보면 초창기에는 서비스를 포함하지 않은 조리된 식음료만을 제공하는 사업활동에 국한하였으나 오늘날에는 외식을 즐기고자 하는 고객들에게 장소와 시설을 마련하고 그와 함께 인적 서비스 또는 기타 부대서비스를 제공하는 폭넓은 활동으로 그 범위가 확장되었다.

### 3) 외식산업의 정의

'외식산업'이라는 용어가 사용된 시기는 우리나라 최초의 외국브랜드 패스트푸드 체인음식점인 '롯데리아'가 개점된 1979년으로 추정된다. 미국에서는 1950년대 공업화단계에 진입하면서 음식서비스 산업(Food service Industry) 혹은 외식산업(Dining-out Industry)으로 불리기 시작했고, 이를 일본에서는 1970년대 이후 「마스코미」지가 외식산업으로 번역하여 사용하기 시작했다. 이후 1978년에는 일본 정부의 공식문서인 「경제백서」에 '외식산업'이란 단어가 포함되어 공식화되었다.

'외식산업(外食産業)이란 기업의 규모가 커지고 체인화한 음식서비스업을 종래의 생업적인 음식업과 구별하는 업종', '음식이나 음료 등을 조리하여 동일한 장소 또는 그 내부나 외부에서 소비되도록 제공하는 업종'이라고 정의할 수 있다. 즉, 규모 면에서 확대되고 경영 면에서 체계를 갖추었기 때문에 식당업, 요식업, 식품접객업, 음식업 등과 같이 하나의 업으로 정했던 분야를 포괄하여 외식서비스 산업으로 부르게 되었다. 외식산업은 식사를 조리해서 제공하는 식품제조업, 소비자에게 직접 소매하는 소매업, 서비스가 중추를 이루는 서비스 산업적 성격이 강한 복합산업이라고 볼 수 있다.

외식산업은 사회·경제·문화적 생활패턴의 변화와 국민소득의 증가에 따른 소비자의 외식형태의 변화에 따라 다양화·세분화되어 왔다. 따라서 시간적·지리적 공간 개념에 따라 그 종류와 내용이 다양하게 발전되어 왔음을 볼 수 있다.

외식산업은 사회·경제·문화적인 변화상에 따라 발전하고 있으며, 2000년대 들어 외식산업 개방의 본격화와 더불어 국내 대기업의 참여 등이 계기가 되어 규모의 경제 논리가 적용되는 추세이다. 이로 인해 시간적·지리적 공간 개념이 확장되어 외식업의 종류가 다양해지고 내용에 있어서도 발전하고 있다.

## 4) 외식업의 특성

### (1) 입지의존적인 사업

외식업은 업소의 위치가 사업의 성패를 좌우하는 중요한 요인으로 본다. 외식업에서 상품의 생산과 판매가 한곳에서 이루어지기 때문에 고객이 외식업장에 접근할 수 있도록 유인해야 한다. 이러한 이유로 매장이 위치하는 상권은 우선 유동인구가 많은 곳을 선정해야 한다. 모든 외식업체가 위치가 좋아서 수익을 올리는 것은 아니지만 고객이 쉽게 찾아갈 수 있는 곳에 외식업장이 위치하면 상대적으로 더 많은 방문고객을 유치하는 데 유리하다.

### (2) 생산과 소비의 동시성

제조업의 경우 일정한 장소에서 제품이 생산된 후 유통경로를 거쳐 고객이 구매하게 되는 데 반해서 외식업은 고객이 상품이 생산되는 매장에 직접 방문하여 상품을 구매한다. 외식업은 제조, 판매, 서비스, 소비의 모든 과정이 동시적으로 발생하게 된다. 최근에는 신기술의 발달과 다양한 판매기법의 개발로 인하여 고객이 직접 외식업체를 방문하지 않고도 소비가 이루어지는 경우가 있다.

### (3) 높은 인적 의존도

외식업은 상품의 생산량과 서비스의 제공에 한계가 있으며 고객과 종사원, 경영자 간의 인간관계 및 커뮤니케이션이 중요한 요인으로 작용한다. 외식업의 경우 정신적·육체적으로 높은 노동강도를 요구하고 상대적으로 급여와 근무환경이 열악하기 때문에 타 업종에 비해 이직이나 퇴사율이 매우 높은 편이다. 종사원의 경우 직업에 대한 자부심이나 전문성을 가진 직업관을 확립해야 하고 외식업에서의 전문성과 특수성을 인정해 주는 사회적 분위기가 형성되어야 할 것이다.

### (4) 쉬운 창업과 높은 폐업률

외식업종에서 신규창업 시 2년 내 폐업률이 90%에 이른다는 조사자료에서 말해주듯 우리 주변에서 날마다 새로운 음식점이 오픈을 하고 메뉴를 변경하여 판매하기도 하고, 또 오픈한 음식점이 얼마 지나지 않아 경영자가 바뀌거나 간판을 내리는 경우를 흔하게 볼 수 있다.

일반인들이 창업 시 가장 선호하는 사업이 음식점일 정도로 외식업을 쉽고 단순하게 생각하려는 경향이 있다. 우리 주변에서도 별다른 준비 없이 프랜차이즈 가맹점이나 기존의 음식점 인수나 일반창업을 하는 경우를 볼 수 있다. 하지만 외식창업은 단순히 조리를 잘해서만 되는 것이 아니라 외식업을 운영할 수 있는 경영에 관한 지식이 바탕이 되어야만 성공의 확률을 높일 수 있다. 외식업 경영에는 사업계획과 타당성 분석, 상권분석과 입지선정, 메뉴의 기획, 매장의 디자인과 공간설계, 직원관리를 위한 인사에 대한 지식, 식자재 원가관리 및 유지를 위한 회계에 관한 부분, 식품의 위생관리, 고객관리를 위한 서비스 품질관리와 고객만족경영, 매출향상을 위한 마케팅 활동 등 다양한 분야에 대한 경영지식을 가지고 있어야 한다.

## 2. 외식업의 현황

### 1) 한국 외식산업의 현황

국내 외식산업의 발전은 식생활의 글로벌화, 가공식품산업의 발달, 외식의 증가, 다양한 음식상품의 개발 등 경제적 · 사회적 · 문화적 · 기술적 측면에서 찾아볼 수 있다. 경제적 요인으로는 국민소득의 증가에 따른 생활수준의 향상으로 외식의 기회가 많아지고 있다. 국민소득의 증가는 국내 외식산업의 성장에 가장 큰 요인이 되었으며 외식산업은 발전구조상 1인당 GNP가 1,000달러 수준을 기점으로 하였을 때 1인당 7,000달러가 넘어서면 본격적인 성장기에 들어서는 특성을 가진다. 경제수준의 향상은 가처분소득의 증가, 노동시간의 감소, 여가활동의 증가를 가져옴으로써 관광과 쇼핑의 기회를 가져와 외식시장의 활성화를 불러올 수 있다. 각 가정마다 차량보유가 일반화되면서 다양한 여가활동과 함께 외식의 기회가 자연스럽게 늘어났다.

사회적 요인으로는 여성의 사회진출 확대로 맞벌이 부부의 증가와 독신가정의 증가에 따른 가정에 대한 인식의 변화로 인하여 외식의 소비성향이 높아졌다. 또한, 정보화사회로 발전함에 따라 전반적인 사회구조의 변화가 외식산업에도 영향을 끼쳐 편의식품, 테이크아웃, 택배 및 배달 등의 소비자 선호로 외식산업의 범위가 확장되었다. 문화적 요인으로는 간편식 목적의 패스트푸드 수요의 증가, 식생활 패턴의 서구화로 인한 외식행태의 변화, 소비자의 라이프스타일 변화, 가치관의 변화 등으로 외식에 대한 가치관이 바뀐 것도 외식산업의 발전요인으로 볼 수 있다. 생활수준이 향상됨에 따라 소비자의 건강식에 대한 욕구가 증대되고 국민의 소득수준과 교육수준 등이 향상되면서 삶에 있어 의식주의 해결이 아닌 인간으로서 삶을 의미 있게 살아가려고 하는 삶의 질과 행복의 추구를 고려하게 되었다.

기술적 요인으로는 주방기기의 현대화, 컴퓨터기술의 외식업 접목 등 기술적인 환경변화는 외식산업을 산업화·공업화시키는 계기가 되었다. 컴퓨터기술의 도입으로 메뉴의 주문 및 생산을 효율적으로 할 수 있게 된 것이다.

외식산업의 중요성이 부각되기 시작한 시기는 1986년 아시안게임과 1988년 올림픽을 유치하면서 많은 외국인들이 방문하고 미국의 외식 체인업체들이 국내로 진출하기 시작하면서부터이다.

1980년대 외국계 외식산업 진출은 '버거킹'을 시작으로 외국 브랜드의 도입 및 기술제휴 등의 형태로 1984년 웬디스, KFC, 1985년 피자헛, 1986년 맥도날드, 1987년 피자인, 데니스, 1988년 도미노피자가 뒤를 이었다.

국내의 외식산업은 1980년대의 성장기를 지나 1990년대로 들어와서 외식시장을 주도해 왔던 햄버거, 피자, 치킨 등과 같은 패스트푸드에서 탈피하여 국내 최초의 해외 브랜드 패밀리 레스토랑인 '코코스'를 시작으로 하여 외식산업의 새로운 시장으로 변화하였다.

1990년대 TGI 프라이데이, 서브웨이, 시즐러, 스카이락, 파파이스, 베니건스, 토니로마스, 플래닛 헐리우드, 마르쉐, 아웃백 스테이크하우스, 칠리스 등이 국내 외식업계에 큰 변화를 불러일으켰다. 1999년 말 기준으로 국내 외식산업의 총매출액 규모는 약 23조 원으로 추정되었고, 이후 2008년까지 연평균 약 13%씩 꾸준히 증가하여 약 42조 원의 증가를 보이고 있다. 국내 음식업중앙회에 등록된 전국 외식업소의 현황을 보면 1997년 154,040개에서 2007년 412,166개로 성장하였다.

외형적 성장 위주와 외국 브랜드 레스토랑 기업에 의해서 주도되었던 한국의 외식산업은 2000년대에 들어서면서 질적인 성장으로 전환되고 있다. 오늘날 관광자에게 있어 관광지의 음식은 관광지의 매력도를 배가시키는 기능을 한다. 따라서 오늘날 지역의 특성을 바탕으로 한 개성을 살린 음식점들은 관광관련 산업 중에서도 그 역할이 점점 커지고 있다. 음식재료가 되는 농산물에서부터 요리법, 서비스 방식, 시설의 위치, 외관, 내부 인테리어 등 어떻게 개성을 살리느냐가 외식업 경영에 있어 중요해지고 있다.

## 2) 해외의 외식산업

### (1) 미국의 외식산업

외식산업은 미국에서 가장 큰 발전을 이루어 왔는데 미국의 외식산업은 유럽에 비하여 역사와 전통이 짧음에도 불구하고 과학기술의 접목과 실용적이고 합리적인 경영기법을 적용함으로써 세계 외식산업시장에서 주도적인 역할을 하여 왔다.

1920년대가 외식산업의 시초였다면 본격적인 발전은 1950년대부터 산업화가 이루어지기 시작하였다. 1960년대에 외식기업들이 세계로 진출하면서 국제화되기 시작했고 1970년대에는 외식산업의 확대로 인하여 외식업체들 간의 경쟁이 치열해졌다.

미국 외식산업의 초기에는 패스트푸드 기업을 중심으로 발전하였는데 이는 실용성이 중시된 식사와 신속하고 저렴한 메뉴구성, 패스트푸드화가 용이한 식자재의 풍요함 등이 기반이 되어 패스트푸드를 중심으로 외식산업이 발달할 수 있었다.

미국의 「레스토랑 뉴스」지는 1995년 미국 상위 20개 체인브랜드를 발표하였는데 순위별로 보면 다음과 같다. 1위인 맥도날드는 직영점 1,695개, 가맹점 8,525개, 매출액 158억 달러이고 그 다음으로 버거킹, 피자헛, 타코벨, 웬디스, KFC, 하디스, 메리어트호텔, 쇼니스, 올리브 가든 등이 뒤를 잇고 있다.

업종 업태별로는 특히 풀 서비스를 제공하는 고급 레스토랑의 객단가가 상승하고 있으며, 보다 질 높은 수준의 외식을 추구하는 고객이 늘고 있는 것으로 나타났다. 향후에도 이러한 추세는 계속될 것으로 판단된다.

대규모 패스트푸드점 및 일반 레스토랑기업이 생각하고 있는 가장 큰 과제에 대해 조사한 결과 패스트푸드 기업은 인재육성 및 채용을, 일반 레스토랑은 객단가의 높고 낮음을 떠나 모두가 경제불황을 최고 관심사로 꼽고 있는 것으로 나타났다. 특히 객단가가 높은 고급 레스토랑일수록 경기동향에 민감한 것으로 조사됐다. 반면 패스트푸드업체들은 경기상황에 크게 신경 쓰지 않는 것으로 나타났다. 이는 2003년 매출에 대한 질문에 '전년보다 좋다'고 답한 업체가 59%, '그저 그렇다'가 36%, '전년보다 못하다'가 7%로 나타난 통계자료에서 그 이유를 짐작할 만하다.

1990년대 후반부터 21세기에 이르러 외식산업은 미국 전체산업 중에서 4번째의 거대한 산업으로 성장하였다. 현재 미국의 외식산업은 미국 내에서 포화상태라고 할 수 있는 정체기를 맞이하여 미국 내에서의 성장을 벗어나 세계 곳곳으로 진출하면서 시장을 넓혀가고 있다.

### (2) 일본의 외식산업

1960년대의 일본은 산업화가 도약하던 시기였고 당시에 외식사업이 출현하였다.

1970년대 일본은 선진국형 경제구조를 갖게 되었고 그에 따라 외식산업이 본격적으로 성장하게 되었다. 이때 미국의 패스트푸드 외식기업들이 진입하면서 일본의 외식시장이 커지기 시작하였다. 이전에는 존재하지 않았던 햄버거와 같은 새로운 상품과 공통된 맛과 가격, 서비스를 제공하는 외식기업의 상품들은 일본 국민의 소비욕구를 자극하였다.

미쓰비시사가 미국의 KFC와 제휴하였고 미국의 던킨 도너츠와 미스터 도너츠 등의 기업이 일본에 상륙하였다.

1970년 만국박람회가 개최되면서 150여 개의 외식기업들이 등장하여 외식산업 발전에 커다란 계기가 되었다. 1971년 동경에 맥도날드 1호점이 개점하였고 20평 매장에서 하루 매출이 100만 엔을 기록할 정도로 인기를 끌었다. 또한, 스카이락과 로얄호스트, 데니스 등의 패밀리 레스토랑이 등장하였다.

1980년대는 대형 외식기업들이 성장하는 시기가 되었다. 1990년대에는 경기침체에 따라 고객의 욕구에 맞는 콘셉트를 개발하지 않을 수 없었다. 가격을 낮추고 품질과 서비스의 개선이 중요시되는 시기였다.

**中 내년 관광지 음식업시장 규모 38조 원**

중국 관광지의 음식업 매출이 내년 38조 원에 이를 것으로 전망됐다.

21일 반관영 통신사인 중국신문사의 보도에 따르면, 중국사회과학원 여행연구센터는 '2009년 여행녹서'에서 여행객을 대상으로 한 중국 관광지의 식음료시장이 최근 수 년간 지속적으로 성장하고 있어 내년 2천억 위안(약 38조 원)에 이를 것이라고 예상했다.

중국 관광지 식음료시장 규모는 2001년 397억 5천200만 위안에서 2006년 838억 5천600만 위안으로 커졌으며, 최근 수 년간 성장속도가 빨라졌다. 이 시장은 외국인의 입국과 내국인의 국내 관광 증가로 매출액이 대폭 상승하며 여행매출액보다 더 빠른 속도로 증가하고 있다.

이런 성장은 중국 관광지의 소수민족 음식, 농가음식, 전통요리 등 다양한 식음료시장이 형성됐기 때문으로 풀이됐다. 그러나 중국 관광지의 음식업은 여행사의 커미션 수수로 인한 음식 질 저하와 지역별로 특화한 음식 개발 노력 미흡, 현지 주민 외면 등의 문제를 해결해야 한 단계 더 성숙할 것으로 지적됐다.

사회과학원은 여행 증가로 창의적인 음식의 개발이 더욱 필요해졌다고 강조했다.

출처 : 연합뉴스, 2009년 5월 21일 발췌

## 3. 외식산업의 분류

### 1) 표준산업분류에 의한 분류

오늘날 국내 외식산업의 분류기준 중 정형화되어 있는 산업분류방식으로 통계청의 표준산업분류방식이 있다. 표준산업분류에서 음식점 및 주점업을 중분류로 하고 소분류로 음식점업(561)과 주점 및 비알콜 음료점업(562)으로 세분류하고 있다.

중분류상 음식점 및 주점업은 접객시설을 갖추고 구내에서 직접 소비할 수 있도록 즉석식 음식을 조리하여 제공하는 음식점을 운영하는 산업활동과 접객시설을 갖추고 주류, 다과류 및 비알콜 음료를 판매하는 산업활동을 말한다. 또한 접객시설 없이 고객이 주문한 음식을 직접 조리하여 배달하거나 연회장과 같은 행사장에 출장하여 고객이 주문한 음식물을 조리 · 제공하는 산업활동을 포함한다. 또한, 다음의 경우에 있어서는 제외하고 있다.

- 숙박업에 결합되어 운영하는 식사제공 활동(5590)
- 철도운수사업체에서 철도 식당칸을 직접 운영하는 경우(4910)
- 조리사만을 공급하는 경우(75120)
- 음식을 조리하여 도매 및 소매사업체에 납품하는 경우(10798)
- 회사 등의 기관과 계약에 의하여 별도의 장소에서 다량의 집단급식용 식사를 조리하여 약정기간 동안 운송 · 공급하는 경우(10798)

소분류상 음식점업(561)은 접객시설을 갖추고 구내에서 직접 소비할 수 있도록 주문한 음식을 조리하여 제공하는 음식점을 운영하거나 접객시설 없이 고객이 주문한 음식을 직접 조리하여 배달 · 제공하는 산업활동을 말한다. 여기에는 회사, 학교 등의 기관과 계약에 의하여 음식을 조리 · 제공하는 구내식당 운영활동이 포함된다. 비알콜 음료점업(562)은 접객시설을 갖추고 주류 및 비알콜 음료를 판매하는 산업활동을 말한다.

〈표 8-1〉 **한국표준산업분류표(9차)상의 외식산업 분류**

| 대분류 | 중분류 | 소분류 | 세분류 | 세세분류 | 항목명 |
|---|---|---|---|---|---|
| 숙박 및 음식점업 (I) | 음식점 및 주점업 (56) | 음식점업 (561) | 일반 음식점업 (5611) | 56111 | 한식음식점업 |
| | | | | 56112 | 중식음식점업 |
| | | | | 56113 | 일식음식점업 |
| | | | | 56114 | 서양식음식점업 |
| | | | | 56119 | 기타 외국식음식점업 |
| | | | 기관 구내 식당업 (5612) | 56120 | 기관구내식당업 |

| | | | 출장 및 이동 음식업 (5613) | 56131<br>56132 | 출장음식서비스업<br>이동음식업 |
|---|---|---|---|---|---|
| | | | 기타 음식점업 (5619) | 56191<br>56192<br><br>56193<br>56194 | 제과점업<br>피자, 햄버거, 샌드위치 및 유사 음식점업<br>치킨전문점<br>분식 및 김밥 전문점 |
| | | 주점 및 비알콜 음료점업 (562) | 주점업 (5621) | 56211<br>56212<br>56219 | 일반유흥주점업<br>무도유흥주점업<br>기타 주점업 |
| | | | 비알콜 음료점업 (5622) | 56220 | 비알콜 음료점업 |

### (1) 음식점업(561)

#### ① 일반 음식점업(5611)

각종의 정식류를 조리하여 제공하는 산업활동으로서 한식과 일식, 중식, 서양식 및 기타 외국음식점업을 운영하는 산업활동을 말한다.

〈제외〉

- 라면, 피자, 샌드위치 등과 같은 간이음식을 제공하는 활동(5619)
- 음식의 종류 등과 관계없이 이동음식점을 운영하는 경우(56132)
- 기관구내식당을 운영하는 경우(56120)
- 출장음식 서비스(56131)

#### ② 기관구내식당업(5612)

회사, 학교, 공공기관 등의 기관과 계약에 의하여 구내식당을 설치하고 음식을 조리하여 제공하는 산업활동을 말한다.

#### ③ 출장 및 이동음식업(5613)

연회장 등과 같은 행사 시에 특정장소로 출장하여 음식서비스를 제공하는 산업활동과 고정된 식당시설 없이 각종 음식을 조리하여 제공하는 이동식 음식점을 운영하는 산업활동을 포함한다.

④ **기타 음식점업(5619)**

정식을 제외한 피자, 햄버거, 샌드위치, 분식류, 스낵품 및 기타 유사식품 등을 조리하여 소비자에게 제공하는 음식점을 운영하는 산업활동을 말한다.

### (2) 주점 및 비알콜 음료점업(562)

① **주점업(5621)**

요정, 바, 나이트클럽, 비어홀, 디스코클럽, 카바레, 대포집 등과 같이 술과 이에 따른 요리를 판매하는 산업활동을 말한다.

② **비알콜 음료점업(5622)**

접객시설을 갖추고 주스, 커피, 홍차, 생강차, 쌍화차 등을 만들어 제공하는 산업활동을 말한다.

## 2) 운영형태에 의한 분류

외식산업의 운영형태는 크게 소유경영방식, 프랜차이즈 방식, 위탁경영방식의 세 가지로 구분할 수 있다. 이러한 운영형태는 기업의 경영전략에 부합하여 결정된다.

### (1) 소유경영방식(Independent System)

소유경영방식은 프랜차이즈나 위탁경영계약 없이 기업 또는 개인이 독립적으로 경영하는 사업형태를 의미한다. 본사의 직원이 직영점을 직접 운영하므로 본사의 경영방침이 그대로 전달되며 다른 경영방식과 달리 영업의 모든 수익이 본사에 귀속되므로 수익성이 높다.

하지만 직접투자에 따른 재무위험성이 높으며 본사에서 자체적으로 자본력과 외식업을 경영할 수 있는 전문인력을 운용해야 하므로 발전속도가 느린 편이다.

### (2) 프랜차이즈 방식(Franchise System)

본사가 개인 또는 상대적으로 작은 기업에게 특정한 장소에서 일정한 기간 동안 약정된 방법으로 영업할 수 있도록 권한을 부여하여 판매활동을 하는 것을 의미한다.

외식산업에서 가맹본부와 가맹점은 기존의 마케팅 시스템뿐만 아니라 제품의 생산라인까지 관계가 있기 때문에 더욱 폭넓은 개념으로 적용된다.

외식산업에서 프랜차이징은 가맹점이 본사의 상표권 사용과 본사에서 생산되는 표준화된 상품을 판매할 권한을 부여받으며 본사의 경영관리시스템을 사용하여 매출을 증대시키고 그 대가로 가맹점은 본사에 매출액의 일정 비율을 로열티로 지불한다. 법적으로 본사와 가맹점은 서로 독립되어 있는 관계이다.

### (3) 위탁경영방식(Management Contract)

위탁경영방식은 경영능력이 부족하거나 없는 사람 또는 자산을 가진 개인이나 기업이 외식체인본부에 위탁하여 경영하게 하는 방식이다.

자산의 소유주는 외식업체 경영을 위한 토지, 건물, 시설, 집기와 운영자금을 제공하고 외식체인본부는 경영에 필요한 모든 권한을 소유주로부터 위임받아 경영하는 것이다.

소유와 경영이 완전히 분리된 경영방식이기 때문에 소유주는 외식업체의 기업경영에 직접 참여할 수 없으나 외식업체의 경영 노하우와 기존의 경영 시스템을 습득할 수 있으며 경험 있고 전문적인 외식업체 직원들의 직접적인 경영이 가능하다.

## 4. 외식업에서의 직업

근래 외식업은 전문화되어 호텔 식음료부서와 비슷한 시스템으로 운영되고 있다. 이에 주변에서 쉽게 볼 수 있는 패밀리 레스토랑에서 매니저 업무를 2~3년간 하게 되면, 호텔리어로의 이직에 있어 가산점을 주기도 한다.

### 알바하다가 공채직원된 비법은

취업이 목표인 대부분의 취준생들은 서류 통과를 위해 스펙 쌓기에 혈안이다. 그런데 많은 이들이 용돈벌이라고 생각하는 아르바이트가 대기업 입사의 열쇠가 될 수도 있다. 실제로 최근 다수의 서비스, 유통 기업들이 자사 알바생들에게 정규직의 기회를 제공하고 있어 또 다른 취업 가능성을 열어주고 있다. 29일 아르바이트 포털 알바인이 알바생들에게 정규직 전환 기회를 제공하는 기업들을 모아 소개했다.

■ SPC그룹, 서류전형 가산점 부여

'SPC그룹'의 경우 신입 공채사원의 10%는 자사 아르바이트 경험자 중에서 선발한다. 또, 아르바이트 근무경력에 따라 그룹 신입 공채지원 시 가산점 부여 등 혜택을 준다. 자사 브랜드 '파리크라상' 또는 '파리바게뜨'에서 아르바이트를 했던 경력자의 경우 포상경력이 있다면 서류전형 시 가산점을 부여하고 만약 포상경력이 3회 이상인 경우에는 서류전형 합격이다. '배스킨라빈스'와 '던킨도너츠'에서 아르바이트를 했다면 근무 기간에 따라 가산점이 주어지고, 실적에 따라 서류전형 합격 특전의 기회가 있다.

■ 맥도날드, 능력에 따른 성장 기회

'맥도날드' 역시 알바생으로 시작해서 정규직인 점장 이상까지 진급할 수 있다. '크루'라는 명칭의 시간제 사원들도 진급에 필요한 교육과정을 거치고 적합한 인재로 판단되면 매니저가 될 수 있다. 성별이나 연령에 관계 없이 자사가 제공하는 교육프로그램을 통해 많은 수의 매장을 지역별로 관리하는 지역 관리자는 물론이고 본사에서 근무할 수 있는 기회도 주어진다. 맥도날드 정직원의 40% 이상이 파트타이머 출신인 것만 보아도 매장 크루에게 얼마나 다양한 기회가 열려 있는지 알 수 있다.

■ VIPS, 스태프에서 매니저까지

패밀리레스토랑 'VIPS(빕스)'에서도 파트타임 스태프에서부터 매니저, 점장으로까지 진급할 수 있다.

일정 기간 이상 근무한 사원에게는 업무 전문가라고 할 수 있는 스페셜리스트로 진급할 수 있는 기회가 주어진다. 또한 스페셜리스트로 역량을 쌓으면 점장 추천을 통해 매니저 승격 시험에 응시할 수 있는 자격이 부여된다.

이 밖에도 역량이 우수한 사원의 경우 단기간 승격할 수 있는 '발탁승격제도'도 운영하는 등 CJ푸드빌에서는 다양한 지원을 통해 직원들의 직급에 맞는 교육을 제공하고 있어 외식업계에서 일하고자 하는 사람들에게 도움을 주고 있다. 알바인 김형선 이사는 "알바생에서 시작하여 정규직원이 된 경우, 현장 업무 능력 및 애사심도 높아 알바생에게 진급 기회를 주는 기업이 늘어나는 추세"라며 "희망하는 기업이 서비스나 유통업이라면 직접 현장에서 아르바이트부터 시작하는 것도 자신만의 경쟁력이 될 수 있다"고 덧붙였다.

출처 : 파이낸셜뉴스, 2012년 11월 29일자

# 제 09 장 국제회의업

## 1. 국제회의업의 개념 및 분류

### 1) 국제회의란

국제회의란 "국제적인 이해 사항을 토의·결정하기 위하여 여러 나라의 대표자가 모여서 여는 회의"를 말한다. 「국제회의산업 육성에 관한 법률」[2]에서는 국제기구에 가입한 기관 또는 법인·단체가 개최하는 회의는 5개국 이상이 참가하고, 총 300명 이상의 참가자 중 외국인이 100명 이상이며, 3일 이상 진행되는 회의, 그리고 국제기구에 가입하지 아니한 기관 또는 법인·단체가 개최하는 회의일 경우 외국인 150명 이상, 2일 이상 진행되는 회의로 정의하고 있다.

또한 국제기구에서 내리는 국제회의의 기준은 다음과 같다.

국제회의연합(UIA)[3]은 국제회의의 기준을 ① 국제기구 주최(후원) 회의로 ② 국제기구의 국내지부 또는 단체 주최 회의로 5개국, 참가자 300명(또는

2) 국제회의의 유치를 촉진하고 그 원활한 개최를 지원하여 국제회의산업을 육성·진흥함으로써 관광산업의 발전과 국민경제의 향상 등에 이바지함을 목적으로 한다[제정 1996.12.30. 법률 제5210호].

3) UIA(Union of International Associations)는 각종 국제기구·협회·단체의 연합기구로 매년 6월에 전년 기준 국제회의 개최 실적을 집계·발표함.

전시회 동반), 외국인 참가 비율 40%, 회의기간 3일 이상을 모두 충족하는 회의로 정의하고 있다. 국제컨벤션협회(ICCA)는 ① 최소 참가자 수 50명 이상, ② 3개국 이상의 개최지에서, 일회성으로 끝나지 않고 주기적으로 개최되는 경우를 국제회의라 정의하고 있다.

국제회의업 즉, 컨벤션 산업분야가 하나의 산업으로 가장 먼저 정착한 곳은 유럽지역이다. 국제기구 및 본부의 65%가 소재하고 있는 유럽은 전 세계 국제회의의 약 57%를 개최하는 등 세계 컨벤션산업의 중심이 되었다. 그 후 유럽에서 국제회의는 근대 국가사회의 성립과 때를 같이하여 국제사회의 평화유지를 목적으로 발전하게 되었다.

이후 상업화와 공업화의 진전으로 국제회의가 유럽지역 밖으로 파급되면서 그 규모와 기능이 점차 확대되었다. 국가 간의 회의를 통하여 서로의 발전과 복리증진 그리고 국가 간의 상호 이해를 도모할 필요성이 대두되었기 때문이다. 또한 국제동맹, 국제연합과 같은 국제적 조직이 설립되면서 그 대상국이 범세계적으로 확대되었으며, 이는 정치, 경제, 사회, 문화, 학술, 스포츠, 관광 등 전 분야에 걸쳐 이루어지게 되어 국제회의의 기능은 보다 강화되고 있다.

우리나라의 경우 1996년 「국제회의산업 육성에 관한 법률」이 제정되면서 국제회의산업이 비약적으로 발전하였다. 1998년에 「관광진흥법」을 개정하여 종전의 '국제회의용역업'을 '국제회의기획업'으로 명칭을 변경하고 '국제회의시설업'을 추가하여 '국제회의업'으로 확대하였다. 이후 국제회의업 확

대를 위해 2005년 「관광진흥법」 개정을 통하여 국제회의업에 대한 문화체육관광부장관 또는 시・도지사의 등록권한을 각각 시・도 지사 또는 시장・군수・구청장에게 이양하였다. 「관광진흥법」에서는 국제회의업을 국제회의시설업, 국제회의기획업으로 분류하고 있으며, 2011년 기준으로 국제회의기획업(PCO)은 295개, 국제회의시설업은 11개 업체가 등록되어 있다.

〈표 9-1〉 국제회의의 주체별 정의

| 주체 | 정의 |
|---|---|
| 국제회의연합<br>(UIA : Union of International Associations) | 1) 국제기구 주최 또는 후원 회의<br>2) 국제단체 또는 국제기구의 국내지부가 주최하는 회의 중 아래의 조건을 모두 만족하는 회의<br>① 참가국 수 5개국 이상<br>② 전체 참가자 수 300명 이상<br>③ 참가자 중 외국인이 40% 이상<br>④ 전체 회의기간이 3일 이상 |
| 국제컨벤션협회<br>(ICCA : International Congress & Convention Associations) | 1) 최소 참가자 수 50명 이상<br>2) 3개국 이상의 개최지에서, 일회성으로 끝나지 않고 주기적으로 개최 |
| 대한민국 국제회의산업 육성에 관한 법률 | 1) 국제기구에 가입한 기관 또는 법인・단체가 개최하는 회의<br>① 5개국 이상의 외국인이 참가<br>② 회의 참가자 수 총 300명 이상, 외국인 100명 이상<br>③ 회의기간 총 3일 이상<br>2) 국제기구에 가입하지 아니한 기관 또는 법인・단체가 개최하는 회의<br>① 회의 참가자 수 중 외국인 150명 이상<br>② 2일 이상 진행되는 회의 |
| 세계전시협회 | 1) 외국 전시출품자(exhibitor)가 전체의 20%일 것<br>2) 외국 참관객(visitor)이 전체의 4% 이상일 것<br>3) 외국 전시출품자의 임대면적이 전체의 20% 이상일 것 |
| 한국관광공사<br>(KTO : Korea Tourism Organization) | 국제기구 본부에서 주최하거나 국내단체가 주관하는 회의 중 참가국이 3개국 이상이고, 회의기간은 2일 이상이며, 외국인 참가자 수가 10명 이상인 회의 |

문화체육관광부는 2006년 5월 '국제회의산업육성기본계획'을 수립하여 국제회의산업의 육성을 위한 20대 과제를 도출하고, 2007년 본격적인 과제 시행을 추진하였다. 20대 과제 중 하나로 한국관광공사가 실시한 '유망 국제회의 선정 및 유치활동 지원' 사업을 통해 '2020 국제방사선방호협회 총회', '2016 세계수산회의' 등 대형 유망 회의 유치에 성공하였으며, 국제회의업의 성장 기회를 제공하는 한편 한국주도 회의의 사무국 설립을 통해 '세계지식포럼', '서울디지털포럼' 등과 같은 회의가 지속적으로 성장할 수 있는 환경을 조성하였다.

또한 2010~2012 한국방문의 해 마지막 연도인 2012년에는 관광과 MICE 산업의 시너지 효과를 제고하고자 2012 Korea Convention Year를 선언하여 우리나라 국제회의산업을 한 단계 발전시키고자 하였다. 특히 2012년에 국제회의연합(UIA)에서 발표한 '2011 국제회의 통계'에서 한국이 세계 6위라는 신기록을 달성함으로써 국가적 위상이 제고되었다.

역사적으로 회의, 컨벤션, 전시산업은 전반적으로 환대산업(Hospitality Industry)의 변화를 그대로 반영해왔다. 환대산업의 지출이 증가하면서 회의, 컨벤션 그리고 전시산업도 크게 성장하였고, 지난 30여 년 동안 환대산업의 성장과 함께 회의, 컨벤션, 전시의 중요성도 크게 바뀌고 있다.

**MICE산업이란?**

회의(Meeting), 포상관광(Incentives), 컨벤션(Convention), 전시회(Exhibition)의 머리글자를 딴 용어로, 폭넓게 정의한 전시·박람회와 산업을 말한다. 좁은 의미에서 국제회의를 뜻하는 '컨벤션'이 회의, 관광, 전시·박람회 이벤트 등 복합적인 산업으로 해석되면서 생겨난 개념으로 '비즈니스 관광(BT)'이라고도 불린다.

MICE산업은 기업을 대상으로 한다는 점에서 일반 관광산업과 다르다. 즉 기존 관광이 B2C(Business-to-consumer)라면 MICE산업은 B2B(Business-to-Business)여서 기업대상이라는 점 때문에 MICE산업 부가가치는 일반 관광산업보다 훨씬 높은 것으로 알려져 있다.

## 2) 국제회의의 종류

국제회의를 보통 컨벤션이라 부르고 있으나, '국제적으로 개최되는 회의'를 의미하는 용어는 컨퍼런스, 콩그레스, 심포지엄, 포럼 등으로 다양하다. 각각의 용어들은 <표 9-2>와 같이 회의의 특정 성격을 반영하고 있으나, 흔히 혼용하여 사용되고 있다. 클리닉의 경우 다른 용어들에 비해 의사들 간의 회의로 특정되는 등 고유의 뜻에 맞게 사용되고 있는 것으로 판단되며, 워크숍의 경우 일반 직장인의 MT 등으로 오용되는 경향이 있다.

**〈표 9-2〉 국제회의의 종류**

| 종류 | 정의 |
|---|---|
| 컨벤션 Convention | 사업과 참석자들 간의 사회적 교류를 모두 포괄하는 이중적 회합 |
| 심포지엄 Symposium | 특정한 문제에 대하여 두 사람 이상의 전문가가 서로 다른 각도에서 의견을 발표하고 참석자의 질문에 답하는 형식의 토론회 |
| 콩그레스 Congress | 특히 유럽에서 대규모 국제회의를 설명할 때 주로 사용 |
| 어셈블리 Assembly | 입법부의 협의와 입법 등을 위해 모인 사람들의 회의 |
| 컨퍼런스 Conference | 공식적인 의결의 상호교환, 즉 일반적인 관심사의 문제를 논의하기 위한 토론을 위해 2명 내지 그 이상이 회합 |
| 포럼 Forum | 제시된 한 가지 주제에 대해 상반된 견해를 가진 동일 분야의 전문가들이 사회자의 주관하에 공개 토론하는 형식의 회의 |
| 세미나 Seminar | 전문적인 분야에서 특정주제의 지식습득을 위해 경험과 지식을 연구하여 발표하거나 토론을 통해 공동으로 연구하는 형식의 회의 |
| 미팅 Meeting | 사전에 결정된 목표 또는 목적을 달성키 위해 동일한 관심을 가진 사람들이 의견을 교환하기 위한 모임 |
| 워크숍 Workshop | 문제해결 노력의 일환으로 참여를 강조하고, 주어진 분야의 소규모 집단을 대상으로 한 단기간의 교육적 프로그램 |
| 클리닉 Clinic | 특정분야의 지식과 기술을 습득시키고 교육시키며, 문제해결을 위한 분석을 위해 마련된 소규모 모임 |

출처 : 국립국어원(2012), 동아새국어사전

또한 보다 포괄적인 개념의 컨벤션과 의미 구분이 애매한 전시회와 박람회가 있는데 그 차이는 다음과 같다.

전시회(exhibition)란 일반대중에게는 허용되지 않으며, 거래 전문가들이 전시부스를 통해 자사의 상품을 전시하고, 관심 있는 업체와 거래하는 형태의 행사를 말한다(컨벤션산업협회[4], 2001). 무역, 산업, 교육 분야 혹은 상품 및 서비스 판매업자들의 대규모 상품진열을 의미하는 것으로 회의를 수반하는 경우도 있다. Trade Show라고도 하며 유럽에서는 주로 Trade Fare라는 용어를 사용하기도 한다. 세계전시연합[5](UFI)은 국제 전시의 기준을 외국인 전시출품자(exhibitor)가 전체의 20%일 것, 외국 참관객(visitor)이 전체의 4% 이상일 것, 외국 전시출품자의 임대면적이 전체의 20% 이상일 것을 그 기준으로 삼고 있다. 국내 유명 전시회로는 한국전시산업전, e스포츠관련 전시회인 G-star, 서울국제식품산업전, 서울국제유아교육전 등이 있다. 널리 알려진 서울결혼박람회, 웨딩박람회 등은 박람회란 용어를 쓰고 있지만, 학술적인 분류상으로는 전시회라 볼 수 있다. 산업적인 관점에서 특정상품이나 서비스를 전문 전시 컨벤션 센터와 같은 제한된 어떤 장소에서 일정기간 동안 공급자로서 참가하는 참가업체와 수요자로서 참가하는 참가자 상호의 목적을 달성하기 위한 경제적 활동(신재기, 2004)이란 협의의 개념의 전시회라 할 수 있기 때문이다.

박람회(exposition)란 일반 대중의 교육과 계몽을 주된 목적으로 인간생활의 발전사와 미래상을 제시하여 새로운 발전을 추구하는 행사(국제박람회기구, 1928)를 말한다. 특정 기간 동안 특정 장소에 모여 문화・예술・경제・산업・과학 등을 주제로 전시를 통해 관람객들에게 볼거리를 제공하는 행사로 만국박람회, 세계박람회, 국제종합박람회 등 여러 가지 명칭이 있다. 외

4) 컨벤션산업협회(CIC : Convention Industry Council)는 회의와 전시산업에 관련된 모든 정보를 수집・관리・배포하기 위해 설립된 기구이다.

5) 세계전시연합(UFI : Union des Foires Internationals)은 프랑스 파리에 본부를 두고 전 세계 84개국 537개의 회원사가 있는 국제기구로, 국제전시에 자격을 부여하고 있다.

국어 명칭도 exhibition, fair, great exhibition, exposition universelle, world fair, world exposition, Expo 등으로 다양하다. 국내에서는 국제박람회기구(BIE : Bureau International des Expositions)의 공인을 통해 개최된 1993년 대전세계박람회(Daejeon Expo 1993)와 이후 19년 만에 우리나라에서 개최된 두 번째 인정박람회인 2012년 여수세계박람회(International Exposition Yeosu Korea 2012)가 있다.

국제박람회기구란 국제박람회(엑스포)의 원활한 개최 추진, 주최국과 참가국 사이의 갈등 조정, 주최국과 참가국의 의무와 권리 규정 등을 목적으로 하는 세계기구이다. 박람회 개최지를 결정하고 개최 및 참가에 따른 각종 기준을 설정하여 박람회의 질적인 면을 보장하는 역할을 수행한다. 1928년 11월 22일 파리회의에서 31개국 대표들이 국제박람회 개최주기를 조정하고 개최국과 참가국 간의 권한과 의무를 규정하는 제1차 협약을 갖고 국제박람회기구를 발족하였으며 우리나라는 1987년에 가입하였다.

## 3) 국제회의의 구성

국제회의의 구성요소는 회의주최, 참가자, 개최장소의 3가지 요인으로 보거나, 컨벤션에이전시, 컨벤션기획자, 참가자로 구분하기도 하며, 단체, 개최시설, 서비스제공자, 전시자, 컨벤션뷰로 등으로 보는 등 다양한 견해가 있다. 하지만 이는 국제회의를 구성하는 중요한 요소일 뿐, 국제회의를 구성하는 전반을 포함하고 있지는 못하다. 이에 국제회의의 구성요소를 보다 포괄적인 관점에서 파악하고자 [그림 9-1]과 같이 3대 요인 5가지 요소로 구분하고자 한다. 즉 3대 요인 회의주최(Host), 참가자(Attendees), 개최장소(Host Venues)와 이들을 구성하는 개최주체, 운영주체, 컨벤션 전담기구, 기업/기업/단체, 지역/시설 요소가 그것이다. 국제회의가 개최되기 위해서는 회의기획 및 전시, 운영 서비스를 위한 업체뿐만 아니라 호텔, 식음료서비스, 영상음향, 교통서비스, 관련 시설 및 단체 등이 서로 연관되어야 하기 때문에 모든 구성요소가 중요하다. 3대 요인인 회의주최, 참가자, 개최장소 간의 상호의존도는 때로는 계량화하여 중요도를 이야기하기도 하지만, 기능상 구분이 있을 어떠한 한 요소라도 없다면 국제회의는 개최되기 어렵다.

| 회의주최(Host) | 참가자(Attendees) | 개최장소<br>(Host Venues) |
|---|---|---|
| ① 개최주체(Sponsor)<br>② 운영주체(Organizer)<br>③ 컨벤션 전담기구<br>(CVB) | ④ 개인/기업/단체 | ⑤ 지역/시설 |

[그림 9-1] 국제회의의 구성요소

## (1) 회의주최

### ① 개최주체

개최주체는 기본적으로 회의의 주제와 개최일정 등을 가지고 있어야 하며, 참가자들이 회의에 보다 많이 참여할 수 있도록 각종 홍보활동을 하는 주체의 역할을 한다.

국제회의의 개최주체는 회의의 주제나 성격에 따라 기업이나 협회, 정부, 종교단체, 학술단체, 예술단체, 관광단체, 사회기구 등으로 매우 다양하다. 이러한 개최주체들은 공동의 관심과 목적을 가지고 회의를 개최하게 되며, 박람회 운영자의 역할을 동시에 하기도 하나, 보통 운영 주체에게 위임하여 국제회의를 개최하게 된다. 이에 영어식 표현으로 sponsored by로 표현된다.

### ② 운영주체

운영주체는 국제회의 개최주체를 대신하여 혹은 공동으로 회의 참가자들, 그리고 개최지 및 개최시설 관계자들과 유기적으로 관계 맺는 역할을 한다.

최근 국제회의의 운영주체는 컨벤션산업의 성장과 더불어 생겨난 직업인 국제회의(컨벤션) 기획사라고 할 수 있다. 국제회의의 개최를 위해서는 고도의 전문성이 요구되며, 국제회의에 관한 종합적인 식견을 지닌 전문인력이 필요하다. 때문에 국제회의 개최주체는 국제회의기획사 또는 전문 국제회의 기획업체(PCO : Professional Convention Organizer)를 통해 국제회의를 운영하게 된다. PCO는 통・번역업, 여행사, 인쇄업, 장식 및 간판업, 사진/슬라이드/비디오업, 기념품 제조업, 경호업, 기타 관련 서비스업의 역할을 대행한다.

운영주체는 회의가 개최되는 시설에서 국제회의기획사가 요구하는 장비와 서비스를 제공하며, 회의가 개최되는 도시의 다양한 업체들과 국제회의 개최를 위한 업무를 수행하게 된다.

### ③ 컨벤션 전담기구(CVB)

컨벤션 전담기구(Convention and Visitors Bureau)는 해당 도시나 지역을 대표하여 사업상의 혹은 기타 목적을 가진 방문객의 유치 및 관련 서비스를 제공하는 비영리조직이라고 할 수 있다. 국제회의가 개최되는 해당 도시의 모든 것을 마케팅하는 전담기구로서 컨벤션 전담기구는 컨벤션 시장의 핵심적 구성요소라고 할 수 있다. 개최지의 광범위한 홍보를 통하여 국제회의 및 관광객을 그 지역으로 유치하는 것이 주목적으로, 방문객과 해당 도시 내 컨벤션산업 간의 가교역할을 하게 된다. 국제회의의 모든 영역, 전시, 인센티브 여행, 이벤트 등의 유치 및 개최지원, 홍보, 마케팅을 통해 개최지의 이미지를 형성하여 도시를 브랜딩하는 역할을 한다.

국내의 경우 한국관광공사 코리아컨벤션뷰로를 시작으로 서울의 서울관광개발마케팅주식회사, 광주관광컨벤션뷰로, 대구컨벤션뷰로, 대전컨벤션뷰로, 부산컨벤션뷰로, 인천관광공사, 제주컨벤션뷰로 등이 있다. 이들은 국제회의 유치・개최 지원사업, 국내외 컨벤션 유치 마케팅, 컨벤션산업 육성 및 전문인력 양성 등의 사업을 추진하고 있다.

| 컨벤션뷰로의 주요 추진사업 | | |
|---|---|---|
| **국제회의 유치・개최 지원 사업**<br>- 유치제안서 및 PT 제작<br>- 현장 실사 지원<br>- 인센티브 지원<br>- 참가자 편의제공<br>- 사전홍보활동 지원 | **국내외 컨벤션 유치 마케팅**<br>- 신규국제회의 시장개발<br>- 국제회의 유치 마케팅활동<br>- 국내외 국제회의 관련 기구 활동<br>- 국내외 컨벤션관련 박람회 참가 및 홍보활동 | **컨벤션산업 육성 및 전문인력 양성**<br>- 컨벤션 실무교육 실시<br>- 컨벤션자원봉사단 운영<br>- 컨벤션 실무협의회 구성・활동 |

### (2) 참가자

참가자들은 회의 참가를 통해 전문지식이나 유용한 정보를 습득, 교환을 원하는 개인, 기업, 단체 등이 그 대상이다. 국제회의 참가자들은 회의 참석의 주목적 외에 사교활동과 개최지의 오락시설, 관광, 유흥 등을 즐기기 때문에, 숙박, 식음료, 교통비 지출 등의 지출규모가 일반 관광객들에 비해 높은 것으로 알려져 있다.

최근 국제회의 참가자 유치 경쟁이 심해지면서 컨벤션도 본격적인 서비스 품질 경쟁의 양상을 보이고 있다. 따라서 개최주체는 물론, 운영주체나 컨벤션 전담기구에서는 일반 참가자가 어떤 서비스 품질 요인을 중요시하며, 구체적인 컨벤션 서비스에 대해 어떻게 인식하고 있는지, 그리고 향후 컨벤션 참가자의 의도에 미치는 영향 등을 파악하고자 노력하고 있다.

### (3) 개최장소

개최장소는 국제회의를 수용하는 지역과 사용되는 모든 시설을 의미한다. 국제회의를 전문적으로 개최할 수 있는 컨벤션센터, 호텔뿐만 아니라 크루즈, 대학 등으로 다양하다. 과거에는 회의장과 객실, 음식만 갖춰지면 국제회의 개최에 필요한 기능을 가지고 있는 것으로 판단하였으나, 오늘날 개최시설은 국제회의 전반의 기획과 실행에 필요한 모든 공간 즉 회의장, 전시장, 만찬장, 운영 및 기획을 위한 사무공간, 기타 휴게시설 등을 갖추고 있는 전문 컨벤션센터들이 생겼다. 또한, 호텔업계의 경우 컨벤션의 중요성과 경제적 파급효과를 인식하고, 1950년부터 컨벤션과 전시가 가능한 전문적인 시설을 갖춘 컨벤션호텔이 등장하였다.

## 4) 국제회의의 개최효과

### (1) 경제적 측면

국제회의는 개최국의 소득향상효과, 고용효과, 세수 증대 및 국제수지의 개선 등 전반적인 경제활성화에 기여하게 된다. 특정지역에 국제회의가 개최되면 관광 비수기의 타개, 대량 관광객 유치 및 양질의 관광객 유치가 가능하다. 즉 국제회의는 참가자들이 해당국의 정치, 경제, 과학, 기술, 문화 등 관련 분야의 전문가들로서 일반 관광객들에 비해 장기간 체재하면서 회의기간 중 또는 그 전후 관광을 통해 국내 관광과 쇼핑 등을 하게 된다. 또한 교통, 항공, 숙박, 유흥업, 관광 등 관련 사업을 함께 이용함으로써 파급효과가 높은 것으로 알려져 있다.

### (2) 사회문화적 측면

국제회의는 외국과의 직접적인 교류를 통해 지식·정보의 교환, 참가자와 개최국 시민 간의 접촉을 통한 시민의 국제의식 함양 등 국제화·세계화의 중요한 수단이 될 수 있다.

또한 국제회의의 유치, 기회, 운영의 반복은 개최지의 기반시설뿐만 아니라 다양한 기능을 향상시키며 개최국의 이미지 향상, 국제사회에서의 위상 확립 등 개최국의 지명도 향상 및 국제경쟁력 제고에도 이바지한다. 또한 지방으로의 국제회의 분산 개최는 지방의 국제화·세계화의 지역 균형발전에도 기여하게 된다.

### (3) 정치적 측면

국제회의에는 여러 나라의 대표들이 참여하므로 국가홍보에 기여하는 바가 크며, 회원 자격으로 참가하는 미수교국 대표와 교류 기반을 조성할 수 있어 국가 외교 면에서도 커다란 기여를 한다. 또한 국제회의 참가자는 대부분 해당 분야의 영향력 있는 인사들이므로 민간외교 차원에서도 그 파급효과가 크며 한국의 평화통일 외교정책 구현에도 공헌하게 된다.

## 2. 국제회의 개최현황

국제협회연합(UIA)에서 발표한 '2011 국제회의 개최 통계'에 따르면 2011년 국제회의 개최건수는 10,743건으로 전년대비 7.2% 감소하였다. 이는 국제회의 개최 통계가 시작된 2000년 9,433건에서 13.9% 증가한 수치로 컨벤션산업이 급성장할 것이라는 전망과는 달리 완만한 성장세를 보이고 있다.

〈표 9-3〉 세계 국제회의 개최건수

| | 2000 | 2001 | 2002 | 2003 | 2004 | 2005 | 2006 | 2007 | 2008 | 2009 | 2010 | 2011 |
|---|---|---|---|---|---|---|---|---|---|---|---|---|
| 개최건수 | 9,433 | 9,259 | 9,214 | 9,445 | 9,160 | 8,953 | 8,871 | 10,318 | 11,085 | 11,503 | 11,519 | 10,743 |
| 증감률(%) | - | -1.9 | -1.5 | 3.5 | -3.0 | -2.3 | -0.9 | 16.3 | 7.4 | 3.8 | 0.1 | -7.2 |

출처 : 국제협회연합(2012), 2011 국제회의 개최 통계

세계 1위는 싱가포르로 919건을 개최한 것으로 나타났으며, 미국 936건, 일본 741건, 프랑스 686건 순이다. 아시아에서는 싱가포르, 북미지역에서는 미국, 유럽에서는 프랑스가 국제회의 산업의 선두를 달리고 있다.

한국의 경우 전년(8위, 464건) 대비 2단계 상승한 6위로 부상, 세계 5위권에 근접했다.

〈표 9-4〉 2011년 세계 국제회의 개최현황

| 순위 | 국가명 | 개최건수 | | 순위 | 도시명 | 개최건수 | |
|---|---|---|---|---|---|---|---|
| | | 2011년 | 2010년 | | | 2011년 | 2010년 |
| 1 | 싱가포르 | 919 | 725 | 1 | 싱가포르 | 919 | 725 |
| 2 | 미 국 | 744 | 936 | 2 | 브 뤼 셀 | 464 | 486 |
| 3 | 일 본 | 598 | 741 | 3 | 파 리 | 336 | 394 |
| 4 | 프 랑 스 | 557 | 686 | 4 | 빈 | 286 | 257 |
| 5 | 벨 기 에 | 533 | 597 | 5 | 서 울 | 232 | 201 |
| 6 | 대한민국 | 469 | 464 | 6 | 부다페스트 | 168 | 144 |
| 7 | 독 일 | 421 | 499 | 7 | 도 쿄 | 153 | 190 |
| 8 | 오스트리아 | 390 | 362 | 8 | 바르셀로나 | 150 | 193 |
| 9 | 스 페 인 | 386 | 572 | 9 | 베 를 린 | 149 | 165 |
| 10 | 호 주 | 329 | 356 | 10 | 제 네 바 | 121 | 189 |

출처 : 국제협회연합(2012), 2011 국제회의 개최 통계

국내 국제회의 개최건수를 살펴보면 2000년 109건에서 시작하여, 2011년 469건으로 약 3배가량 증가하였다. 세계 순위는 24위에서 6위로, 아시아 순위는 4위에서 3위를 차지하고 있다.

〈표 9-5〉 연도별 국제회의 개최현황

| | 2000 | 2001 | 2002 | 2003 | 2004 | 2005 | 2006 | 2007 | 2008 | 2009 | 2010 | 2011 |
|---|---|---|---|---|---|---|---|---|---|---|---|---|
| 개최건수 | 109 | 134 | 123 | 160 | 140 | 206 | 243 | 268 | 293 | 347 | 464 | 469 |
| 세계 순위 | 24 | 18 | 18 | 26 | 21 | 16 | 16 | 15 | 12 | 11 | 8 | 6 |
| 아시아 순위 | 4 | 3 | 4 | 4 | 4 | 4 | 3 | 3 | 3 | 3 | 3 | 3 |

출처 : 국제협회연합(2012), 2011 국제회의 개최 통계

## 3. 국내외 컨벤션센터

### 1) 국내 컨벤션센터

국내 컨벤션센터는 1988년 서울 삼성동 COEX를 시작으로 전국에 운영 중인 대형 컨벤션센터는 11곳에 이른다. 1996년 「국제회의산업 육성에 관한 법」 제정 이후 권역별 컨벤션센터 건립이 본격화되었다. 2000년 ASEM회의 개최를 계기로 세계 정상들이 참여하는 회의를 수용할 수 있는 컨벤션센터 건립의 필요성이 제기되었고, 서울, 부산, 제주 등 지방 도시들이 유치 경쟁에 참여하면서 대구 EXCO, 부산 BEXCO, 서귀포 ICC JEJU, 고양 KINTEX, 창원 CECO, 광주 김대중컨벤션센터 등이 잇따라 들어섰다. 현재 서울, 대구, 경기 3곳에서 기존 컨벤션시설의 확장을 추진 중이다.

국내 최초로 설립된 COEX는 교통과 통신, 첨단 비즈니스 인프라를 두루 갖춘 글로벌 비즈니스의 메카이자 아시아 최고의 전시 · 문화 · 관광의 명소로서, 국제 무역과 문화 교류의 장을 마련할 목적으로 1979년 3월 개관한 한국 최대의 종합 전시관이다. 총 36,364㎡ 규모로, 지상 4층, 지하 4층으로 이루어져 있으며, 12개의 전문 전시실과 7,000명을 동시에 수용할 수 있는 컨벤션홀을 비롯해 61개의 회의실을 갖추고 있다. 또 국제 비즈니스를 위한 종합적인 지원체제를 갖추고 연간 150여 회의 전문 전시회, 각종 국제회의와 이벤트를 개최하고 있다.

주요 시설은 크게 전시장과 컨벤션센터 회의실로 구분되며, 전시실은 다시 태평양홀 · 대서양홀 · 인도양홀 · 컨벤션홀로 세분된다. 태평양홀은 전시장 1층에 있으며, 520개의 부스를 갖추고 있다. 대서양홀은 전시장 3층에 있으며, 규모나 용도는 태평양홀과 같고, 5,500명을 동시에 수용할 수 있다. 인도양홀은 컨벤션센터 1층에 있으며, 360개의 전시부스를 갖추고 있다. 컨벤션홀은 컨벤션센터 3층에 있으며, 국제회의 · 공연행사 공간인 올림피아홀, 회의 · 세미나 · 심포지엄 · 이벤트 행사장인 컨퍼런스센터와 그랜드 컨퍼런스룸이 있다.

컨벤션센터 회의실은 그랜드볼룸 · 아셈홀 · 오디토리엄으로 세분된다. 그랜드볼룸은 1,817㎡로 1층에 있으며, 국제회의 · 연회 · 패션쇼 및 각종 이벤트 등

〈표 9-6〉 국내 컨벤션센터 현황

| 명칭 | 개관 연도 | 개요 |
|---|---|---|
| 한국 종합전시관 (COEX) | 1988년 8월 | 한국 상품의 수출, 국제무역 관련 서비스 제공 무역상담과 각종 추천업무, 각종 국내외 전시회·국제회의 개최 |
| 부산국제 컨벤션센터 (Bexco) | 1995년 12월 | 수도권에 집중되어 있는 전시회 및 국제회의의 부산 개최를 통한 부산·경남 지역의 국제화·산업화·정보화가 목적 |
| 서울무역전시 컨벤션센터 (SETEC) | 1999년 5월 | 개장 당시 서울무역전시장으로 KOTRA(당시 이름은 대한무역투자진흥공사)가 건설 주체였으나, 현재 서울시 출연기관인 서울산업통상진흥원(SBA) 소유의 시설 |
| 대구전시 컨벤션센터 (EXCO) | 2000년 12월 | 지역 전시회 및 박람회의 메카 육성, 지역 중소기업 지원, 지역경제 활성화를 위해 전시회·박람회 개최, 중소기업지원센터 및 전문 쇼핑몰 운영 |
| 농업무역 센터 (aTCenter) | 2002년 11월 | 준정부기관 한국농수산식품유통공사 부속의 종합 전시 컨벤션센터. 'aT'는 '농업(agro)'과 '무역(trade)'의 첫 글자, 개관 당시에는 '농수산물무역진흥센터'라고 불렸으나 다목적 전시행사 및 무역 비즈니스 개최지원 등에 따라 현재의 명칭으로 변경 |
| 제주국제 컨벤션센터 (ICC JEJU) | 2003년 3월 | 국제회의 전문시설이자 강연회·연회·이벤트·전시회·공연 등을 열 수 있는 복합공간 |
| 한국 국제전시장 (KINTEX) | 2005년 4월 | 한국 전시·컨벤션 산업의 국제화, 세계적 수준의 전시회와 컨벤션 유치를 통한 국내외 일류 기업들의 무역 마케팅의 장으로 활용, 국내외 각종 전시회 및 회의 개최, 전시장 및 컨벤션시설 임대 |
| 광주김대중 컨벤션센터 | 2005년 9월 | 각종 전시회·국제회의·이벤트 개최 등을 통한 호남권 경제 활성화를 위해 국제 규모의 전시회·박람회·회의·세미나 개최, 시설 임대사업 실시 |
| 창원 전시 컨벤션센터 (CECO) | 2005년 9월 | 경상남도는 기계·조선·항공·로봇 등 우수한 첨단사업 환경을 갖추고 있어 이와 관련한 산업 전시회 및 국제회의의 개최 필요성에 의해 건설 |
| 대전 컨벤션센터 (DCC) | 2008년 4월 | 1993년 대전엑스포 개최 공간의 활용방안으로 건립되어 대전 컨벤션 뷰로가 운영 |
| 송도컨벤시아 (Convensia) | 2008년 10월 | 송도 국제도시를 대표하는 국제비즈니스 인프라로서 뛰어난 접근성과 최첨단시설을 갖춘 컨벤션센터 |

이 열린다. 2,000명을 수용할 수 있고, 5개 실로 분할이 가능하다. 아셈(ASEM)홀은 2층에 있으며, 국가정상・고위급 회의, 소규모 국제회의실로서, 최대 16개 언어의 동시통역이 가능하다. 40석 규모의 원형회의실이며, 아셈홀 회의실과 라운지를 별도로 갖추고 있다. 오디토리엄 역시 3층에 있으며, 용도는 그랜드볼룸과 같지만, 영화・콘서트・시상식 등이 첨가된다. 1,048석을 갖춘 극장식 회의장으로, 오디토리엄 회의실이 3층과 4층에 별도로 마련되어 있다.

2000년 10월 제3차 아시아유럽정상회의(ASEM) 개최를 비롯해 노벨평화상 100년전, 대한민국섬유・의류교역전, 서울국제도서전, 만국우편연합 서울총회, 세계광고대회, 인터폴 서울총회, 세계무역센터협회 총회, 세계식품과학기술대회, 경제협력개발기구(OECD) 국제워크숍 등 각종 전시회, 국제회의 등을 개최하였다.

## 2) 해외 컨벤션센터

### (1) 매코믹 플레이스(McCormick Place)

미국 시카고에 있는 북미 최고의 시설과 규모를 갖춘 대형 복합 박람회장으로 레이크사이드센터(Lakeside Center, 1971), 노스빌딩(North Building, 1986), 사우스빌딩(South Building, 1997), 웨스트빌딩(West Building, 2007)과 상호 연결된 4개의 빌딩으로 이루어져 있다. 건물의 이름은 「시카고 트리뷴[6] (Chicago Tribune)」의 발행인이자 편집장으로 세계적인 컨벤션센터의 건립에 지대한 영향을 끼친 로버트 매코믹(Robert R. McCormick)의 이름에서 유래했다. 최초의 건물은 1967년 화재로 손실되어, 1971년에 새롭게 건축되어 현재 레이크사이드센터로 불린다.

2007년 웨스트빌딩이 새롭게 완성되면서 총면적 25만$m^2$, 175개의 회의실, 2개의 연회장, 약 5천 석의 극장, 식당, 상점을 비롯한 편의시설 등 다양한 시설을 갖추고 있다. 현재 주정부 산하 운영기구인 MPEA(Metropolitan Pier

6) 미국 시카고에서 발행되는 일간신문으로, 미국의 10대 신문 중 하나이다.

and Exposition Authority)가 소유와 관리・운영을 하고 있다. 국제적인 회의와 시사회 등 다양한 행사의 개최는 시카고시 경제의 원동력이 되고 있다.

1901년에 개최된 시카고 모터쇼(Chicago Auto Show)의 경우 규모 면에서는 세계 5대 모터쇼(디트로이트모터쇼, 프랑크푸르트모터쇼, 제네바모터쇼, 파리모터쇼, 도쿄모터쇼)에는 못 미치지만, 역사만 100년이 넘는 전통적인 행사로 알려져 있다.

출처 : 매코믹 플레이스 홈페이지(http://www.mccormickplace.com)

매코믹 플레이스 전경

### (2) 밴쿠버컨벤션센터(Vancouver Convention and Exhibition Centre)

2009년에 개장한 밴쿠버컨벤션센터는 밴쿠버가 자랑하는 랜드마크 중의 하나로 태평양이 내다보이는 콜 해안(Coal harbour)과 바로 접해 있으며, 뒤로는 웅장한 만년설의 산맥을 배경으로 최고의 전망을 자랑한다.

전체 부지가 31,665m$^2$를 넘는 대규모 국제회의장으로 건물의 60%는 육지에, 40%는 물 위에 지어졌다. 5층으로 지어진 컨벤션센터의 지붕은 40만 종의 식물들이 자라는 정원으로 이루어져 있다. 또한 밴쿠버를 상징하는 건물 중 하나인 캐나다 플레이스(Canada Place)와 함께 자리하고 있다. 기존에 컨벤션센터로 쓰였던 캐나다 플레이스는 1986년 밴쿠버 엑스포 개최 당시 건립되어 컨벤션센터로의 기능을 소화하다 2010년 동계올림픽 기간에는 프레스센터로 사용되었으며, 이후 크루즈터미널과 팬퍼시픽호텔, 아이맥스 영화관 등으로 활용되고 있다.

2002년과 2008년 2회에 걸쳐 AIPC[7](Association Internationale des Palais de Congres)에서 수여하는 '세계 최고의 컨벤션센터(World's Best Conference Centre Apex Award)'상을 수상하였다. 또한 우수한 친환경시스템으로 인해 컨벤션센터 최초로 친환경 건물 인증인 LEED(Leadership in Energy and Environmental Design)를 획득하였으며, 북미에 위치한 최대 규모의 살아 있는 지붕을 갖춘 건물로 불리고 있다.

출처 : 밴쿠버컨벤션센터 홈페이지(http://www.vancouverconventioncentre.com)

**밴쿠버컨벤션센터 전경**

## 4. 국제회의전문가의 역할 및 특징

국제회의전문가(컨벤션기획사, Meeting Planner Convention Organizer)란 국제회의 유치, 기획, 준비, 진행 등 제반 업무를 조정하는 사람으로 회의목표 설정, 예산관리, 회의등록, 각종 프로그램 기획, 계약, 협상, 현장관리, 회의평가 등의 업무를 수행하는 전문가를 의미한다.

---

7) AIPC는 컨벤션 및 전시 센터의 관리자로 구성된 세계적 산업협회이다. 53개국에 가입해 있는 국제기구로 한국의 경우 2010년 코엑스가, 2012년 벡스코가 회원자격을 획득하였다. 매년 혁신상(Innovation Award)과 최고상(Apex Award) 수여를 통해 컨벤션센터의 발전을 도모하고 있다.

국제회의전문가는 컨벤션 전문 담당자(CSM : Convention Service Manager)란 이름으로, 호텔 내에서 필요에 의해 생겨난 직업이다. 이로 인해 1989년에 호텔의 컨벤션 서비스 전담자의 전문협회인 컨벤션서비스경영협회(ACOM : Association for Convention Service Management)가 설립되었고, 같은 해에 미국 노동부가 회의 및 컨벤션기획사를 새로운 직종으로 공인하게 되었다.

국제회의전문가의 유형은 조직과 단체의 성격에 따라 ① 기업단체회의 기획사(Corporate Meeting Planners), ② 전문가단체회의 기획사(Association M.P.), ③ 정부기관회의 기획사(Government M.P.), ④ 개인회의 컨설팅회사(Independent Meeting Consultants), ⑤ 전문가단체 관리회사(Association Management Companies), ⑥ 여행사(Travel Agencies)로 구분된다. 이는 개최주체의 성격에 따라 컨벤션기획사에서 준비해야 하는 일이 달라지기 때문이다.

컨벤션기획사의 업무는 컨벤션의 전 과정을 총괄하는 것으로 행사 전(기획, 준비단계, 준비완료), 행사 중(진행, 운영), 행사 후(결과보고, 평가, 완료) 업무로 나누어 볼 수 있다. 특히 행사 전의 업무가 많은 비중을 차지하는데, 짧게는 몇 개월, 길게는 몇 년까지 소요된다.

주요 업무로는 주최측 및 참가자 연락관계 담당, 국제회의 준비/기획 및 참가, 참가자 등록업무, 사교행사/각종 프로그램 기획 및 실행, 각종 문서작성, 전시장 및 전시회 참가자와 연락관계 담당, 기술부문 행사 협조, 홍보업무, 회계업무, 인력관리 등이 있다.

컨벤션기획사와 비슷한 직종은 업무 유형 및 진출 분야에 따라 국제회의기획사, 이벤트기획사, 관광기획사 등으로 나눌 수 있다. 여기서 국제회의기획사는 다시 정부회의, 협회회의, 기업회의, 독립회의기획사 등으로, 이벤트기획사 역시 전시, 박람회, 엑스포, 축제 기획사 등으로 세분화된다. 관광기획사는 여행업에서 소개한다.

### 세계의 흐름을 읽어라 – 국제회의기획사 신명호

이름만 들어도 엘리트의 냄새가 폴폴 풍기는 '국제회의기획사'라는 직업을 가진 그의 학창시절은 어땠을까?

제 고등학교 때의 모습을 돌아보면 내가 정말 하고 싶은 게 뭔지 몰라 방황하는 학생이었던 것 같아요. 하나를 눈에 띄게 잘하는 학생이 아니라 정말 하고 싶은 것도 많았고 관심 있는 것도 많았는데 그중에 정말 하고 싶은 것이 뭔지를 난 잘 몰랐던 거죠. 그래서 고민하다가 대학교 학과선택을 하면서 나는 광고를 해야겠다고 생각했어요.

학창시절 자신의 미래에 대해 많이 고민하고 방황했다는 그는 대한민국 청소년에게 이런 조언을 했다.

이 일을 하기 위해서 고등학교 때부터 준비했으면 하는 것은 따로 없어요. 그렇지만 다양하게 경험하고, 자신의 생각에 대해 밸런스를 갖는 것이 굉장히 중요한 것 같아요. 제가 어렸을 때 저희 어머니께서 해주신 말이 뭐냐면 이 세상에 사과를 좋아하는 사람이 있다면 좋아하지 않는 사람도 있다는 거였어요. 지나가듯 하신 말씀이었지만 저는 아직도 어떤 생각을 하거나 판단을 내릴 때 그 얘기를 떠올리곤 해요.

제가 만약 클래식을 좋아한다면 대중음악을 욕하고 비판하는 것이 아니라 대중음악의 역할을 찾는 거죠. 이런 생각은 제가 일을 하면서 선진국들만 대하는 것이 아니라 대부분의 경우 특히 국제기관에서 주도하는 경우는 최빈국 인사들까지 와서 그분들의 의견을 반영해야 하는데 그럴 때 많이 도움이 돼요.

우리나라의 발전이 비약적으로 이루어진 만큼 국제회의기획사라는 직업이 정식으로 등장한 지는 얼마 되지도 않았는데 그는 어떻게 이런 직업에 발을 들이게 된 것일까?

우리나라에는 2000년에 아셈 정상회의를 기점으로 해서 국제회의 주관 기관들이 많아졌어요. 예전에는 정부 주관으로 행사를 진행했었는데 2000년도에 이런저런 일이 많아지면서 민간 쪽에서 국제회의가 많아졌거든요. 언론사, 조선일보, 한국경제, HR포럼 같은 기관들이 생겼죠. 저 같은 경우는 대학교를 졸업하고 2000년도 아셈 정상회의 때 아르바이트로 진행요원을 했었는데 학과도 전혀 상관이 없었지만 참여해서 보고, 경험하니까 매력이 있더라고요. 그래서 직업으로 삼게 됐죠.

그가 매력을 느낀 이 직업은 정말 알아야 하고 해야 할 일이 많은 직업이었다. 한 개의 회의를 진행하기 위해서는 하나부터 열까지 그의 손길을 거쳐야만 했다.

국제회의를 기획한다는 건 어떤 의제가 적합할지에 대해 고민하고, 사람들이 그 회의에 관심을 가질 수 있도록 커뮤니케이션 콘셉트를 개발하는 걸 뜻해요. 또 그런 국제회의가 성공하려면 참가자 규모가 큰 부분 중의 하나이기 때문에 많은 참가자가 올 수 있도록 홍보를 해야 하죠. 각국의 인사가 왔을 때는 한국에서 지낼 수 있도록 숙소선정, 수송, 의전 등의 다양한 일도 하고요. 언론 미디어에도 긍정적으로 보도가 될 수 있고 성과가 널리 홍보될 수 있도록 관리합니다. 한마디로 국제회의를 기획한다는 건 제반 업무죠. 처음부터 끝까지 다 관리하니까요. 프로젝트에 따라 우리가 관여할 수 있는 범위는 다르지만 처음부터, 회의 진행과정, 사후관리까지 하는 경우가 보통입니다. 이 모든 것이 예전에는 국가의 국제협력과 등에서 했던 일이에요. 이렇게 일을 하면 딱 잘라서 말할 수는 없지만 2~3개월 정도 준비를 해요. 길게 준비하는 회의는 2~3년도 하죠. 이런 회의들은 어떤 대회가 열리기 전 한국에서 개최되기 전에 회의장에서 홍보를 하는 회의들이죠. 동계올림픽 개최지 발표 때 김연아 씨가 프레젠테이션 하셨잖아요? 그런 거라고 보면 돼요.

그는 매번 이런 프로젝트를 성공시켜야 하는 엄청난 부담감을 안고 있을 텐데도 죽을 만큼 힘들지만 그 안에서 만족감을 얻는다고 한다. 그렇다면 일을 하면서 가장 힘들 때와 만족감을 느낄 때는 언제일까?

가장 힘든 건 우리가 어떤 분야에 대해서만 특화되어 있는 조직이 아니다 보니까 회의를 진행할 때 다양한 분야의 지식도 알고 있어야 하고, 배치되는 인력들도 전문가 수준이어야 한다는 점이에요. 또 다자간 회의 같이 정부에서 주관하는 회의들은 미묘한 국제관계가 얽혀 있어서 그런 것들을 세세히 알아야 하는 게 조금 힘들어요. 예를 들면 중국은 대만을 정부로 인정하지 않기 때문에 대만인이 오는 회사에는 중국인이 참여하지 않는다든지 하는 것들을 미리 다 알고 있어야 하거든요. 지금 이명박 대통령이 참가하고 있는 APEC회의 같은 경우도 주의해야 할 게 많아요. 이 회의는 정식명칭이 APEC LEADERS SUMMIT인데 왜 그러냐면 APEC은 국가를 country나 nation이라 하지 않고 economic이라고 하기 때문이에요. 중국이나 대만과 같은 국제정세 간의 미묘한 관계들이 있기 때문에 회의에 참여하는 국가를 하나의 경제체로 보는 거죠. 이런 것들을 잘못하면 큰 외교문제가 될 수도 있고 회의 결과, 성과에도 문제가 될 수 있기 때문에 꼭 알아야만 합니다.

만족감을 느낄 때는 회사가 TV에 나올 때?(웃음) 기획안이 결제됐을 때요. 이건 우리끼리의 얘기인데 내가 준비했던 회의에 참석했던 인사가 TV에 나올 때도 소소한 재미를 느끼죠.

실제로 가장 크게 만족감을 느끼는 경우는 우리가 주관했던 행사에서 나온 결의문 같은 것들이 국제사회에서 인정되고 발전될 때 정말 보람 있어요. 그리고 참가자들이 돌아갈 때 "한국 대단했다." "기획사들이 정말 수고가 많았다." 뭐 이런 얘기를 해주면 굉장히 기분이 좋죠.

〈국제회의기획사는 경험으로 만들어진다〉

국제회의기획사가 10년 뒤 미래 유망직업 100위 안에 꼽히고, 사회적인 관심이 점점 높아지면서 이를 위해 준비하는 기관이나 학교들이 점차 생겨나고 있는데 실제적으로 어떤 사람들이 지원을 하는지, 또 어떤 요건을 갖춘 사람이 필요하다고 느끼는지를 물어보았다.

요즘에는 경희대나 한림대 같은 곳의 관광대학 안에 포함돼서 국제회의과가 있는 것 같더라고요. 그런 학교를 졸업해서 저희 쪽에 들어오는 친구들도 있고, 저처럼 실제 현장에서 국제회의를 보고 거기에 매력을 느껴서 오는 친구들도 있고, 이화여대나 고려대의 사회교육원을 통해 전문적으로 교육하는 과정을 듣고 관심을 갖게 되어서 지원하는 친구들도 많죠.

아직은 딱히 필수요건이라고 말할 만한 건 없지만 이 일을 하려면 요즘 국가에서 시행하는 자격증을 취득한다든지, 어학능력이 가장 중요한 것 중 하나이기 때문에 한두 개 정도의 외국어 능력이 필요할 것 같습니다. 또 이건 제 생각인데, 국제회의를 기획하기 위해 과에서 공부도 하고, 전문 교육과정도 듣는 친구들도 있지만, (그것도 물론 필요한 과정이지만) 다양한 경험을 하고 다양한 분야의 전문성을 갖고 있는 친구들이 필요하다고 생각해요. 왜냐면 우리가 하는 일이 항상 똑같은 것이 아니잖아요. 재작년에는 우리 회사에서 FAO(유엔식량농업기구)에 대한 회의를 기획했는데 어떨 때는 사막화방지에 대해서 회의를 기획하고, 어떨 때는 금융에 관해서 하고 또 어떨 때는 인권에 대해서 하기도 하고 상당히 다양한 분야의 회의들을 하거든요. 근데 이게 뭐 국제회의를 학교에서 배우고 와서 한다고 해서 어느 정도 도움은 되겠지만 되는 건 아니에요. 그래서 경험이 많은 친구들이 와서 일을 했으면 좋겠어요. 예를 들면 환경전문가라든가 금융, 경제를 전공한 친구들이라든가 저는 개인적으로 이런 친구들이 더 바람직하다고 봐요. 그래서 저는 국제회의를 전공했다고 하더라도 대학원은 어떤 특정분야로 해서 전문성을 갖추는 게 본인이나 이런 산업이 발전하기 위해서 필요하다고 생각합니다.

본인도 국제회의기획사를 준비하지 않았지만 우연한 기회를 통해 접하게 된 것처럼 그는 이 직업을 꿈꾸는 많은 학생들에게 경험의 중요성을 강조하고 있다. 그리고 또 한 가지 중요한 메시지를 남겨주었다.

요즘 청소년들은 유행을 따라가면서 좋아하는 게 거의 다 똑같잖아요. 그런데 이젠 나만의 취향을 찾아보는 것이 중요한 것 같아요. 어렸을 적의 그런 습관들이 나중에 커서 행동이나 사상의 밑바탕이 되거든요. 저 같은 경우는 어렸을 적부터 클래식을 매우 좋아했는데 이게 크니까 자산이 되더라고요. 그러니까 학창시절에 다른 친구들이 보는 것만 따라가는 게 아니라 좀 냉정하게 살펴보면서 나만의 것들을 찾는 시도를 해보는 것도 좋을 것 같아요.

출처 : 스스로넷뉴스, 2012년 10월 22일자 발췌

# 제 10 장 이벤트업

## 1. 이벤트의 개념

이벤트(event)란 사건, 행사, 중요 사건, 시합, 경기라는 의미를 지니고 있다. 대부분 기업의 마케팅 수단으로 활용되고 있어 학문적으로 명확한 개념을 정의하는 중이다. 미주지역에서는 판매촉진(sales promotion)을 위한 특별행사(special event)라는 개념으로 사용되기도 하며, 일본에서는 올림픽, 만국박람회 등 크고 작은 모든 행사를 이벤트라 칭하고 있다. 국내의 경우 콘서트, 패션쇼, 전시회, 박람회, 문화축제 등을 모두 포괄하여 사용하고 있다.

이벤트란 주어진 기간 동안 정해진 장소에 사람을 모이게 하여 사회·문화적 경험을 제공하는 행사 또는 의식으로 긍정적 참여를 위해 비일상적으로 특별히 계획된 활동이라고 할 수 있다(이경모, 2007). Gets(1989)는 이러한 이벤트 중 관광매력물의 성격을 지닌 것을 다른 것과 구분하여 '스페셜 이벤트'라 명명하고, 연간 1회 혹은 그 이하로 행해지는 등의 특성을 가지고 있다고 하였다. 관광이벤트는 단지 특정지역에 많은 수의 관광객을 불러들이는 것뿐만 아니라 여러 형태의 미디어를 통하여 그 지역 광고의 기회를 제공하므로(임상택·한규형, 2001), 관광지 마케팅에서 중요한 부분으로 인식되고 있다. 따라서 이벤트란 특정한 목적을 가지고 특정한 장소에서 특정한 대상의 사람들에게 개별적·직접적으로 자극을 체감하게 하는 활동이라고 할 수 있다.

오늘날 축제와 이벤트의 구분은 그 동기나 대상에서 상이한 성격을 가지고 있지만, 정확한 구분이 모호한 상황이다. 특정지역의 오랜 전통축제가 관광객을 유인하는 계기가 되어 지역의 홍보는 물론이며 지역의 문화적 관광자원으로서 관광수입의 원천이 되는 경우가 많다. 그리고 특정한 목적을 위한 이벤트가 지역경제 활성화를 도모하고 지역주민들의 참여 및 관광객과 지역주민의 화합을 유도하기 위해 그 지역의 전통적 축제와 융합되는 현상도 많다. 그래서 '축제의 이벤트화', '이벤트의 지역축제화'가 이루어지고 있다.

관광이벤트란 관광적 요소와 테마를 지닌 관광상품적 가치와 목적을 지닐 때 '관광'과 '이벤트'의 합성어인 '관광이벤트'라는 용어로 정의된다. 즉 관광이벤트란 이벤트의 성격이 독특하여 관광상품적 매력을 발휘함으로써 관광객을 유인할 수 있는 문화관광축제(1996년 문화관광부에서 지역의 문화축제를 관광 측면에서 집중・육성・지원한다는 취지로 사용한 용어)라고 할 수 있다. 특히 문화관광은 전통문화에 초점을 둔 관광으로 문화재나 박물관 등 주로 전통문화 유적과 과거를 소재로 한 관광을 지칭하는 경향이 강하다. 문화관광에 대한 광의의 의미는 전통문화에 국한하지 않고 현대의 생활문화예술을 포함하는 보다 다양한 문화자원을 소재로 인간의 다양한 관광욕구를 충족시키는 것을 의미한다고 할 수 있다. 따라서 문화관광축제는 문화와 관련된 축제 및 행사를 관광에 초점을 맞춰 치르는 것이라고 정의할 수 있다(정두진 외, 2001).

## 2. 이벤트의 종류

이벤트는 다양한 각도에서 분류가 가능하다. 가장 일반적인 이벤트 중심 소재에 따라 분류하면 축제이벤트, 전시・박람회 이벤트, 회의이벤트, 문화이벤트, 스포츠이벤트, 기업이벤트, 정치이벤트, 개인이벤트 등으로 구분할 수 있다.

축제이벤트는 개최기관에 따라 지역자치단체 주최 축제와 민간단체 주최 축제로, 프로그램에 따라 전통문화축제, 예술축제, 종합축제로, 개최목적에 따라 주민화합축제, 문화관광축제, 산업축제, 특수목적축제로, 자원유형에 따라 구분되어진다(이경모, 2002).

전시·박람회 이벤트는 전시목적에 따라 교역전, 견본시, 산업전시회로, 개최주기에 따라 비엔날레, 트리엔날레, 카토리엔날레로, 전시주제에 따라 구분되어진다. 박람회는 BIE 인준에 따라 인준박람회(전문박람회, 종합박람회)와 비인준박람회(국제박람회, 전국박람회, 지방박람회)로 구분되며, 행사주제별로 구분되어진다.

회의이벤트는 규모에 따라 컨벤션, 콩그레스, 컨퍼런스, 포럼, 심포지엄, 워크숍 등으로 구분되며, 개최조직, 회의주제, 개최지역에 따라 구분할 수 있다.

문화이벤트는 방송·연예, 음악, 연극, 영화, 예술 등 소재에 따라 구분되거나, 경연대회, 발표회, 콘서트 등 경쟁유무에 따라 구분된다.

이벤트

| 축제 | 전시박람회 | 회의 | 문화 | 스포츠 | 개인 |
|---|---|---|---|---|---|
| 지역축제<br>문화관광축제<br>특수목적축제<br>산업축제 | 교역전시<br>비엔날레<br>박람회<br>각종 전시회 및 박람회 | 컨벤션<br>컨퍼런스<br>포럼<br>심포지엄 | 각종 공연<br>경연대회<br>콘서트 | 각종 경기<br>체육대회 | 파티<br>축하연<br>각종 모임 |

출처 : 이경모(2002), 『이벤트학원론』을 바탕으로 재구성

[그림 10-1] 이벤트의 범위

스포츠이벤트는 상업성 유무에 따라 프로와 아마추어 스포츠 경기로, 기업이벤트는 판매촉진, 사내단합, 고객서비스냐에 따라, 정치이벤트는 전당대회, 집회, 후원회로 구분된다.

개인이벤트는 규칙적으로 반복되는 생일, 결혼기념일 등과 불규칙적으로 벌어지는 파티, 축하연, 각종 모임 등으로 구분할 수 있다.

이벤트는 규모에 따라 대형 이벤트, 축제, 소형 이벤트 등으로 구분하기도 한다(손대현, 1996).

대형 이벤트는 메가이벤트(mega event), 박람회, 전람회 등을 말한다. 메가이벤트란 스페셜 이벤트(special event)로 1회에 한하는 반복되지 않는 이벤트로 자주 시행되지 않는 이벤트를 지칭한다. 즉 일정주기를 두고 반복되는 대형행사로 4년 주기로 개최되는 올림픽, 월드컵 등의 스포츠이벤트와 2012년에 개최된 여수엑스포 등이 이에 속한다.

축제는 페스티벌(festival), 카니발(carnival), 향토축제, 민속제 등을 말한다. 페스티벌이란 사람들이 누리는 모든 문화에서 발생되는 사회적 현상, 주제가 있는 공공의 기념행사를 의미한다.

소형 이벤트는 작은 규모로 개최되는 음악제, 연극제, 영화제, 기념행사, 축하행사 등을 말한다.

또한 개최목적에 따라 관광이벤트(관광축제 등), 비즈니스이벤트, 스포츠이벤트(올림픽, 월드컵, 아시안게임 등), 교육이벤트(대입수능 등), 종교이벤트(부활절, 부처님오신 날, 라마단 등), 정치이벤트(전당대회, 선거유세 등), 지역사회의 이벤트(시민의 날 등), 개인이벤트(생일, 결혼기념일, 환갑 등) 등으로 구분하기도 한다. 이러한 이벤트는 개최목적에 따라 차이는 있지만 참가자와 호응하고 공존하며 주최자의 의도를 참가자에게 커뮤니케이션할 수 있는 최상의 미디어(매체)가 될 수 있게 해주는 촉매제로 알려져 있다. 때문에 이벤트가 지니고 있는 본질적인 기능을 적극적으로 활용한 다양한 이벤트들이 개최되고 있다.

## 3. 축제의 개념 및 특징

축제란 개인 또는 공동체에 특별한 의미가 있거나 결속력을 주는 사건 혹은 시기를 기념하여 의식을 행하는 행위를 말한다. 사전적으로 축(祝)이란 의미는 신에게 기복을 비는 것 또는 무릇 비는 행위이며, 제(祭)란 신이나 조상에게 비는 행위이다. 축제는 신에게 제사를 올리는 하나의 의식으로서 신이 인간에게 베풀어 준 모든 것에 대한 감사의 마음과 미래의 활력을 부여받기 위한 행사이다. 즉 지역 주민들의 화합과 결속의 장이라고 할 수 있다.

축제는 시기적으로 고대로부터 지역사회를 기반으로 행하여 온 전통적 축제와 1980년대 이후 정부 주도하에 이루어진 정책적 축제, 최근 지역사회 활성화와 관광의 진흥 등을 목적으로 개최되는 현대적 축제로 그 범주를 나누어 볼 수 있다. 또한 축제의 소재에 따라 문화예술축제, 관광특산축제, 전통민속축제, 관광문화축제, 자연환경축제, 주민화합축제, 음식문화축제, 농산물판촉 전시축제 등으로 구분이 가능하다(문화관광부, 2007).

또한 지역축제의 경우 관광자원을 보유하지 못한 지역에서 지역의 이미지를 제고하고, 경제적 가치를 창출하며, 관광의 부정적 영향을 최소화시키고, 지속적인 개발에 공헌하며 지역주민과 관광객의 관계를 긍정적으로 유도하는 것으로 알려져 있다.

축제개최를 통해 지역사회는 첫째, 관광상품을 저비용으로 개발할 수 있다. 둘째, 관광수입을 지역에 환원시키는 데 유리하다. 셋째, 관광객의 기호에 손쉽게 부응할 수 있으며, 넷째, 관광비수기에 타개책으로 활용할 수 있다.

# 4. 국내외 축제사례

## 1) 우리나라의 축제

우리나라의 문화관광축제는 장기적으로 수도권을 비롯한 일부 지역에 편중되어 있는 외국인 관광코스를 다변화하여 지방관광산업 발전에 일익을 담당할 뿐만 아니라, 관광객 유입으로 인한 지역경제의 활성화, 주민의 문화향수 기회확대, 지역 이미지 제고 등의 역할을 하고 있다. 이에 1995년 지방자치제도의 시작과 함께 지역축제는 경쟁적으로 개최되기 시작하였으며, 우리나라에 한 해 동안 가장 많은 축제가 집계된 것은 총 1,176개(문화관광부, 2007)이다.

문화체육관광부는 1996년 축제를 관광상품화하는 정책을 시행하면서부터 지역축제를 평가하여, 우수문화관광축제로 지정, 예산을 지원하고 있다. 1995년에 처음 2개 축제를 시작으로, 1996년 8개, 1997년 10개를 문화관광축제로 지정하여 지원하였으며 2001년에는 30개로 확대 지원하였으나, 최근 지정개수를 줄이고 있는 추세이다.

축제평가는 크게 축제전문가 참관평가, 문화관광 담당직원 참관평가, 시민단체 참관평가, 관광객 만족도 및 소비지출 설문조사, 외래 관광객 유치실적 및 축제 개선실적 등으로 구성된다. 이러한 다면평가를 통해 얻어진 평가결과를 취합하여 연말에 종합평가보고서를 발간하고 이를 해당 지자체(또는 축제추진위원회)에 전달하여 이듬해 축제를 개선하는 기초자료로 활용하도록 하고 있다. 문화관광 축제로 선정되면 해당 축제는 정부로부터 일정한 자금지원과 함께 국내외 홍보지원, 해외유명축제 연수, 관련 워크숍 참석 등의 혜택을 받게 된다.

2012년 우수문화관광축제로 지정된 축제는 다음과 같다.

- 대표축제: 강진청자문화제, 진주남강유등축제
- 최우수축제: 금산인삼축제, 김제지평선축제, 문경찻사발축제, 양양송이

축제, 천안흥타령축제, 하동야생차문화축제, 함평나비축제, 화천산천어 축제

- 우수축제: 가평자라섬재즈페스티벌, 강경젓갈축제, 광주7080충장축제, 남원춘향제, 담양대나무축제, 부산자갈치축제, 무주반딧불축제, 영동난계국악축제, 이천쌀문화축제, 진도신비의 바닷길축제, 풍기인삼축제, 춘천국제마임축제

다음은 문화관광축제로 가장 많이 지정된 축제이다.

### (1) 이철쌀문화축제

이천쌀문화축제는 1999년 '이천농업인축제'로 시작되었다. 2001년 '이천햅쌀축제'에서 2004년 '이천쌀문화축제'로 명칭을 변경, 오늘에 이르고 있다. 문화관광축제 선정은 2003~2005년 유망축제, 2006~2008년 기타 축제, 2009~2011년 우수축제로 중앙정부로부터 지원을 받고 있다.

이천시의 상징인 쌀과 농경문화의 백미인 가을걷이를 전국적인 관광축제로 승화시켰다. 들을 닮아가는 농부와 쉼을 찾아 떠나는 도시의 사람들이 하나가 되어 풍년잔치를 벌이는 축제로 풍년마당, 놀이마당, 동화마당, 농경마당, 쌀밥카페, 대공연장 등으로 축제장을 구분하여 각종 프로그램이 운영된다.

출처 : 이천쌀문화축제 홈페이지(http://www.ricefestival.or.kr/)

이천쌀문화축제

### (2) 하동야생차문화축제

하동야생차문화축제는 1996년 하동차축제로 시작되어 2012년 17회째를 맞고 있다. 문화관광축제 육성정책이 시작되던 2002년부터 2005년까지는 지역육성축제, 2006~2008년 기타 축제, 2009~2010년은 최우수축제로 선정되었다.

하동녹차축제는 하동군 화개면과 악양면 일대에서 전국의 차인들과 관광객들이 백사장에서 차를 마시며 음악을 듣는 '섬진강 달빛차회'와 한국 전통차 문화를 소개하는 '대한민국 차인(茶人) 한마당', 왕이 직접 차를 베푸는 의식을 체험하는 접빈다례(接賓茶禮) 등의 프로그램이 진행된다.

출처 : 하동야생차문화축제 홈페이지(http://festival.hadong.go.kr/)

하동야생차문화축제

### (3) 양양송이축제

양양송이축제는 1997년에 시작되어 2012년 18회째를 맞고 있다. 문화관광축제 선정은 2003~2005년 우수축제, 2006년 기타 축제, 2007~2008년 최우수축제, 2009~2011년 우수축제, 2011년 최우수축제로 선정되었다.

강원도 양양군 남대천 둔치와 설악산 화강암 토질의 송이산지에서 자연산 송이의 생태를 직접 관찰하고 채취할 수 있는 체험형 축제이다. 송이채취, 송이생태 견학, 송이동산 견학 등의 체험행사 외에 송이돌이 양초 만들기, 패다리 놓기 시연, 관노가면극 공연 등의 문화예술행사와 송이요리 만들기, 송이길 건강달리기대회 등의 프로그램이 진행된다.

출처 : 양양송이축제 홈페이지(http://song-i.yangyang.go.kr/)

양양송이축제

### (4) 함평나비대축제

1999년 함평군 곤충연구소의 설립과 함께 시작되어 살아 있는 나비와 자연을 소재로 펼치는 생태학습축제이다. 문화관광축제 선정은 2003~2004년 지역육성축제, 2005~2006년 우수축제, 2007~2009년 최우수축제로 선정되었다.

10만 평의 유채꽃과 24만 평의 자운영꽃이 수만 마리의 나비와 어울려 만들어내는 축제로 생태계의 아름다움과 소중함을 체험하는 프로그램으로 구성된다. 프로그램으로는 환경 푸른음악회, 나비 날리기, 나비 · 곤충생태관 운영, 국내외 나비 · 곤충 · 조류 표본 전시, 나비사진 전시, 나비 도예학습장 운영, 전통민속놀이, 국악공연, 환경농업체험장, 전통가축체험, 함평천지 투우대회, 환경 퀴즈대회, 꽃돼지 몰기대회 등이 있다.

출처 : 함평나비대축제 홈페이지(http://www.hampyeong.go.kr/)

함평나비대축제

### (5) 금산인삼축제

금산에 인삼산업이 발달하게 되자 1981년 삼장제를 시작으로 지역주민화합형 축제로 금산인삼제가 시작되었다. 1996년 문화관광축제 첫 지정 후 2002~2005년 우수축제, 2006~2008년 기타 축제, 2009~2011년 최우수축제로 선정되었다.

금산인삼축제의 발전과 더불어 금산인삼의 효능과 약리작용이 과학적으로 검증되면서 인삼캐기 체험여행, 건강체험관, 인삼민속촌, 인삼약초요리 만들어먹기 등의 프로그램이 있다.

출처 : 금산인삼축제 홈페이지(http://tour.geumsan.go.kr/)

금산인삼축제

### (6) 춘천마임축제

순수한 민간단체가 주도하는 축제로 말로 표현할 수 없는 '몸'이 가진 원초적 느낌을 공연과 난장, 신화로 재해석하는 1989년에 시작된 아시아 최대의 마임축제이다. 문화관광축제로는 1999~2006년 우수축제, 2007~2011년 최우수축제로 선정되었다.

국내외 극단의 공연과 도심 한복판에서의 물싸움으로 개막난장인 아! 水라장, 7시간 내내 공연을 관람할 수 있는 미친금요일, 야외에서 벌어지는 각종 퍼포먼스를 관람할 수 있는 도깨비난장, 수변공원에서의 폐막난장인 아! 우다마리의 프로그램이 있다.

출처 : 춘천마임축제 홈페이지(http://www.mimefestival.com/)

춘천마임축제

### (7) 얼음나라화천산천어축제

북한강 상류에 있는 화천군의 청정환경을 산천어와 연결하여 군의 이미지 홍보와 함께 누구나 즐길 수 있는 겨울축제로 화천군에서 기획하여 매년 열리는 축제이다. 2000년 '낭천얼음축제'로 시작하여 2003년 새로운 테마와 이름 제1회 화천산천어축제로 개최되기 시작했다. 문화관광축제로는 2004~2005년 예비축제, 2006~2007년 유망축제, 2008~2009년 우수축제, 2010~2011년 최우수축제로 선정되었다.

산천어얼음낚시대회, 창작썰매 콘테스트, 얼음축구대회, 빙상경기대회, 겨울철 레포츠 체험행사, 눈썰매타기, 얼음썰매타기, 눈던지기경기, 인간투포환경기, 빙판 인간새총, 빙판골프, 빙판골넣기, 인간컬링, 눈사람만들기대회, 산천어소망등 달기 등의 프로그램이 있다.

출처 : 얼음나라화천산천어축제 홈페이지(http://www.narafestival.com/)

얼음나라화천산천어축제

### (8) 자라섬국제재즈페스티벌

경기도 가평시 자라섬에서 2004년 처음 미국, 일본, 스웨덴, 노르웨이 등 12개국의 30여 개 팀이 참가한 것을 시작으로 해마다 초가을에 열리는 국제재즈페스티벌이다. 문화관광축제로는 2009~2010년 유망축제, 2011~2012년 우수축제로 선정되었다.

세계 최정상의 아티스트로 라인업을 구성한 공연예술축제로, 자라섬은 국제재즈페스티벌이 열리면서 수변 산책로가 조성되고 체육시설과 자연수목휴양림이 만들어지는 등 가꾸어지기 시작했다. 자라섬국제재즈콩쿠르, 재즈쇼케이스프로젝트, 가평밴드콘테스트 외의 다양한 공연 프로그램과 재즈막걸리, 재즈와인 제작 등 도농협력프리마켓 등의 프로그램이 있다.

출처 : 자라섬국제재즈페스티벌 홈페이지(http://www.jarasumjazz.com/)

자라섬국제재즈페스티벌

### (9) 보령머드축제

보령에서 생산되는 머드를 주제로 하는 관광객 체험형 이벤트로, 머드 마사지뿐 아니라 다양한 놀이를 즐길 수 있다. 1998년 7월 처음으로 축제를 개최한 이래 매년 7월 중순경에 시작된다. 이스라엘의 사해 진흙보다 품질이 더 뛰어나고, 원적외선이 다량 방출될 뿐만 아니라, 미네랄・게르마늄・벤토나이트를 함유하고 있어 피부미용에 효과가 뛰어난 것으로 알려진 머드를 주제로 하는 체험축제이다. 문화관광축제로는 2002~2005년 지역육성축제,

2006~2008년 기타 축제, 2009~2010년 대표 축제로 선정되었다.

머드게임 경연(슬라이딩 멀리하기, 미끄럼틀 오르기, 외나무다리 건너기 등), 개막축하공연, 민속 굿놀이, 머드 분장 콘테스트, 보령머드 홍보전, 축하공연, 머드마사지체험, 해상레포츠체험, 머드인간마네킹 등의 프로그램으로 구성된다.

출처 : 보령머드축제 홈페이지(http://www.mudfestival.or.kr/)

보령머드축제

### (10) 진도 신비의 바닷길축제

전라남도 진도군 고군면 회동리와 의신면 모도리 사이 2.8㎞의 바다에서 매년 음력 3월 초나 보름에 열리는 축제이다. 이때가 되면 조수간만의 차이로 바닷길이 드러나는 현상이 생기는 신비로운 현상을 1977년부터 진도군의 축제로 발전시켰다. 문화관광축제는 2006~2008년 기타 축제, 2009~2010년 우수축제로 지정되었다.

프로그램은 영등살놀이 · 바다체험행사 · 뽕할머니 축원제 등에서 강강술래와 남도들노래 · 진도아리랑 · 씻김굿 · 진도다시래기 등 국가지정 중요무형문화재와 진도만가 · 진도북놀이 등 전라남도 지정 무형문화재 공연으로 구성된다. 또한 개매기 · 조개잡이체험, 해상선박퍼레이드, 바닷길 불꽃축제, 외국인 고전놀이체험, 진돗개 묘기자랑, 강아지 달리기대회 등의 프로그램이 있다.

출처 : 진도 신비의 바닷길축제 홈페이지(http://miraclesea.jindo.go.kr/)

진도 신비의 바닷길

## 2) 세계 10대 축제

세계축제협회(IFEA:International Festival and Event Association)에서는 브라질 리우카니발, 독일 옥토버페스트, 일본 삿포로눈축제를 세계 3대 축제로 꼽고 있다. 한편 세계 10대 축제는 선정주체와 축제개최 성과에 따라 매해 각각 다르다. 이에 세계 10대 축제에 가장 많이 꼽히는 축제를 소개하였다.

### (1) 브라질 리우카니발(Rio Carnival)

리우카니발은 남아메리카를 상징하는 축제로 포르투갈에서 건너온 사람들과 노예들이 모든 기독교적 억압에서 해방되는 자유로움을 느끼기 위해 타악 연주를 하며 소규모 거리행진을 하던 것에서 시작되어, 금욕기간인 사순절을 앞둔 매년 2월(브라질의 한여름)에 닷새간 열린다. 리우카니발에서 유명한 삼바 춤 퍼레이드는 1980년대 초반에 형성되었으며, 현재는 삼바 학교(The Rio Samba Schools)에서 특색 있는 의상과 춤을 겸비하고 정기적으로 모여서 축제행렬을 준비하고 있다.

출처 : 리우카니발 홈페이지(http://www.rio-carnival.net/)

브라질 리우카니발

### (2) 독일 옥토버페스트(Oktoberfest)

독일 바이에른주 뮌헨에서 9월 말부터 10월 초까지 2주 동안 열리는 축제로, 옥토버페스트[독일어: Oktoberfest → Oktober(10월) + Fest(축제)] 또는 뮌헨 10월 맥주축제로 불린다. 1810년부터 뮌헨 서부의 테레지엔비제에서 열리며, 매년 6백만 명이 찾는 세계 최대 규모의 민속축제이다. 축제를 위해 뮌헨의 양조사들은 특별히 알코올 도수가 높은 맥주를 만들어 제공한다. 관광객 500만 명 이상이 방문하며, 소시지 20만 개 이상, 맥주 500만 리터 이상 소비되는 거대한 축제다.

출처 : 옥토버페스트 홈페이지(http://www.muenchen.de/)

독일 옥토버페스트

### (3) 일본 삿포로눈축제(Sapporo Snow Festival)

제2차 세계대전에서 패전한 아픔을 극복하고 일어선 삿포로 시민들을 위로하고, 춥고 긴 겨울을 즐겁게 보내자는 의도로 1950년 중고등학생들이 6개의 얼음조각을 오도리공원에 전시하면서 축제가 시작되었다. 매년 2월 초에 열리는 일본의 대표축제이자 최대 규모의 축제이다.

대형 눈조각이 들어서 있는 오도리행사장, 얼음이 빚어내는 환상적인 분위기에 둘러싸인 스스키노행사장, 눈장난 및 눈놀이를 즐길 수 있는 쓰도무행사장 세 곳에서 프로그램이 각각 진행된다.

출처 : 삿포로눈축제 홈페이지(http://www.snowfes.com/)

일본 삿포로눈축제

### (4) 스페인 토마토축제(La Tomatina)

에스파냐 지중해연안 발렌시아 지방의 부놀에서 1944년 토마토 가격이 크게 폭락했을 때, 화가 난 농부들이 시의원들에게 토마토를 던지면서 시작된 축제로 매해 8월 마지막 주에 개최된다.

축제의 시작은 마을 중앙 기름 바른 기둥 꼭대기에 누군가 기어올라 햄을 따면 시작된다. 덤프트럭 10대가 12만 5천kg의 토가토를 제공하면, 2시간 동안 모두 서로를 향해 토마토를 던져서 거리는 토마토로 강을 이루며, 몇 시간 만에 다시 거리가 깨끗하게 청소되는 것으로 유명하다. 이후 음악공연, 불꽃놀이, 음식축제, 거리파티 등의 프로그램으로 축제를 즐길 수 있다.

이를 벤치마킹하여 국내에서는 강원 화천토마토축제, 부산 대저토마토축제, 경기광주 퇴촌토마토축제, 횡성 둔내고랭지토마토축제 등이 열리고 있다.

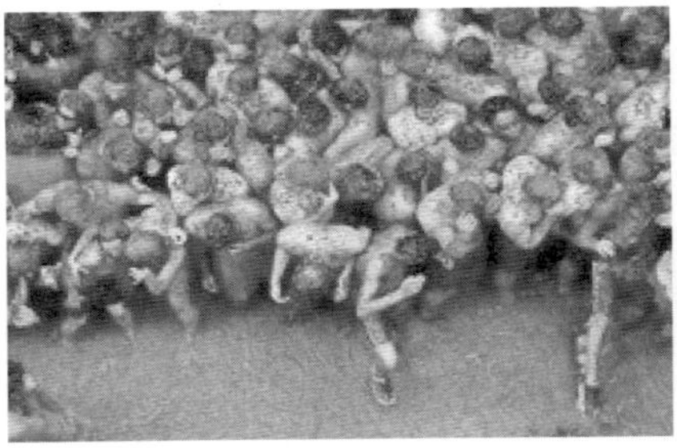

출처 : 토마토축제 홈페이지(http://www.latomatina.org/)

스페인 토마토축제

## (5) 스페인 산페르민축제(Fiesta de San Fermín)

3세기 말 팜플로나의 주교였고 도시의 수호 성자인 산 페르민을 기념하는 축제로 매년 7월 6일 정오부터 7월 14일 자정까지 열린다. 축제의 하이라이트는 매일 아침 오후에 열릴 투우에 쓰일 소들이 투우장까지 거리를 질주하는 소몰이이다.

산토 도밍고(Santo Domingo) 사육장에서 출발하여 투우장까지 825m가량 되는 길을 가는 데 걸리는 3분 정도의 소몰이에는 매년 사상자가 발생하는 것으로 알려져 있다. 소몰이 시에는 여러 안전장치가 설치되며 소가 지나가는 길은 이중벽으로 막아놓는다. 소몰이 외에 다양한 문화·예술·오락 프로그램 등이 있다.

출처 : 산페르민축제 홈페이지(http://pamplona.sanferminonline.net/)

스페인 산페르민축제

### (6) 태국 송끄란축제(Songkran Festival)

타이력의 정월 초하루인 송끄란을 기념하는 축제로 매년 4월에 개최된다. 축복을 기원하는 뜻으로 서로에게 물을 뿌리는 놀이가 유명해져 물의 축제로 불린다. 태국 주요 도시에서 열리며 방콕, 푸켓, 치앙마이의 축제가 특히 유명하다. 다양한 볼거리와 공연, 퍼레이드, 음식과 바자회 및 전통 문화공연이 열린다.

최근 국내 도메인의 홈페이지가 개설되어 푸켓 송끄란축제 원정대를 모집하는 한편, 축제의 연혁 등을 자세하게 소개하고 있다.

출처 : 송끄란축제 홈페이지(http://www.songkran.co.kr/)

태국 송끄란축제

### (7) 이탈리아 베니스카니발(Venice Carnival)

이탈리아 최대의 축제로 2월에 사순절의 시작을 알리는 재의 수요일(Ash Wednesday) 전 10일 동안 개최된다. 사순절 의식은 베네치아공화국과 아퀼레이아 총 대주교 관할국의 대결을 기념하기 위한 것으로, 전쟁을 위한 공물인 황소 1마리와 돼지 12마리가 대중 앞에서 처단되는 의식으로, 점차 변형되어 오늘날의 축제 모습을 갖추게 되었다.

축제의 시작은 개막을 알리는 '천사의 비행(공중에서 천사복장을 한 사람이 지상으로 내려옴)'으로 시작된다. 화려한 패션과 다양한 가면을 구경할 수 있는 축제로 평소에 할 수 없는 특이한 행동을 얼굴을 가린 상태에서 마음대로 할 수 있다는 것에 큰 매력이 있는 축제이다. 축제기간 동안 아퀼레이아에게 승리한 날을 기념하는 경축행사와 말을 이용한 스포츠, 공중곡예, 민속전시회 및 거리 곳곳에서 다양한 연극이 펼쳐진다.

출처 : 베니스카니발 홈페이지(http://www.venice-carnival-italy.com/)

이탈리아 베니스카니발

### (8) 멕시코 세르반티노축제(Festival Internacional Cervantino)

멕시코 과나후아토에서 매년 10월 중 20일간 열리는 종합예술축제로 돈키호테의 작가 세르반테스를 기리기 위해 시작되었으며 세계 4위 규모이다. 중남미축제 중에서는 최대의 예술축제로 세계문화유산에 등재되었다.

축제의 주 공연장인 후아레스 극장에서는 매시간 공연이 펼쳐진다. 이 밖에 전 세계의 예술가들이 모여 리사이틀, 콘서트, 연극, 발레, 현대무용, 오페라 등 각종 장르의 공연을 포함한 다양한 전시가 이루어진다.

출처 : 세르반티노축제 홈페이지(http://www.festivalcervantino.gob.mx/)

**멕시코 세르반티노축제**

### (9) 영국 노팅힐카니발(Notting Hill Carnival)

유럽 최대의 거리축제로, 1965년 카리브해 출신의 흑인 이주자들이 전통 간 복장을 하고 노래와 춤을 추면서 거리를 행진한 것이 축제의 기원이다. 매년 8월 마지막 월요일인 뱅크 홀리데이 때 노래와 춤을 추며 가두행진을 벌였으며, 이 행진이 널리 알려지면서 영국의 노동자를 비롯하여 국적이나 인종 구별 없이 모든 노동자들이 모인 노동자계급의 축제로 변모, 현재 유럽 최고의 예술축제로 성장하였다. 1976년 몇 년간 계속된 경찰과의 충돌로 언론의 주목을 받았으나, 최근엔 많은 참가자로 인해 주목받고 있는 축제이다.

카리브해 흑인들의 가장무도회, 흑인들의 사회풍자와 비판이 담긴 스틸밴드 및 칼립소, 술과 칼립소가 혼합된 전통 카니발 음악은 스태틱사운드 등의 5개 테마로 축제가 개최된다.

출처 : 노팅힐카니발 홈페이지(http://www.thenottinghillcarnival.com/)

영국 노팅힐카니발

### (10) 영국 에든버러페스티벌(Edinburgh Festival)

영국 스코틀랜드 에든버러에서 매년 8월 같은 시기에 개최되는 문화예술축제이다. 1947년 제2차 세계대전의 상처를 극복하고자 문화를 통한 유럽 국가들의 재화합이라는 의의 아래 영국 정부와 에든버러시의 후원을 받으며 시작되었다. 현재 에든버러는 세계 각지의 유명한 전문음악인, 연극인, 오페라 등으로 문화활동의 중심지가 되어, 참신한 신진작가들의 연극 · 음악 작품들이 런던이나 세계의 다른 수도로 진출하기 전에 초연되는 곳으로 유명하다. 세계 군악대들의 축제인 밀리터리 타투(Military Tattoo), 종합예술축제인 에든버러 인터내셔널(International)과 프린지(Fringe), 도서, 재즈, 현대미

출처 : 에든버러페스티벌 홈페이지(http://www.edinburghfestivals.co.uk/)

영국 에든버러페스티벌

미술 전시, 그리고 평화 페스티벌을 통칭하여 에든버러페스티벌이라 부른다.

에든버러성에서 벌어지는 군악대의 백파이프 연주와 하이랜드 댄스, 밀리터리 타투, 거리 퍼포먼스, 영화, 시사풍자극, 미술, 재즈 가장행렬, 파이프공연단, 도서 및 건축물 전시회 등의 프로그램이 있다.

## 5. 관련 직업의 세계

이벤트 관련 직업은 이벤트의 범위만큼이나 매우 다양하며, 진출 범위도 넓어 이벤트연출과, 공연예술기획과, 웨딩이벤트과 등 전문 학과가 대학에 생겨나고 있는 추세이다. 한국에는 아직 보편화되지 않았지만 근래 들어 파티 및 런칭쇼 등이 많아지면서 앞으로 전망이 밝은 직업으로 예측되고 있다.

이벤트 관련 직무에는 기획의 기능이 강조되어 있다. 기획이라는 것은 다른 직업에 비해 관련 업무에 대한 이론적인 부분에 있어 노하우가 필요하며, 남들이 생각하지 못한 아이디어가 많아야 하는 분야이다. 때문에 이벤트의 성격에 따라 역할의 차이가 다소 있으며, 전문지식이 필요한 경우도 있으나 직업 간의 이동은 비교적 자유롭다. 기획의 업무를 살펴보면 이벤트 테마에 따른 주제 선정 - 진행 순서 기획 - 장소 섭외 - 참가자 섭외 및 스태프 섭외 - 메인행사 및 프로그램 기획 - 마케팅, 예산관리 등 이벤트의 형태에 따라 실질적으로 하는 일이 다르기는 하나 대체적으로 비슷하기 때문이다.

일반적인 이벤트를 기획하는 이벤트기획자, 축제를 기획하는 축제기획자 및 축제예술감독, 공연을 기획하는 콘서트기획자 문화공연기획자, 공연기획 및 공연장 전반을 관리하는 하우스매니저뿐만 아니라 테마파크, 컨벤션, 리조트 관련 기획자 등 직업군은 매우 다양하다.

**[이벤트 관련 직업]**

이벤트 일반(이벤트기획자, 축제기획자, 축제예술감독 등)
공연(콘서트기획자, 문화공연기획자, 하우스매니저 등)
테마파크(테마파크기획자, 테마파크디자이너 등)
컨벤션 분야(컨벤션기획자, 전문전시 가이드 등)
레저산업(리조트기획자, 캠프기획자 등)
파티컨벤션(파티플래너, 웨딩플래너 등)

### B기자가 만난 문화의 뜰… 상상공장 문화기획자 류재현

"안녕, 안녕!" 서울 홍대 지역에 가면 이곳의 에너지를 사랑하고, 이곳에서 끊임없이 인사를 나누는 사람을 만날 수 있다. 바로 류재현 상상공장 감독이다. 홍대 클럽데이, 사운스 퍼레이드, 압구정 살사데이, 하이서울 락페스티벌 등 각종 다채로운 축제를 기획했다. 현재는 5월 3~5일 한강난지공원에서 열리는 서울월드 DJ페스티벌 준비에 한창이다. 세계의 유명 DJ들이 공연하며, 밤새도록 축제가 벌어진다. 일상의 이벤트를 선사하며 매일매일 상상의 꿈을 꾸는 '문화기획자' 류재현 감독을 만나보았다.

상상초월 상상공장 아이디어야 놀러와
– '상상공장'은 어떤 곳인가?

"아이디어 장인이라는 뜻으로 문화기획자를 꿈꾸는 사람들이 일하는 곳이다. 장인이 공예품을 만드는 것처럼 아이디어를 내는 사람은 상상을 현실로 만든다. 사람들은 늘 생각하고 아이디어를 내면서, 실현하는 건 어려워한다. 그런데 여기는 상상을 실천하는 무모한 집단이다. 물이 높은 곳에서 낮은 곳으로 흐르듯이 사회에서 필요한 것들이 자연스럽게 모여들 수밖에 없다. 그게 상상공장으로 모이고 있다."

– 상상공장의 '바보 프로젝트'는 무엇인가?

"쉽게 말해서 '사회를 구성하고 유지하는 인자, 에너지는 어디에서 올까?' 생각해 봤다. 사회는 보이지 않는 사람들에 의해서 만들어진다. 국회의원, 정치가들이 만드는 것 같지만 묵묵히 자기 일을 해나가는 사람이 만들어 가는데 거기에서 바보 프로젝트를 생각했다. "참 바보 같네. 저거를 왜 하지?" 그런 게 정말 필요한 일이다. 무보수 문화강좌를 여는 것도 바보 프로젝트다. 2005년에 홍대 근처 지하보도에서 금요일마다 오후 8시부터 오전 4시까지 그냥 음악 틀어놓고 춤추고 놀았다. 사람들이 "저 사람들 왜 저럴까?" 그러다가 어느 날이면 "저도 다음 주부터는 같이 놀아도 돼요?"라고 묻는다. "그런 게 바보 프로젝트다."

– 상상공장에서 일하는 사람들은?

"예술적 용기, 문화적 용기를 갖춘 사람들이다. 자원봉사의 개념이 아니다. 돈 때문에 하는 사람은 없다. 상상공장의 김민정 기자는 인디밴드 이야기를 다음카페에서 운영하고 있다. 일주일에 한 번씩 공연소식 메일을 보내주는데, 그거는 돈 벌려고 하는 게 절대 아니다. 그런데 그게 몇 년 분량을 모아놓으면 인디밴드의 역사를 읽을 수 있는 데이터다. 좋아서 한다. 가끔은 힘들고 지칠 때도 있다. 그때 나오는 말이 '바보같이'다. 그래도 평생 우리는 좋아하는 것을 실천에 옮긴다. 바보 같은 짓이 사회를 움직이고 문화를 발전시킨다."

– 애초에 기획했던 '홍대 클럽데이'의 문화가 변했다?

"그게 기획자가 있고 없고, 마인드가 있고 없고의 차이다. 처음에 기획할 때는 90년대 초반에 봤던 당시 클럽문화를 공유할 수 있도록 만드는 게 기획 목표였다. 그때는 굉장히 자연스러웠다. 지금처럼 이성에게 접근하려고 가는 클럽이 아니라 '감성의 고향', '감성의 발전소', 자기 느낌을 표현하는 곳이었다. 지금은 그런 게 없다. 클럽의 주인은 '부비부비' 하는 사람이 아니라 문화와 예술을 사랑하는 사람이다. 지금은 잘못됐다. 클럽의 주인이 진짜 클럽 업주, 주인이 돼버렸다. 처음에 만들었던 기획자를 존중하고 그 사람이 저런 걸 왜 만들고 청춘을 바쳤을까 그걸 존중해야 하는데 그 마음이 사라졌고 영리 목적이 우선이 됐다. 그들이 벌어들인 수익을 정말 지역을 위해서 써본 게 얼마나 될까? 거의 생색 수준에 그치는 건 아닌가 싶다."

– 축제란 …

“내적 에너지를 표현하는 수단이다. 무지개가 한 가지 색이 아니라 일곱 색깔 무지개라고 표현하듯이 각자 자기 색깔을 가지면 된다. 지금 그 색을 가지지 못하고 사람들이 사는 게 문제다. 축제를 통해 그 에너지를 발견할 수 있다.”

– 문화기획자가 보는 행복하게 사는 방법은 …

“남들이 생각하는 스트레스를 ‘나는 아니다’라고 생각할 수 있어야 한다. 늙는 게 두렵지 않다. 더 재미있을 것 같다. 피부가 노쇠하고 힘이 떨어지고 그래도 또 늘어나는 게 있다. 내가 원하는 것도 있지만 남이 원하는 걸 생각하면 그게 새로운 거다. 남들이 원하는 걸 해주면 되게 재미있다. 지루하면 외면하고 일이 안되면 하지 않는 것도 방법이다. 그게 유쾌하게 사는 방법이다.”

– 문화기획자가 되기 위해서는?

“같은 것을 다르게 보아라. 그리고 남들이 뭘 원하는지 끊임없이 찾아라. 자기가 원하는 것을 표현하는 것은 예술가지만, 남들이 원하는 게 뭔지 끊임없이 찾으면 문화기획자다. 내가 원하는 것을 해주고 ‘남은 왜 내 마음 같지 않을까’ 그런 실수를 저지르면 안된다. 내가 좋아하는 대로 해놓고 남들이 좋아할 거라고 착각하지 말라는 것이다. 남들은 안 좋아할 수 있다. 자기가 원하는 걸 먼저 내세우면 남들은 절대 움직이지 않는다. 좋은 기획은 안 나온다.”

출처 : 동아일보, 2008년 5월 2일자 발췌

# 제11장 유원시설업과 관광편의시설업

## 1. 유원시설업과 관광편의시설업의 개념

유원시설업과 관광편의시설업은 관광활동을 함에 있어 각종 서비스를 제공하는 업종들로 구성되어 있다. 유원시설업(遊園施設業)이란 유기시설(遊技施設)이나 유기기구(遊技機具)를 갖추어 이를 관광객에게 이용하게 하는 업을 말하며, 다른 영업을 경영하면서 관광객의 유치 또는 광고 등을 목적으로 유기시설이나 유기기구를 설치하여 이를 이용하게 하는 경우를 포함한다(「관광진흥법」, 제3조 6항). 관광편의시설업이란 관광활동에 편의를 도모할 수 있는 각종 시설(음식점, 교통, 사진, 토속주 등)을 갖추고 이를 판매하는 업을 말한다(「관광진흥법」, 제3조 6항). 이러한 유원시설업과 관광편의시설업은 관광산업체의 규모는 비교적 작지만, 관광산업의 기저를 이루며, 부가가치 창출에 있어 매우 중요하다.

## 2. 유원시설업의 종류 및 사례

유원시설업에는 종합유원시설업, 일반유원시설업, 기타유원시설업이 있다.

종합유원시설업은 유기시설 또는 유기기구를 갖추어 이를 관광객에게 이용하게 하는 업으로 대규모의 대지 또는 실내에서 법 제31조의 규정에 의한 안전성 검사 대상 유기기구 6종류 이상을 설치·운영하는 업을 말한다.

일반유원시설업은 유기시설 또는 유기기구를 갖추어 이를 관광객에게 이용하게 하는 업으로서 법 제31조의 규정에 의한 안전성 검사 대상 유기기구 1종류 이상을 설치·운영하는 업을 말한다.

기타유원시설업은 유기시설 또는 유기기구를 갖추어 이를 관광객에게 이용하게 하는 업으로서 법 제31조의 규정에 의한 안전성 검사의 대상이 아닌 유기기구 1종류 이상을 설치·운영하는 업을 말한다.

국내 유원시설업으로는 널리 알려져 있는 서울어린이대공원, 롯데월드, 에버랜드, 서울랜드 등의 종합유원시설업과 이하 규모에 따라 일반유원시설업과 기타유원시설업으로 나누어지는 울산대공원, 대전동물원, 춘천육림랜드, 통도환타지아, 진해파크랜드, 부곡하와이랜드 26개소(2011년 현재)가 있다.

〈궤도주행형_모노레일〉

〈주로주행형_무궤도기차〉

〈수로주행형_후룸라이드〉

〈자유주행형_범퍼카〉

유기기구의 대표기종

유원시설업에 있는 대표적인 유기시설은 주행형, 고정형, 관람형, 놀이형으로 구분된다. 주행형 유기시설은 궤도주행형, 주로주행형, 수로주행형, 자유주행형으로 구분되며, 고정형 유기시설로는 종회전 · 횡회전 · 복잡회전 · 승강고정형으로 구분된다. 관람형 유기시설은 기계 · 입체 관람형으로, 놀이형 유기시설은 일반놀이형과 물놀이형으로 구분된다.

이러한 유원시설의 관리 및 발전을 위해 한국종합유원시설협회가 설립되어 시설 간의 유대강화를 위해 활동 중에 있다. 한국종합유원시설협회는 「관광진흥법」 제45조 규정에 의하여 1985년 2월에 설립된 유원시설업 단체로서 유원시설업체 간 친목 및 복리증진을 도모하고 유원시설 안전서비스 향상을 위한 조사 · 연구 · 검사 · 홍보활동을 활발히 전개하며 유원시설업의 건전한 발전을 위한 정부의 시책에 적극 협조하고 회원의 권익을 증진, 보호함을 목적으로 설립되었다. 협회는 회원사업, 정기간행물 · 홍보자료 편찬 및 유원시설업 발전을 위한 홍보사업, 국내외 관련기관 단체와의 제휴 및 유대강화를 위한 교류사업, 유원시설업계 전반의 건전한 발전과 권익증진을 위한 진흥사업을 진행하고 있다. 아울러 정부로부터 위탁받은 유원시설의 안전성 검사 및 안전교육사업, 유원시설에 대한 국내외 자료조사 연구 및 컨설팅 사업, 신규 유원시설 및 주요 부품의 도입 조정 시 검수사업, 유원시설업 진흥과 관련된 유원시설 제작 수급 및 자금지원, 시설운영 등의 계획 및 시책에 대한 회원의 의견 수렴 · 건의 사업, 기타 정부가 위탁하는 사업을 주로 실시하고 있다. 또한 한양대 등 4개 대학 연구소와 협력하여 정부가 위탁한 전국의 유원시설에 대한 법정 안전성 검사를 시행하면서 해당 시설을 관리 · 운영하는 종사원에 대한 안전기술 및 운행교육을 실시함으로써 안전한 놀이공간 마련으로 최적의 인공관광자원 발전에 기여하는 사업을 계속 시행하고 있다.

2011년 주요 사업실적으로는 유기기구 안전성 검사, 유원시설 안전 관리자 교육, 정부합동 유원시설 안전점검, 전국 유원시설 담당공무원 안전관리 교육, 일반유원시설업 안전 관리자 양성교육 등 교육 및 연구사업, 유원산업 협회보 발행, 유원시설업 진흥을 위한 법 개정 등을 추진하였으며 2012년에도 지속적으로 관련 사업을 추진할 예정이다.

## 3. 관광편의시설업의 종류 및 사례

관광편의시설업에는 관광유흥음식점업, 관광극장유흥업, 외국인전용유흥음식점업, 관광식당업, 시내순환관광업, 관광사진업, 여객자동차터미널시설업, 관광펜션업, 관광궤도업, 한옥체험업, 외국인관광도시민박업 등 11가지가 있다(「관광진흥법」 제2조 6항).

각각의 관광사업은 「관광진흥법」에 의해 다음과 같이 규정되어 있으며, 각각의 시설 규모 및 종류에 따라 그 자격이 주어진다.

관광유흥음식점업은 식품위생 법령에 따른 유흥주점 영업의 허가를 받은 자가 관광객이 이용하기 적합한 한국 전통 분위기의 시설을 갖추어 그 시설을 이용하는 자에게 음식을 제공하고 노래와 춤을 감상하게 하거나 춤을 추게 하는 업을 말한다.

관광극장유흥업은 식품위생 법령에 따른 유흥주점 영업의 허가를 받은 자가 관광객이 이용하기 적합한 무도(舞蹈)시설을 갖추어 그 시설을 이용하는 자에게 음식을 제공하고 노래와 춤을 감상하게 하거나 춤을 추게 하는 업을 말한다.

외국인전용 유흥음식점업은 식품위생 법령에 따른 유흥주점영업의 허가를 받은 자가 외국인이 이용하기 적합한 시설을 갖추어 그 시설을 이용하는 자에게 주류나 그 밖의 음식을 제공하고 노래와 춤을 감상하게 하거나 춤을 추게 하는 업을 말한다.

관광식당업은 식품위생 법령에 따른 일반음식점영업의 허가를 받은 자가 관광객이 이용하기 적합한 음식 제공시설을 갖추고 관광객에게 특정 국가의 음식을 전문적으로 제공하는 업을 말한다.

시내순환관광업은 「여객자동차 운수사업법」에 따른 여객자동차운송사업의 면허를 받거나 등록을 한 자가 버스를 이용하여 관광객에게 시내와 그 주변 관광지를 정기적으로 순회하면서 관광할 수 있도록 하는 업을 말한다.

대표적인 시내관광업으로 시티투어가 있다. 국내 시티투어업체는 총 21개

시군에 있다. 서울 시티투어의 경우 국내 최초로 2층 관광버스를 도입하면서 시작되었다. 다국어 음성안내시스템(한, 영, 일, 중)이 개별좌석에 설치되어 있으며, LCD 모니터를 통해 관광지 도착 전 관광지 정보를 알 수 있도록 되어 있다. 또한 통역가이드, 안내 리플릿 등의 서비스를 제공하고 있다. 부산의 경우 국내 최초로 오픈탑(천장개방형) 2층버스를 도입하고, 미래형 유비쿼터스 체험버스로서 각 좌석에 개인 단말기를 설치, 이를 통해 관광지 정보 콘텐츠의 검색뿐만 아니라 인터넷 이용과 DMB시청이 가능하다.

출처 : 부산시티투어버스 홈페이지

**부산시티투어버스**

관광사진업은 외국인 관광객과 동행하며 기념사진을 촬영하여 판매하는 업을 말한다. 관광지에서 우리가 흔히 볼 수 있는 사진을 찍어 즉석 현상해주거나, 현상 후 택배서비스를 해주는 사업이다. 최근 디지털카메라의 보급으로 인해 일부 관광지에서만 볼 수 있는 업종이다.

출처 : 한겨레, 2012년 11월 7일자

**관광사진업 : 강원도 고성군 통일전망대 앞**

여객자동차터미널시설업은 「여객자동차 운수사업법」에 따른 여객자동차터미널사업의 면허를 받은 자가 관광객이 이용하기 적합한 여객자동차터미널시설을 갖추고 이들에게 휴게시설·안내시설 등 편익시설을 제공하는 업을 말한다.

관광펜션업은 숙박시설을 운영하고 있는 자가 자연·문화 체험관광에 적합한 시설을 갖추어 관광객에게 이용하게 하는 업을 말한다. 펜션의 사전적

의미는 연금, 은금이라는 뜻으로 유럽의 노인들이 연금과 민박경영으로 여생을 보내는 데서 유래되었다.

펜션이라는 새로운 숙박형태는 제주도개발특별법의 일환으로 농어촌 휴양펜션업이 농한기 농가소득 활성화방안의 일환으로 등장하였다. 최근 현업에서 은퇴하거나, 여유자금을 가진 사람들이 전원생활의 쾌적함을 즐기며 생활자금을 조달하기 위한 방안으로 각광받고 있다. 이에 관광펜션과 민박펜션의 펜션들이 급증하게 되자, 정부에서는 펜션을 건전한 관광시설로 육성하고자 2003년 10월 관광편의시설업으로 제도화하였다. 펜션은 펜션이라는 명칭을 부여하기 위한 정형화되고 보편화된 건물양식이 딱히 있는 것이 아니라, 일반적인 여관, 호텔 등의 기존 숙박시설과는 외양에서부터 차별화되어 있고 자연과 밀접하게 지어진다는 차별점을 갖는다. 관광펜션과 유사한 시설로 농어촌민박과 휴양펜션업의 차이를 살펴보면 다음과 같다.

〈표 11-1〉 관광펜션 유사시설

| 구분 | 관광펜션업 | 농어촌민박 | 휴양펜션업 |
|---|---|---|---|
| 시행지역 | 제주지역을 제외한 지역 | 전국 | 제주지역 |
| 건축가능지역 | 농어촌민박 건축 가능 지역<br>숙박시설 건축 가능 지역 | 단독주택(다가구주택) 건축가능지역이면 가능 | 녹지지역, 농림부장관이 농촌으로 고시한 지역 중 숙박시설 건축가능 지역 |
| 규 모 | 3층 이하 30실 이하 | 7실 이하 | 2층 이하 객실 10실 이하 |
| 지 정 | 시·도지사 | 지정제도 폐지<br>('99.2.5 이후) | 도지사 |
| 기타시설기준 | 바비큐장, 캠프파이어장 중 1개 이상, 외국어 안내표기 | 공중위생관리법시행규칙 제7조에서 규정한 객실, 침구 등의 청결조항 준수 | 체험농장용으로 사용할 660제곱미터 이상의 토지 또는 목장으로 사용할 토지를 확보하여 자연체험을 할 수 있도록 할 것 |
| 정부지원 | 건설·개보수 자금 관광진흥개발기금 지원 | 농림부 농촌민박자금 지원 | 제주국제자유도시특별법 |

현재의 펜션은 사업자가 부업이나 전업 형태로 직접 운영하는 곳이 대부분이지만 펜션 공급이 늘어나면서 경쟁에서 살아남지 못하는 펜션들이 등장하고 있다. 펜션사업도 숙박업의 일종으로 전문적인 식견을 갖추지 못하면 수요를 창출하거나 유지하고 관리하는 데 어려움이 있기 때문이다.

관광궤도업은 「궤도운송법」에 따른 궤도사업의 허가를 받은 자가 주변 관람과 운송에 적합한 시설을 갖추어 관광객에게 이용하게 하는 업을 말한다.

최근 유행하고 있는 레일바이크가 궤도운송업의 대표적인 형태이다. 레일바이크는 미국 서부 골드러시 시절 부설된 철로가 그 기능을 잃자 버려진 철로에서 바이크를 즐긴 것이 그 시작이라고 할 수 있다. 국내에는 정선폐철도를 이용한 코레일관광개발의 정선레일바이크가 대표적이며, 그 외 강촌레일바이크, 양평레일바이크, 문경레일바이크, 삼척해양레일바이크, 섬진강레일바이크, 대천레일바이크, 여수레일바이크가 있다.

출처 : 정선레일바이크 홈페이지

**정선레일바이크**

한옥체험업은 한옥(주요 구조부가 목조구조로서 한식 기와 등을 사용한 건축물 중 고유의 전통미를 간직하고 있는 건축물과 그 부속시설)에 숙박체험에 적합한 시설을 갖추어 관광객에게 이용하게 하는 업을 말한다.

서울의 남산한옥마을, 전주한옥마을, 안동한옥마을, 경주한옥마을이 대표적이며 최근 한옥게스트하우스, 한옥펜션 등 새로운 형태의 한옥체험시설들이 생겨나고 있다.

출처 : 전주한옥마을 홈페이지

**전주한옥마을**

외국인관광 도시민박업은 「국토의 계획 및 이용에 관한 법률」 제6조 제1호에 따른 도시지역(「농어촌정비법」에 따른 농어촌지역 및 준농어촌지역은 제외)의 주민이 거주하고 있는 다음의 어느 하나에 해당하는 주택을 이용하여 외국인 관광객에게 한국의 가정문화를 체험할 수 있도록 숙식 등을 제공하는 업을 말한다.

국내 관광편의시설업 지정현황을 살펴보면, 관광식당업이 총 2,039개소로 가장 많은 비중을 차지하며, 한옥체험업 444개소, 외국인전용유흥음식점업 369개소로 총 3,482개소에 이른다.

〈표 11-2〉 관광편의시설업 지정 현황

| 업종별 | 서울 | 경기 | 기타 시군구 | 계 |
|---|---|---|---|---|
| 관광유흥음식점업 | 4 | 6 | 36 | 46 |
| 관광극장유흥업 | 33 | 61 | 116 | 210 |
| 외국인전용유흥음식점업 | - | 208 | 161 | 369 |
| 관광식당업 | 772 | 391 | 876 | 2,039 |
| 시내순환관광업 | 1 | 1 | 19 | 21 |
| 관광사진업 | 15 | - | 2 | 17 |
| 여객자동차터미널시설업 | - | - | 13 | 13 |
| 관광펜션업 | - | 21 | 295 | 316 |
| 관광궤도업 | - | 1 | 6 | 7 |
| 한옥체험업 | 46 | 10 | 388 | 444 |
| 기타관광편의시설업(제주) | - | - | 1 | 1 |
| 계 | 871 | 698 | 1,913 | 3,482 |

출처 : 관광협회중앙회(2011)

### 대통령 낳은 터서 초고가 王氣 마케팅

가회동 한옥 불법 숙박업

"밤에 여기 와 봐요. 두세 집 중 한 집은 빈집이야. 10년 사이 원주민들은 다 나갔고 지금은 대여섯 가구밖에 없어. 예전엔 동네 사람들이랑 함께 김치도 담그고 꽃구경도 갔었는데 요즘은 그런 재미가 없어. 주민들이 나가고 새로 집을 산 부자들은 밤에 높으신 양반들 접대하느라 동네가 시끄러워. 무슨 잔치를 하는지 음식물 쓰레기나 양주병도 많이 보이고…. 하여튼 동네가 참 이상하게 돼버렸어."

취운정 전경(좌), 이명박 대통령이 기거했던 안방(중), 객실의 히노키 욕조(우)

변질되는 가회동 31번지

기자는 7월 초부터 가회동 31번지 일대를 취재하면서 주민들로부터 한 가지 공통된 증언을 확인할 수 있었다. 원주민이 떠나고 외지인들이 산 한옥 대부분은 별장으로 쓰이는데, 이 중 몇몇 집은 불법 접객 영업을 한다는 것이다. 주거지역인 가회동 31번지 일대에서는 일반음식점업이나 유흥주점을 열 수 없다. 북촌지구단위구역 내에서도 규제가 가장 엄격하다. 제1종 근린생활시설로 허가받더라도 그 용도는 한옥어린이도서관이나 마을회관, 한옥서당 등으로 엄격히 규제한다. 2010년 1월부터 북촌지구 내 14개 용도구역을 세분화한 지구단위계획이 시행됐기 때문이다.

취운정은 이명박 대통령이 서울시장 당시 전세로 살았던 주택으로, 현재 한옥체험살이가 운영 중이다. '한옥체험살이'는 국내외 관광객을 위해 종로구가 추진하는 홈스테이 사업 브랜드다. 2009년 관광진흥법이 개정되면서 한옥체험업이 신설, 한옥체험업 운영자 중 신청자를 대상으로 심사를 거쳐 한옥체험살이 인증을 내준다. 관광객이 일반 가정에서 숙박을 하면서 한국 생활풍습과 문화를 익히는 게 목적이다. 따라서 한복 입기,

떡 만들기 같은 한 종류 이상 전통문화 체험프로그램과 샤워시설 등 편의시설을 갖추면 된다. 종로구 관내 한옥체험업소 70곳 중 54곳이 한옥체험살이 간판을 달았다.

이 대통령이 청와대에 입성하고 주인은 안채(연면적 190.66㎡)와 별채(36.36㎡)를 리모델링했다. 리모델링한 집에는 '푸른 구름이 머무는 정자'라는 뜻의 취운정 간판을 달고 2011년 9월부터 영업을 시작했다. 그동안 취운정은 '한옥 부티크 호텔'로 여러 매체와 여행정보 사이트에 소개됐는데, 한옥건축가 조정구 씨와 유명 도예가, 정원사가 리모델링에 참여해 전통 한옥의 아름다움을 고스란히 담았다는 내용이었다. 대통령 당선으로 유명해진 '대권 명당'이 '한옥 호텔'로 변신한 것이다. 그러나 가격과 음식 판매에 대한 기사는 없었다.

취운정 대문을 들어서면 왼쪽에 이 대통령이 살았던 본채가, 오른쪽으로 두 개의 별채가 있으며, 건물 가운데는 작은 정원이 꾸며져 있다. 안방과 대청방, 사랑채, 별당채 4개 객실이 마련돼 있었다.

각 방에는 자개장과 고가구가 한옥의 우아함을 더했고, 벽장 창호문에는 민화를 붙여 포인트를 줬다. 이 대통령이 기거했던 안방에는 그가 쓰던 병풍을 이용해 만들었다는 벽장이 있다. 그러나 각 방 욕실에는 일본 전통 욕탕인 히노키탕이 설치됐고, 옷장에는 유카타(浴衣) 두 벌이 걸려 있다. 객실 찻잔 세트에는 일본산 녹차 티백이 놓여 있었다. 객실 미니바에는 각종 수입 맥주와 음료(각 1만 원)가 채워져 있었다. 한국문화 체험과는 사뭇 분위기가 달랐다.

### 서울시 지원받아 불법영업?

취운정의 등기부등본과 건축물대장 등에 따르면 이 사장은 2001년 1월과 3월에 이웃한 53번지와 119번지 두 채를 약 6억 5,000만 원에 구입했다. 서울시로부터 지원금 1억 원을 지원받아 수선을 했고, 이후 53, 119번지를 합쳐 31-53번지로 건축물 지번을 변경했다. 2010년 들어 건물 리모델링을 하면서 지하층(51.82㎡)을 증축해 건축물 사용승인을 받았다. 지하층은 전용조리실로 사용하고 있었다.

취운정 홈페이지에도 보이지 않던 취운정 요금은 일본의 한 여행 홈페이지에 나와 있었다. 이 홈페이지는 안방 10만 6383엔(약 154만 원), 대청방 9만 9291엔(약 143만 원) 등 4개 객실 가격과 함께 5000~1만 엔가량 할인하고 있다고 소개한다. 동시에 '한국의 대통령이 거주한 품격 있는

취운정과 이 대통령의 관계를 소개하며 손님을 모으는 일본의 여행 사이트

한옥'이라며, 출신지 등 이 대통령에 대한 자세한 인적 사항도 실려 있다. 이 같은 모객행위는 한옥체험업 취지와도 맞지 않다.

또한 식사로 제공되는 한식 코스요리와 가야금 연주, 판소리 등은 '관광유흥음식점업' '호텔업'에 해당한다. 관광진흥법 시행령에 따르면 관광유흥음식점업은 '식품위생법령에 따른 유흥주점 영업 허가를 받은 자가 관광객이 이용하기 적합한 한국 전통 분위기의 시설을 갖추고 그 시설을 이용하는 자에게 음식을 제공하고 노래와 춤을 감상하게 하는 것'이라고 규정한다. 가회동 31번지는 역사문화미관지구이면서 동시에 북촌지구단위계획 중 주거지역인 북촌 1구역이어서 이 같은 영업을 할 수 없다.

### 31번지 일대 한옥들 비슷한 영업

북촌가꾸기 사업은 주민들이 한옥을 서울시에 등록하면 시는 수리비와 건축비용을 지원(현재 보조금 6000만 원, 융자금 4000만 원)하고 세금감면 혜택을 주는 대신 일정 기간 철거를 금지해 한옥을 보존하자는 게 핵심 내용이다. 당시 한옥 보전상태가 좋은 가회동 31번지 일대는 한옥특별관리구역(S1)으로 지정됐다. 주민들 사이에는 서울시의 지원을 받아 2층 한옥을 만든 뒤 요정영업을 한다는 소문이 2006년부터 나돌았다고 한다.

종로구는 한옥체험살이 가정마다 등급을 정해 이용가격을 정해놓았다. 객실요금표를 비치하지 않거나 등록한 영업범위를 벗어난 경우, 기준가격을 넘은 이용료를 요구할 경우 등 행정처분 기준을 담은 '한옥체험살이 운영 및 지원에 관한 조례 시행규칙안'을 만들었다.

하지만 이 같은 이상한 영업형태의 취운정은 전통체험 프로그램 운영을 위해 3000만 원의 관광진흥기금을 신청해 선정된 것으로 확인됐다.

전통음식 체험과 고가구, 공연 프로그램을 하겠다고 기금을 신청한 것인데, 문화부와 관할 구청이 불법 영업을 하는 곳에 세금을 지원하는 꼴이 됐다. 문화부 관계자의 말이다.

"관광 활성화를 위해 한옥체험업을 신설했는데 불법 영업을 하면 확인 후 기금 지급을 취소할 수 있다. 이런 문제점 때문에 한옥체험업을 편의시설업에서 이용시설업으로 바꿔 규제하려고 현재 법제처에서 법리 검토 중이다."

출처 : 신동아, 2012년 9월호 636호 발췌
신동아(http://shindonga.donga.com/docs/magazine/shin/2012/08/20/201208200500036/201208200500036_1.html)

## 4. 관련 직업의 세계

일반상업시설이라고 생각하기 쉬운 유원시설업이나 관광편의시설업을 소개한 이유는 관광관련 직업세계가 무궁무진하다는 것을 알리기 위해서이다. 흔히 관광학과 하면 호텔리어만을 직업관으로 생각하는 학생들이 많이 있다. 하지만 앞에서 소개한 유원시설업이나 관광편의시설업 역시 관광자가 주 고객인 사업으로 관광을 전공한 학생들이 진출한다면 그 두각을 들어낼 수 있는 직업 분야이다. 특정사업을 법으로 규정하고 제도적으로 지원을 하는 것은 그만큼 전문성이 필요한 분야임을 역설한다고 보아도 무방하다.

대한상공회의소가 선정한 유망한 미래직업 7대 분야(정보화, 세계화, 서비스, 첨단과학, 문화, 노인 및 의료, 웰빙) 85개 직업 중 관광 전공 분야와 관련 있는 직업으로 2개 분야 6개 직업이 있다. 이 중 세계화 분야는 스튜어디스, 해외관광지 개발가, 웰빙 분야는 여행 코디네이터, 테마파크 디자이너, 펜션 임대업자, 레저스포츠 강사 등이다. 이 중 유원시설업 및 관광편의시설업과 관련한 직업분야는 보다 전문적이고 세분화되어 가고 있는 추세이다. 한국전통음식의 세계화와 한국 전통 문화콘텐츠의 확대 등에서 비롯된 각종 관광편의시설의 등장은 관광학과 전공의 직업세계를 더 넓힐 수 있을 것이다.

### 국내 테마파크 디자이너 1호 니나 안 美 커닝햄그룹 부사장

니나 안 美 커닝햄그룹 부사장

"난 다가올 꿈을 디자인하는 사람 감동을 주는 테마파크 삶의 질 높이는 데 꼭 필요"

갈매기는 비상의 꿈을 꾼다. 그러면서 다짐한다. '가장 높이 나는 자만이 가장 멀리 볼 수 있다.'고 말이다. 그렇다면 인간은? 어느 날 세상에 내던져진 우리가 꿈 없이 살아가면 얼마나 무의미할까. 성공은 꿈꾸는 자의 몫이라고 한다. 비록 그 꿈이 논리가 없다 하더라도, 또 천천히 다가온다고 하더라도 결국 꿈이 있기에 살 만한 가치를 느끼고 추구하게 마련이다. 그렇다면 다가올 꿈을 미리 디자인해 보면 어떨까. 우리나라 테마파크 디자이너 1호 니나 안(56 · 본명 안영옥) 씨는 바로 꿈을 디자인하고, 꿈 많은 세상에 환상의 옷을 입히는 솜씨로 유명하다. 현재 세계적인 건축설계회사 커닝햄그룹의 부사장인 안 씨는 테마파크와 건축 · 리조트 디자이너로 활동한다. 디즈니랜드, 유니버설 스튜디오를 비롯해 서울의 롯데월드, 에버랜드 등 국내외 많은 유명 테마파크들이 그의 손길을 거쳐 갔다.

그는 일찌감치 해외에서 '성공한 디자이너'로 인정받았다. 원래 그는 스튜어디스 출신이다. 숙명여대 1학년이었던 열아홉 살 때 학교를 그만두고 프랑스어 특채를 뽑는 대한항공에 들어갔다. 3년간 김포~파리 노선 비행기로 하늘을 날다가 미국으로 유학을 떠났다. 샌프란시스코 대학과 예술학교에서 철학, 디자인, 건축을 공부한 뒤 워커그룹, 네델 파트너십 등 유수의 미국 건축 설계회사에서 일하면서 테마파크 디자이너의 길을 걷기 시작했다.

지난 13일 오전 서울 삼성동 사무실에서 안 씨를 만났다. 그는 자리에 앉으면서 테마파크 디자이너에 대한 얘기를 먼저 꺼냈다. "한국에서 테마파크로 부르는 씸 파크(Theme Park)는 디즈니랜드가 개장한 이후 54년의 세월이 지나면서 '개성을 가진 놀이공원'을 총칭하는 하나의 명사로 정착됐으며 건축, 창작, 디자인, 프로덕션, 쇼, 영화, 미술, 인테리어, 그래픽, 일러스트레이션, 조경 등 각 방면을 포함하는 작업"이라고 말했다.

이어 "요즘에는 복합 상업지구를 테마적으로 디자인하는 일에 주력하고 있다."면서 "전반적인 콘셉트를 잡고, 놀이기구나 건물에 디자인적 요소를 가미하고 색을 입히고, 공연과 쇼무대 등 엔터테인먼트 산업까지 만들어 내는 일"이라고 말했다. 그러면서 롯데월드의 한 예를 든다.

"혜성 특급은 롯데월드에서 수행했던 가장 큰 프로젝트였습니다. 많은 시간과 열정을 들인 작품이지요. 테마파크는 라이드(Ride)를 타고 들어가 쇼 세트로 연결된 여러 개의 신(Scene)을 통해 스토리를 관람하는 다크 라이드가 가장 중심이 되는 시설입니다. 라이브 쇼 극장, 공연과 퍼레이드, 거리 연주와 퍼포먼스 등의 무대를 갖추고 있어 세계적으로도 손색이 없는 테마파크입니다." '혜성 특급'은 자신의 꿈과 환상을 담은 가장 아끼는 작품이라고 여러 차례 강조한다. "스토리를 상상하는 일은 언제나 꿈보다 더 생생한 작업이며, 스토리는 곧 시나리오로 이어지고 그 시나리오를 통해 각 장면의 스케치를 그려 스토리보드가 만들어진다."고 설명한다.

안 씨가 과연 어떻게 해서 세계적인 테마파크 디자이너가 됐을까.

1980년대 초반 미국에서 대학을 졸업한 그는 샌프란시스코에서 로스앤젤레스로 이사했다. 직장도 못 얻은 데다 먹고 사는 것이 힘들어 인쇄소에서 막일을 했다. 이때 그는 이력서 500장을 인쇄한 뒤 전화번호부에 실린 A부터 Z까지의 건축설계 및 인테리어 회사와 LA타임스 구인란에 실린 회사에 이력서를 보냈다. 며칠 뒤 캘리포니아에서 유명한 블럭스라는 고급 백화점 설계 사무실에서 연락이 왔다. 면접을 하는 자리에서 3개월 후 입사를 해도 좋다는 얘기를 들었다. 하지만 단돈 한푼이 없어 당장 취직을 해야 한다고 말했다. 사정을 딱하게 여긴 면접관이 거래처인 워커그룹 관계자를 소개해 줬다. 이렇게 해서 그는 세계 최고의 규모와 명성을 가진 워커그룹으로 출근하게 됐다. 운 좋게도 신참 때 영국과 프랑스의 유명 백화점, 라스베이거스 시저스 팔레스의 포룸숍 등 세계적인 리테일(Retail · 브랜드 이미지를 구체화하는 공간) 시설의 설계 일을 하게 됐다. 특히 당시 새로 건설하던 플로리다 올랜도의 유니버설 스튜디오의 마스터플랜에도 참여하는 행운이 뒤따랐다.

3년 후 그는 직장을 HTI(Hambrecht Terrell International · 워커그룹 다음 규모의 회사)로 옮겨 호주 마이어스 백화점 건축과 인테리어 프로젝트에 참여했고 각국 공항 명품 면세점 등의 디자인 팀장을 맡으면서 진가를 발휘하기 시작했다. 그러던 어느 날 HTI 창업주가 에이즈에 걸렸다는 소문이 펴지자 회사가 곧 문을 닫고 말았다. 할 수 없이 그는 디즈니랜드 내부 리노베이션 일을 맡은 작은 회사에 취직했다. 여기서 메인 스트리트의 디자인과 건축 도면을 그려 내는 작업을 맡았다.

"아마도 디즈니랜드는 지구상에서 존재하는 일반 시설물 중에서도 가장 많은 전문가가 동원되고 가장 많은 시간과 돈이 들어간 시설물 중 하나일 것입니다. 예를 들면 '인디애나 존스'와 같은 새로운 어트랙션 시설물을 만드는 데는 콘셉트 디자인부터 완성까지 보통 10년 이상 걸립니다. 디자이너와 건축가, 쇼, 시나리오, 특수효과, 조명 등 보통 20개 이상의 분야별 전문가들이 참여해 만들어지는 것이지요."

디즈니랜드 얘기가 나오자 그는 "디즈니 신화는 기업의 신화이기도 하지만 눈에 보이지 않는 펀(Fun)이 가득하며 바로 그 펀과 행복을 파는 기업이다. 우리나라도 앞으로 이러한 펀을 파는 엔터테인먼트산업이 발전해야 한다."면서 "한국은 모방은 잘하지만 크리에이티브가 약하다. 아파트나 식당, 거리, 관공서 건물 다들 네모난 형태의 건물들로 차별성이 없다."고 했다. 따라서 상상의 나라를 현실로 끌어 오는 창조 콘텐츠 생산이 매우 중요하다고 강조했다.

다시 과거로 돌아간다. 1990년 미국 경제의 침체로 감원 바람이 불자 안 씨는 LA 한인타운에 테마파크와 각종 상업시설을 전문으로 하는 디자인·설계 회사를 차려 자신만의 영역을 확보해 나갔다. 미국은 물론 대전 엑스포 한국통신관의 인테리어 업무와 대전 엑스포의 롯데그룹관 프로젝트에 참여하게 된 것도 이때였다.

2004년 커닝햄으로 자리를 옮긴 그는 엔터테인먼트와 테마파크, 리조트 분야를 맡아 전문적으로 일해 나갔다. 커닝햄은 디즈니랜드와 유니버셜 스튜디오, 파라마운트, 워너 브러더스 등 전 세계 테마파크를 가장 많이 디자인·설계하는 회사라는 점에서 안 씨에게는 더할 나위 없는 행복한 일터였다. 결국 능력을 인정받아 부사장 자리까지 올라가게 됐다.

요즘에는 어떤 일로 바쁠까. "롯데월드는 현재까지 18년 동안 인연이 이어지고 있으며 작년부터 다시 (롯데월드에서) 내부와 외부, 쇼핑몰 등의 리모델링 작업을 하고 있다."면서 그것 때문에 미국과 서울을 수시로 오가고 있다고 말했다. 아울러 기업체나 지방자치단체에서 펀과 엔조이를 팔아야 한다는 내용의 강연과 함께 여러 개발 프로젝트 콘셉트와 디자인 등의 일에 참여하고 있다고 덧붙였다.

"우리나라는 경제 대국 10위권답게 관광에 대한 생각을 바꿔야 합니다. 진정한 휴식, 재충전이 이뤄지는 휴가 개념이 필요합니다. 한국에는 제대로 휴식을 취할 장소가 별로 없습니다. 예를 들어 호텔, 식당, 놀이 시설, 자연 등 여행자의 모든 요구를 하나의 동선에서 충족시킬 수 있는 국제 수준의 리조트가 없다고 할 수 있지요."

인생에서 재미와 흥미란 엔터테인먼트를 말하며 이는 말초적인 쾌락을 넘어 깊은 감동을 주는 만족이라고 역설한다. 영화, 공연, 패션, 예술, 스포츠, 레저, 휴식 및 각종 취미생활, 쇼핑, 인터넷과 컴퓨터, 요리, 휴대전화 등은 결국 엔터테인먼트를 위한 수단이며 엔터테인먼트는 삶의 질을 추구하는 데 꼭 필요한 것이라고 말한다.

인터뷰를 마치면서 성공의 비결이 무엇이냐고 물었다.

"저는 언제나 펀을 생각했습니다. 디자이너가 펀을 추구하지 않으면 어떻게 사람들의 환상과 꿈을 실현시킬 수 있느냐고 항상 제 자신에게 물었죠. 그러면서 비전을 세우자, 창의적으로 생각하자, 스스로를 믿자, 지식은 힘이다 등 네 가지 키워드를 중요하게 여기면서 살아 왔습니다."

출처 : 서울신문, 2012년 4월 19일자 발췌

# 제12장 카지노업

## 1. 카지노의 개념과 발전과정

### 1) 카지노의 개념

카지노(Casino)란 도박・음악・쇼・댄스 등 여러 가지 오락시설을 갖춘 연회장이라는 의미의 이탈리아어 카자(Casa)가 어원으로, 일반적으로 사교나 여가선용을 위하여 전문 갬블링(Gambling)[8)]이 이루어지는 공간을 의미한다. 사전적으로는 음악, 댄스, 쇼 등 여러 가지 오락시설을 갖춘 실내 도박장을 의미한다.

최근에는 단순히 게임만 하는 공간이 아니라 관광객을 유치하기 위해 다양한 볼거리를 제공하는 리조트 형태로 바뀌어 가고 있다. 또한 카지노는 자연관광의 대체상품으로 여가활동이 이루어지기 힘든 야간에 주로 여흥을 돋우고 소비를 촉진시키는 중요한 야간 관광시설로 이용되고 있다. 이러한 카지노 관련 산업을 게이밍산업(Gaming Industry) 또는 갬블링산업(Gambling Industry)이라고도 칭한다. 게이밍산업이란 카지노와 게임기구 및 게임장비

8) 최근에는 카지노산업을 갬블링산업이 아닌 게이밍(gaming)산업으로 칭하고 있다. 게이밍이란 용어는 과거 카지노 도박이 가진 퇴폐적이고 불법적인 개념으로부터 합법적인 위락활동을 일컫는 것으로, 도박이 가지고 있는 커다란 부정적인 관념을 최소화시키고자 생겨났다.

와 같은 다양한 게임시설과 장소를 제공하고, 레스토랑, 라운지, 공연장을 포함한 유흥시설을 제공하는 사업으로 정의된다. 국내에서는 부정적인 이미지로 사행산업이라고도 불리며, 적은 돈으로 베팅해서 큰돈을 벌 수 있는 업종을 말하며 복권, 카지노, 경마·경륜·경정·경견 등이 해당된다.

카지노업은 이러한 게이밍산업의 대표적인 형태로 전용영업장을 갖추고 주사위·트럼프·슬롯머신 등 특정한 기구 등을 이용하여 우연의 결과에 따라 특정인에게 재산상의 이익을 주고 다른 참가자에게 손실을 주는 행위 등을 하는 업(「관광진흥법」 제3조 제1항 5호)을 뜻한다. 카지노는 관광사업의 발전과 크게 연관되어 있으며 특히 관광호텔 내에 위치하여 관광객에게 게임·오락·유흥을 제공하여 체재시간을 연장하고 관광객의 지출을 증대시키는 관광산업의 주요한 사업 중 하나로 자리매김하고 있다.

### 레저형 관람 스포츠 경마

■ 경마(Horse Racing)란?

국내 최대 경마장 과천경마장

한국마사회법에 의한 정의로는, "경마란 기수가 기승한 말의 경주에 승마(勝馬) 투표권(마권)을 발매하고 승마 적중인에게 환급금(배당)을 교부하는 행위"라고 되어 있다. 공신력이 있어야 하므로, 경마를 시행하는 나라에서는 특별법에 의하여 정부·지방공공단체의 지휘·감독을 받게 되어 있다. 국내에는 과천, 부산, 제주 세 곳에 경마장이 있으며, 연간 2,000만 명이 즐기는 레저형 관람 스포츠로 자리 잡고 있다.

기원은 인간이 말을 가축화한 시기와 같을 만큼 오래되었다고 한다. 호메로스의 「일리아스」에 전차경마의 기록이 있고, 고대 그리스 올림픽 경기에도 기마경기 기록이 있다. 오늘날과 같은 형태의 경마는 중세기 영국에서 등장한 엽기(獵騎: hunting)를 모체로 발전한 것으로 생각된다.

말을 타고 들로 나가 여우・토끼를 사냥하는, 용감하고 씩씩한 스포츠로 절대주의 왕조 확립 후 왕후・귀족들 사이에서 인기를 모았다. 그것은 각자가 가지고 있는 말의 능력을 겨루게 하였고, 자기의 기마술을 과시하는 방법이 되기도 하였다.

■ 경륜(Bicycle Race)이란?

아마추어 자전거 경주와 구분하여 프로 자전거 경주라고도 한다. 경륜을 가장 먼저 시행한 국가는 덴마크로 1888년 수도 코펜하겐 근교의 오드랍 경기장을 개장하면서 경륜을 도입, 당시 연승식과 단승식 경주권을 판매하였다. 인구 1인당 자전거 보급률이 1대 이상인 덴마크는 주로 오후 7~10시대 야간경기 위주이다. 경마식 경륜은 일본에서 가장 활발하다. 제2차 세계대전 이후 일본은 전후 국가 재건을 위한 재정확보와 국민사기 진작책으로 경륜을 도입하였다. 경마・모터보트・자동차경주와 함께 4대 프로 경주의 하나로 자리 잡고 있다.

국내 최대 경륜장 '광명스피돔'

한국은 1991년 12월 국회에서 「법률」 제4476호로 확정, 공포하면서 덴마크와 일본에 이어 세계 3번째 경륜국가가 되었다. 시행 원년인 1994년 서울올림픽 벨로드롬 경륜장에서 10월 15일 개막하여 6주간 경주를 치렀으며, 통상 3~11월까지 8개월간 경주한다. 국내에는 잠실경륜장이 1994년 최초로 설립되어 2000년 부산, 2003년 창원에 경륜장이 설립되었다. 2006년 국내 최대 규모의 광명스피돔이 건립되면서 잠실경륜장은 장외경륜장으로 활용되고 있다.

■ 경정(Motorboatracing)이란?

모터보트경주에 승자투표권을 발매하고 승자를 맞춘 사람에게 배당금을 주는 오락성 레저스포츠를 말한다. 1952년 4월 일본 나가사키현 오무라경정장에서 최초로 경정이 시작되어 지금까지 약 50년 동안 시행되고 있다. 국내에서는 2002년 6월 경기도 하남시에 있는 미사리경정장이 개장함에 따라 국내 최초의 경기가 펼쳐지게 되었다.

6명의 선수들이 모터보트를 이용해 600m 코스를 3바퀴 돌아 순위를 가리는 경주로, 관람객은 우승예상선수에 내기를 걸어 맞힐 경우 배당금을 받는다. 매출액의 70%는 고객에게 환급되며 나머지 30% 중 세금 18%와 운영비를 제외한 금액이 지방재정, 체육진흥기금, 청소년육성기금 등으로 쓰인다.

미사리경정장

■ 경견(Dog Racing)이란?

경견은 개들이 벌이는 경주를 보며 내기를 걸어 우승개를 맞히는 레저다. 우리에게는 생소하지만 미국, 호주, 동남아 등 세계의 많은 사람들이 즐기고 있다. 경견의 영어식 표현은 '도그레이싱(Dog racing)'. 그러나 대부분 그레이하운드종의 개들이 레이싱에 나서기 때문에 '하운드레이싱(Houndracing)'이라고도 한다. 훈련받은 그레이하운드들이 타원형 또는 원형의 트랙을 미끼인 토끼를 재빠르게 쫓아 다른 개들과 경쟁하는 시합에서 시작되었다.

경견장면

미국에서 그레이하운드 경주는 구경하는 스포츠 인기순위에서 6위에 이르고 있다. 플로리다주는 경견으로 유명한 곳으로, 미국의 50여 경견장 가운데 플로리다주에만 17곳이 몰려 있다. 하루 14차례의 경주가 10분 간격으로 펼쳐지며 잠실경륜장 규모의 경주장을 8마리의 경주견이 한바퀴 반 정도 돈다. 투견(鬪犬)이 생명을 죽일 수도 있어 지탄받는 것과 달리, 경견은 경마(競馬)처럼 도박 스포츠로 대접받으면서도 할머니에서부터 아이들까지 참여하는 가족레포츠로 인정받고 있다.

국내에선 태백시가 2000년 폐특법 개정을 통한 경견장 유치를 시도했지만 무산됐으며, 제천시도 2002년 경견트랙을 시설했지만 결국 철거됐다.

## 2) 카지노의 발전과정

우리나라 카지노 설립의 법적 근거가 된 최초의 법률은 1961년 11월에 제정된 「복표발행현상기타사행행위단속법」으로 1962년 9월 동법의 개정된 사항에 외국인을 상대로 하는 오락시설로서 외화획득에 기여할 수 있다고 인정될 때에는 이를 허가할 수 있게 함으로써 그 설립 근거가 마련되었다. 이와 같은 법적 근거가 외래관광객 유치를 위한 관광산업진흥책의 일환으로 카지노의 도입이 결정되어 1967년 인천 올림포스호텔 카지노(현, 골든게이트 카지노)가 최초로 개설되었고 그 다음해에 주한 외국인 및 외래관광객 전용의 위락시설로서 서울에 워커힐호텔 카지노가 개장되었다(현재는 두 시설 모두 (주)파라다이스에 의해 운영되고 있다).

1996년 6월에는 「복표발행현상기타사행행위단속법」의 개정으로 당시까지 카지노에 내국인 출입을 허용하였던 것을 카지노 내에서 내국인을 상대로 사행행위를 하였을 경우 영업행위의 금지 또는 허가취소의 행정조치를 취할 수 있게 되었다. 이로써 카지노에 내국인 출입이 제한되어 우리나라 카지노가 외국인만을 대상으로 이용객을 한정하는 근거가 마련되었다.

1994년 8월 「관광진흥법」에서 카지노산업을 관광산업으로 규정함으로써 국내 카지노산업은 사행행위 영업에서 관광산업의 일종으로 위상이 변화되었다. 이와 같은 위상 변화는 카지노산업이 외화획득에 지대한 기여를 하고 있다는 현실을 감안하여 카지노산업을 보다 건전한 방향으로 활성화시키고자 제도적 차원에서 개선·보완한 것이다. 또한 「관광진흥법 시행규칙 개정령」이 1997년 12월에 공포됨으로써 카지노 영업종류에 슬롯머신, 비디오게임, 빙고게임이 신설되어 1998년 1월부터 시행되고 있으며 카지노의 허가·감독기관은 과거 여러 기관으로 이관되어 오다가 현재 문화체육관광부 관광국에서 담당하고 있다. 한편 최근 「관광진흥법」이 보완·개정되면서 카지노 허가대상 시설을 종전 특1등급 관광호텔에서 특2등급 관광호텔(특1등급 호텔이 없는 시·도에 한함) 및 국제회의시설로 확대하는 등 지속적인 허가 완화정책이 진행 중에 있다.

1995년 「폐광지역개발지원에 관한 특별법」이 제정되어 내국인 출입이 가능한 카지노를 강원도 폐광지역(정선군 고한·사북읍 백운산 지구 350만 평)을 중심으로 개발하였다. 2000년 10월 스몰카지노를 개장하고, 2003년 4월에 강원랜드 호텔 & 카지노 및 테마파크를 개장하였다. 2004년 스키장 개장, 2005년 골프장 개장, 2010년 하이원리조트 증축 개장, 2011년 컨벤션호텔 개장 등 사업영역을 지속적으로 확대해 나가고 있다.

## 2. 카지노산업의 특성

카지노산업의 특성을 살펴보면 높은 경제적 파급효과, 관광객을 위한 오락시설의 제공기능으로 대별된다.

### 1) 높은 경제적 파급효과

카지노산업의 경제적 파급효과는 다른 산업에 비해 높게 나타난다. 카지노산업의 외화가득률(93.7%)과 수출산업의 외화가득률(반도체 : 39.3%, TV : 60.0%, 승용차 : 79.5%)을 고려하여 카지노 외화수입의 수출가치를 비교해 볼 때 카지노 외래객 1명의 유치는 반도체 76개 또는 컬러TV 4대를 수출한 것과 동일하며, 카지노 외래객 11명 유치는 승용차 1대를 수출한 것과 동일한 효과를 갖는다. 실제 국내 3곳의 카지노업장을 운영 중인 그랜드코리아레저(GKL)의 2009년 매출액만을 놓고 따지면 경제적 파급효과가 YF소나타 자동차 5만 3천22대, D램 반도체 3억 9천 개, 32인치 TV용 LCD 패널 500만 대의 판매수익과 동일하다고 발표된 바 있다.

고용측면에서 살펴보면 카지노업은 일정의 시설만을 갖추고 연중무휴로 영업되는 순수 인적 서비스 상품으로 높은 인적 의존도를 보이고 있다. 카지노업의 고용효과는 수출산업인 섬유가죽업, TV부문, 반도체산업, 승용차산업보다 훨씬 높아 경제적 파급효과가 높다.

또한 수입 측면에서 외래관광객의 1인당 소비액을 늘리고, 체재기간을 연장시키면 이는 경제적 효과로 이어진다. 카지노 이용객의 1인당 소비액은 외래관광객 1인당 평균소비액의 약 38%을 차지할 정도로 단일 지출항목으로는 높은 비중을 차지하고 있으며 또한 카지노 이용객의 1인당 소비액은 매년 증가세를 보이고 있어 외래관광객 소비지출을 증가시키는 주요한 관광상품이라 할 수 있다. 뿐만 아니라 호텔영업에 기여도 및 의존도가 높다. 카지노고객은 호텔의 객실, 식음료, 유흥시설, 기타 부대시설을 이용하기 때문에 호텔에 추가적인 매출액을 증가시킨다. 또한 호텔 수입을 객실, 식음료, 카지노, 기타 수입으로 나눌 경우 대부분의 직영방식 카지노에서 나타나듯이 카지노수입이 전체 매출의 59%를 차지하고 객실수입 12%, 식음료수입 22%, 기타 수입 7%를 보여주고 있다. 따라서 카지노수입이 타 부문에 비하여 월등히 높아 호텔의 영업신장에 크게 기여한다.

### 2) 관광객을 위한 오락시설의 제공기능

게임과 오락 제공이라는 두 가지 서비스는 우리나라 카지노업의 기본적 기능이라 할 수 있다. 관광자원이 부족한 지역에서의 호텔 숙박, 혹은 비즈니스 목적의 관광객에게 카지노 호텔은 다양한 놀거리를 제공하게 된다. 또한 야간관광상품 및 실외관광 대체가 가능하다. 보통 카지노업장은 24시간 영업되므로 야간 관광상품으로도 이용될 수 있다는 강점을 가지고 있다. 또한 옥내의 실내 유기장에서 이루어지는 영업으로 악천후 시 야기되는 실외관광 상품의 대체상품으로써 상품의 한계가 거의 없다고 할 수 있다.

**[한국카지노업관광협회]**

(사)한국카지노업관광협회는 「관광진흥법」 제45조 및 동법 시행령 제41조에 의하여 1995년 3월 설립된 카지노 분야의 업종별 관광협회로서, 카지노업의 업무개선에 관한 지도감독과 이용자에 대한 서비스 향상, 카지노업 발전을 위한 조사・연구 및 홍보활동, 관광통계 업무, 카지노 종사자 교육훈련, 정부

또는 지방자치단체로부터 수탁받은 업무 등을 수행하고 있다.
또한 문화체육관광부의 위탁으로 카지노 종사자의 자질향상을 위하여 국내 이론교육과 해외 연수교육을 연계한 '1/2카지노 리조트 아카데미'(연 2회) 교육사업을 수행하고 있으며, 해외 카지노 고객 수요 창출 및 중국인 우수고객 유치확대를 위해 재외공관 등과 업무를 협력·지원하고 있다. 카지노업에 대한 대국민 인식제고를 위하여 카지노산업의 경제적 효용가치에 대한 각종 연구 조사 및 학술세미나 개최, 외국인 고객창출과 외화획득, 국제수지 개선에 기여하는 사업을 전개하고 있으며, 카지노업 진흥을 위한 업무 개선, 카지노 관련 각종 통계 작성·유지, 카지노 관련 출판물 간행·보급 등 홍보사업에 주력하고 있다.

## 3. 국내외 카지노 사례

### 1) 국내 카지노

2012년 현재 국내 카지노는 총 17개소로, 외국인 카지노 16개소(서울 3개소, 부산 2개소, 인천 1개소, 강원 1개소, 경북 1개소, 제주 8개소), 내외국인 카지노 1개소가 있다. 국내의 대표적 카지노 운영업체인 강원랜드, 세븐럭 카지노에 대해서 알아보면 다음과 같다.

#### (1) 강원랜드

국내 유일의 내외국인 카지노로 석탄산업 사양화에 따른 폐광지역 경제회생을 위해 관광산업을 육성할 목적으로 「폐광지역개발지원에 관한 특별법」에 의거 1998년 6월 설립된 지식경제부 산하의 공공기관(기타 공공기관)이다.

강원랜드는 카지노업장 운영뿐만 아니라 다양한 사업을 운영 중에 있다. 호텔&스키(강원랜드 호텔, 컨벤션 호텔, 하이원 호텔, 마운틴 콘도, 힐 콘도, 벨리 콘도), 하이원 C.C, 카지노, 사회공헌(교육지원, 문화예술, 지역재활력, 지역복지, 환경생태/장애인활력지원/매칭그랜트제도 등), 하이원 스포츠단

(아이스하키, 스키, 유도, 장애인 스키), KL중독관리센터(도박중독 관리 및 상담) 등을 운영하고 있다.

출처 : 강원랜드 홈페이지(http://www.high1.com/hotel-condo)

**강원랜드 호텔전경** **강원랜드 카지노 내부전경**

### (2) 세븐럭카지노

그랜드코리아레저(주)에서 운영하고 있는 세븐럭카지노는 2012년 현재 서울강남점, 서울밀레니엄힐튼점, 부산롯데점 등이 있다.

**세븐럭카지노(강남점) 전경**

그랜드코리아레저(주)는 한국관광공사 자회사인 외국인전용 카지노로서 문화체육관광부 산하 기타 공공기관으로 지정되어 있다. 외래관광객 유치 및 외화획득 증대, 한국 카지노산업의 국제 경쟁력 제고, 이익금의 관광인프라 확충을 위한 재투자, 관광객을 위한 야간 관광상품 제공 등 관광진흥을 도모하는 한편, 고용창출을 통한 청년실업 완화에 기여하고, 사회정서상 부정적인 이미지를 안고 있는 카지노운영에 대한 투명성과 공정성을 확보하고자 2005년 9월에 설립되었다.

출처 : 세븐럭카지노 홈페이지(http://www.7luck.com/kr/branch/gangnam)

**세븐럭카지노(강남점) 내부(좌 : 테이블게임, 우 : 슬롯머신)**

## 2) 해외 카지노

2010년 현재 world casino directory에 따르면 전 세계 카지노는 약 107개국에서 운영하며, 3,617개의 카지노업체가 등록되어 있다. 2000년도 초 약 2,000여 개의 카지노업체에서 약 배 가까이 증가한 수치이다. 특히 미국을 비롯하여, 프랑스, 영국, 독일, 캐나다 등은 관광 수입이 세계 10위권이면서도 세계 10대 카지노 보유국이기도 하다.

구체적인 카지노 현황을 살펴보면 미국 1,511개, 프랑스/네덜란드/영국/독일 등의 유럽국가에 576개, 러시아 169개 등이며, 아시아의 경우 마카오 34개소로 세계 10대 카지노업체 수에 포함된다. 마카오는 2006년부터 미국의 카지노시장을 추월하여 이제는 명실상부한 세계 제1의 카지노 매출국으로 자리매김하고 있다.

세계적으로 카지노는 메가리조트화 추세에 있다. 불특정 다수의 고객 지향, 가족단위휴양지의 지향을 통해 카지노의 확산과 대중화를 유도하고자 하고 있다. 카지노시설의 대형화, 테마화, 차별화를 통한 시장수요의 다변화, 호텔, 테마파크, 컨벤션 등을 연계한 시설 복합화를 통해 이용객을 확대시켜 나가고 있다. 실제로 세계적인 카지노로 유명한 라스베이거스는 잘 갖추어진 교통, 통신망을 통해 비즈니스맨과 관광객들에게 완벽한 서비스 제공, 각종 박람회, 쇼 등 다양한 볼거리 제공, 인근 관광명소를 개발한 관광테마화 등을 통한 관광수익을 통해, 미국에서 가장 성장한 도시로 꼽히고 있다.

〈표 12-1〉 세계 10대 카지노 국가 및 카지노 집중도시

| 10대 카지노 국가 | | | 카지노 집중도시 | | |
|---|---|---|---|---|---|
| 순위 | 국가 | 카지노 수 | 순위 | 국가와 도시 | 카지노 수 |
| 1 | 미국 | 1,511개 | 11 | 미국의 라스베이거스(Las Vegas) | 122개 |
| 2 | 프랑스 | 189개 | 12 | 미국의 마이애미(Miami) | 74개 |
| 3 | 러시아 | 169개 | 13 | 러시아의 모스크바(Moscow) | 54개 |
| 4 | 네덜란드 | 167개 | 14 | 에스토니아의 탈린(Tallinn) | 40개 |
| 5 | 영국 | 144개 | 15 | 중국의 마카오(Macau) | 32개 |
| 6 | 캐나다 | 110개 | 16 | 미국의 데드우드(Deadwood) | 29개 |
| 7 | 아르헨티나 | 79개 | 17 | 미국의 세인트피터즈버그 (St. Petersburg) | 28개 |
| 8 | 독일 | 76개 | 18 | 미국의 헨더슨(Henderson) | 26개 |
| 9 | 에스토니아 | 75개 | 19 | 라트비아의 리가(Riga) | 26개 |
| 10 | 페루 | 48개 | 20 | 영국의 런던(London) | 24개 |

### (1) 겐팅 하이랜드(Genting Highlands)

'고원 위 라스베이거스'라는 별칭이 붙은 겐팅 하이랜드는 말레이시아에서 유일하게 카지노를 즐길 수 있는 곳이다. '구름 위'라는 의미의 '겐팅'이란 이름처럼 겐팅 하이랜드는 해발 2,000m에 자리하고 있는 고원지대로 날씨가 선선한 편이라 말레이시아인들의 피서지로도 각광받고 있다. 카지노 외에도 놀이동산, 리조트, 골프장을 갖추고 있어 가족 여행객들이 많이 방문한다. 스카이다이빙 체험실, 암벽등반, 스노월드 등 독특한 즐길거리가 준비되어 있으며, 그중 스노월드는 쿠알라룸푸르에서 유일하게 눈을 구경할 수 있는 곳이다. 겐팅 하이랜드는 자동차나 케이블카를 이용해 오를 수 있다. 케이블카는 주변 경치를 둘러보며 겐팅 하이랜드에 오를 수 있어 관광객에게 인기다.

출처 : 겐팅 하이랜드 홈페이지(www.gentinghighlands.info/)

겐팅 하이랜드 원경 　　　　　　겐팅 하이랜드 호텔

### (2) 베네치안마카오(Venetian Macao)

마카오에 있는 베네치안은 라스베이거스 소유의 호텔 & 카지노로 세계 최대 규모의 카지노를 오픈하였다. 마카오는 2006년 게임 매출로 라스베이거스를 누르고 호텔을 건설하였다. 2007년 8월 베네치안마카오는 카지노의 고향인 라스베이거스의 '베네치안 리조트'를 본떠서 개장하였다. 코타이해협을 매립한 곳에 들어선 베네치안마카오는 11만㎡의 매머드급 컨벤션센터와 1만 5,000석의 스타디움 등 매머드급 규모이다. 마카오의 27번째 카지노인 베네치안마카오는 축구장 3개 크기 면적에 6개의 초대형 건물과 초대형 카지노, 운하와 내부 경기장, 4개의 주제를 가진 게임장으로 구성되어 있다. 게임장 안에는 갬블링 테이블 1,150개, 슬롯머신 7,000대를 갖췄으며, 호텔에는 3,000개의 객실과 1,800석의 콘퍼런스센터와 350개의 부대시설이 있다.

출처 : 베네치안 호텔 & 카지노 홈페이지(http://www.venetianmacao.com/)

베네치안 호텔 & 카지노 전면(좌)과 후면(우)

### (3) 벨라지오(Bellagio)

벨라지오(Bellagio)는 라스베이거스에 있는 호텔&카지노이다. 벨라지오 호텔은 1998년 개장 당시 호텔 건설액 사상 세계 4대 호텔로 손꼽히는 호텔로 총 3,000개의 객실을 보유하고 있으며, 이 호텔 앞에 만들어진 인공호수에서 26층 높이까지 치솟는 분수쇼(musical fountain)는 라스베이거스의 명물 중 하나로 손꼽히고 있다. 또한 라스베이거스 3대 쇼 중 하나인 태양의 서커스 오쇼[9](O Show cirque du soleil)를 통해 관광객의 유인력을 높이고 있다.

출처 : 벨라지오 홈페이지(http://www.bellagio.com)

벨라지오 호텔 분수쇼(좌)와 오쇼(우)

### (4) 보가타 호텔 & 카지노(Borgata Hotel & Casino)

출처 : 보가타 호텔&카지노 홈페이지(htt://www.theborgata.com)

보가타 호텔

미국 뉴저지주 애틀랜틱시티는 동부의 라스베이거스라고 불릴 만큼 많은 카지노들이 몰려 있다. 원래 애틀랜틱시티에는 부동산 재벌 트럼프 타지마할이 3개의 카지노 호텔을 소유해 애틀랜틱시티의 왕으로 군림하고 있었다. 하지만

9) 1998년 벨라지오 호텔의 오픈에 맞추어 시작된 공연으로 수십 개의 태양의 곡예단 공연 중 유일하게 수중무대에서 진행되는 수중곡예쇼이다. 150만 갤런의 수중무대에서 펼쳐지는 오쇼는 고전적인 서커스를 공연예술로 한 단계 승화시킨 태양의 서커스 중 최고의 역작으로 평가받고 있다.

2003년 설립된 보가타 호텔 & 카지노는 다양한 식음시설과 오락시설 등을 포함한 시설 설립을 통해 애틀랜틱시티에서 가장 큰 카지노로, 세계 10대 카지노 중 하나가 되었다. 건물 전체가 황금빛 유리로 애틀랜틱시티 해변에서 쉽게 눈에 띄어 랜드마크 효과를 톡톡히 누리고 있다. 카지노의 크기만 약 15,000㎡에 이르며, 슬롯머신의 개수만 3,475개에 이른다.

## 4. 카지노에서의 직업

카지노 관련 직업으로는 카지노딜러 외에도, 카지노 관리자, 카지노 출납원, 카지노감시운영원, 카지노안전관리원 등이 있다.

### 1) 카지노딜러

카지노딜러(casino dealer)란 카지노 영업장의 게임 테이블에서 게임을 진행시키는 사람을 말한다. 카지노딜러는 카지노의 꽃이라 불리며 기본적으로 바카라, 룰렛, 포커, 블랙잭 등의 게임규칙을 완벽하게 숙지한 상태에서 한 개의 테이블에서 게임을 진행하는 역할을 한다. 카드를 능숙하게 다루는 기술이 중요하며 게임규칙, 배팅에 대해 참가자에게 설명한 후 게임을 진행시킨다.

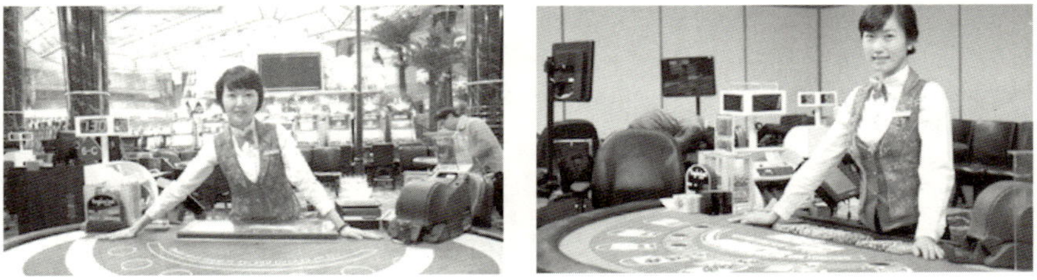

출처 : 강원랜드 홈페이지(http://www.high1.com/hotel-condo)

카지노딜러의 모습

딜러의 공인 자격증제도는 없으나, 카지노업체의 전문딜러 양성과정이 있고 대학에서 전공학과를 개설하여 양성하고 있다. 카지노업체에서 채용하여 일정기간 훈련과정을 거치면서 카지노딜러로 활동하게 되며, 3년 정도 숙련되면 전문딜러로서 활동하게 된다.

### 2) 카지노 관리자

카지노 운영 및 관리 업무를 총괄하고, 영업준칙 준수를 위하여 카지노종사자를 지도하고 업무를 감독·조정한다. 또한 카지노 내 칩의 유통상태를 점검하고 시설물이 정상적으로 유지되도록 점검·관리한다. 고객들의 불만사항을 최종처리하며, 입장이 불가한 고객을 선별한다. 영업활동을 분석하고 각종 영업정책을 수립한다. 콤프(고객의 게임실적에 따라 카지노 사업자가 카지노 고객에게 무료로 숙식 및 교통 등의 서비스를 제공) 및 크레딧(게임하는 조건으로 고객에게 칩으로 제공하는 신용대여) 관련 정책을 수립한다. 영업장 상황에 따라 게임룸이나 하우스룸 등의 운영 여부를 결정한다. 카지노 알선을 주선하는 자에게 주는 수수료에 대한 기준을 설정하기도 한다.

### 3) 카지노 출납원

카지노의 게임 운영을 위해 칩을 공급하고 회수하며 회계업무를 수행한다. 카운트룸을 운영하며 카지노에서 사용되는 칩을 공급하고 회수한다. 게임테이블에 장착되어 있는 드롭박스에 있는 드롭(현금, 수표, 여행자수표 등의 내용물)을 정해진 시간에 회수한다. 각 테이블별로 회수된 드롭박스의 드롭을 계산 및 정리하고, 칩, 현금, 수표 등을 보관한다. 칩을 현금으로 교환하여 고객에게 지급한다.

### 4) 카지노감시운영원

카지노 보안실(모니터룸)에서 감시카메라를 통해 영업장을 감시한다.

게임테이블, 케이지, 카운터 룸 등 카지노 영업장 내에 설치되어 있는 감시카메라(폐쇄회로)로 각 영업장을 녹화한다. 감시카메라를 통해 고객을 감시하고 카지노종사원의 업무 및 회사의 자산을 감시하여 위반사항을 관찰, 기록 및 보고한다. 녹화장비를 점검하고 녹화물을 정리·관리한다. 필요시 증거물로 녹화물을 제공한다.

### 5) 카지노안전관리원

카지노 영업장의 원활한 운영을 위해 고객의 출입을 통제하며, 고객 및 카지노종사자의 안전을 도모한다. 카지노에 입장하는 고객들을 통제하고 물품을 점검하여 금지목록을 접수·보관한다. 고객의 신원을 확인하고 입장금지 고객의 출입을 통제한다. 영업장 내외를 순찰하며 고객 및 카지노종사자의 안전을 도모하고 감시한다. 영업장 내의 질서를 유지한다. 영업행위를 방해하거나 방해할 우려가 있는 사람을 강제 퇴장시킨다. 영업장의 고액 칩을 운반하거나 현금이동 시 경호업무를 수행하기도 한다.

**[강원랜드 최강 딜러 정주희]**

"프로정신 가진 멋진 딜러가 꿈이죠."

정주희 딜러(30)는 최근 제6회 강원랜드 딜링경진대회 대상 수상자다. 2001년 아르바이트로 입사한 그녀는 2006년 대리로 승진하며 어느새 경력 10년차 최고참 딜러가 됐다. 그녀의 손끝에서 거액이 움직이고 수많은 손님들이 지옥과 천당을 오간다. '테이블 위의 전쟁'의 여신은 어떤 사람일까?

딜링경진대회 대상을 축하합니다. 수상 소감은?

"솔직히 별 기대는 안 했습니다. 강원랜드의 카지노 딜러가 무려 1200명 가까이 되니까요. 딜링경진대회를 위해 약 두 달간의 예선전이 있었는데 운도 좋았는지 15명이 겨루는 본선까지 가게 됐습니다. 마음속으로 욕심이 생기더라고요. 거울을 보며 표정 연습과 자세 하나하나에 대해 나름대로 점검을 했습니다. 정확한 발음을 위해 입술에 연필을 물고 책 읽는 연습도 했죠. 결국, 대상을 받긴 했지만 아직도 더 연습해야 한다고 생각하고 있습니다. 만약 기회가 생긴다면 해외에서 진행하는 딜링경진대회도 참가해 보고 싶어요."

'카지노 딜러'라는 직업이 뭔가요?
"카지노 딜러는 게임 테이블에서 게임을 진행시키는 직업입니다. 화려한 유니폼을 입고 딜러의 기능에 따라 카지노 수익이 좌우되는 특성으로 '카지노의 꽃'이라 불리죠. 고객을 상대해야 하는 서비스 직종이기 때문에 외모에서부터 말투까지 친절성이 몸에 배어야 합니다. 그렇다 보니 빠른 판단력과 유연한 상황대처 능력도 필요하구요."

딜러가 된 계기는?
"2000년 카지노란 단어가 생소할 당시 386세대의 부모님들은 대부분 카지노에 대한 거부반응이 지배적이었습니다. 대학 진학을 고민하던 중 우연히 카지노학과의 대학교 교수님을 만나게 되었습니다. 교수님은 관광계열 발전의 잠재력은 무한할 것이며, 특히 카지노 분야가 전문성으로 보나 비전으로 보나 적극 추천할 만한 직업이라고 했습니다. 그 얘기를 듣는 순간 부정적 견해와 두려움보다는 개혁되지 않은 새로운 무대에 내가 주인공이 될 수 있다는 호기심과 확신이 생겼습니다. 그래서 카지노학과를 선택했고 때마침 강원랜드가 오픈을 했습니다. 부푼 마음으로 강원랜드에 아르바이트로 지원해서 일을 하게 됐습니다."

카지노에서 일하면서 기억에 남는 손님은?
"2002년 일이지만 그 손님의 얼굴이 아련히 기억납니다. 나이가 지긋하신 중년의 할머니셨습니다. 중후한 멋과 교양도 많아 보이셨죠. 아침

10시 개장시간에 맞추어 입장하셔서 오전까지는 돈을 조금 따시다가 거기에 만족하지 못하고 계속 게임을 하시다 보니 결국에 돈을 거의 다 잃게 되었습니다. 그때 우연히 제가 그 테이블 딜러로 근무하게 됐고 할머니는 게임에서 계속 승전했습니다. 제가 봐도 기가 막힐 정도로 운이 잘 따르시더라고요. 할머니는 제가 하는 딜링이 너무 좋아서 게임이 잘 됐다고 말씀하시더라고요. 그 다음날 오시더니 저를 찾아 작지만 마음의 표시라며 초콜릿 한 상자와 시계를 선물로 내미시며 도망치듯 나가셨습니다. 사규상 선물은 받지 못하게 돼서 시계는 돌려드렸지만 받으시면서 저에게 피해가 갈까봐 염려하시는 순수한 할머니의 눈빛이 아직도 생생히 기억납니다."

카지노 게임에 대한 철학이 있다면?

"인류의 역사에 비하면 카지노 게임은 보잘것없는 짧은 역사를 가진 놀이의 문화 중 하나지만 분명한 것은 '놀음'이 아니라 정확한 룰에 의해 진행되는 '게임'이라 말하고 싶습니다. 물론 기본적인 예의를 갖추는 것. 즉 매너는 본인의 기분으로 좌지우지되는 것이 아니라고 생각합니다. 또한, 본인의 상황에 맞게 게임비용을 정해서 잃어도 기분 나쁘지 않을 정도로 해야 합니다. 카지노게임을 돈을 따기 위해 하는 것이 아니라 기분전환을 위한 놀이로 인식해야 한다고 생각합니다. 그리고 게임을 할 때는 동료나 가족과 함께해야 게임비용 조절이 가능합니다. 혼자서 하게 되면 스스로 조절능력을 잃고 무리하시는 분이 많거든요."

앞으로 어떤 딜러가 되고 싶나요?

"프로정신을 가진 멋진 딜러이고 싶어요. 그동안 열심히 한 만큼 기회가 주어진다면 딜러 지망생을 가르칠 수 있는 교관도 되고 싶어요. 딜러는 카드 딜링만 잘하면 되는 것이 아니라, 소양을 갖추고 자기관리도 잘해야 되거든요. 이런 것은 한순간에 익혀지는 게 아니에요. 꾸준한 연습과 노력을 해야 하는 만큼 제가 그동안 익힌 노하우를 전수해 주고 싶습니다."

출처 : 스포츠월드, 2011년 11월 4일자 발췌

# 제 13 장 관광 e-Business

## 1. e-Business의 개념

### 1) e-Business의 정의

정보기술의 발전과 함께 e-business 환경의 도입으로 인하여 기업 경영환경은 급격한 변화를 겪게 되었고, 이는 새로운 경영기법들의 출현으로 이어졌다. e-business는 인터넷 기술을 포함한 새로운 비즈니스 형태로 1997년 IBM에 의해 알려졌다. 이후 e-business는 '인터넷 기술을 기반으로 간편하고 광역적으로 핵심적인 비즈니스 업무 수행과정과 시스템을 결합함으로써 다양한 비즈니스 가치를 추구할 수 있는 안전하고 유연한 통합된 비즈니스 방식'으로 정의되었다. 즉 기업경영에 인터넷을 도입하여 기존의 경영활동 영역을 가상공간으로 이전시킨 것을 말한다.

e-business는 전자상거래(electronic commerce)와 혼용되는 경우가 있는데, e-business가 보다 넓은 범위의 단어이다. 전자상거래는 텍스트, 음성, 화상을 포함한 디지털 자료의 처리 및 전송에 기초한 조직과 개인을 포함하는 상업적 활동과 관련된 모든 형태의 거래 개념으로서 '인터넷 환경을 기반으로 한 판매와 구매활동'을 의미하는 반면, e-business는 보다 더 넓은 범위를 포괄한다.

또한, 전통적인 형태의 비즈니스와 e-business의 차이점은 비즈니스의 구성에 있어 전자는 제품(Product), 운영자(Player), 프로세스(Process)의 세 가지 요소가 물리적으로 존재하는 경우였다면, e-business는 위의 세 가지 구성요소 중 하나 이상이 디지털화되어 있는 경우를 의미한다. 최근 디지털 경제의 확산은 기존 제조업체에게 위기로 인식되면서 e-비지니스화는 생존을 위한 필수전략으로 자리 잡아 가고 있다. 고객은 e-비즈니스를 통해 더 많은 선택권을 갖게 되고, 편리함을 누릴 것이며, 실시간으로 제품에 대한 지식을 획득할 수 있다. 시공의 제약을 초월하여 언제나 고객 서비스를 받을 수 있을 것이며, 개인 맞춤형 제품, 가상기술 지원, 더 낮은 가격 등의 혜택을 누릴 수 있게 되었다.

## 2) e-Business의 기술적 발전단계

### (1) 1단계

전자게시판 또는 전자광고를 통해 소비자가 웹사이트에 제시된 제품 및 서비스의 정보에 접근할 수 있는 단계로서 기술적인 측면에서 단순한 정보제공 기술이 요구되는 수준이다.

### (2) 2단계

2단계는 가상 카탈로그 단계로 이 단계에서는 기업이 제품 및 서비스에 대하여 소비자에게 정보를 제공하고 소비자는 바로 구매가 가능한지 실시간으로 검색이 가능한 단계로서 검색도구와 데이터베이스 인터페이스와 같은 정보기술이 요구되는 단계로 보았다.

### (3) 3단계

3단계는 가상물 단계로 이 단계에서는 2단계의 제품 및 서비스 정보를 제공할 뿐만 아니라 고객이 해당기업의 웹사이트를 통하여 주문과 결제가 가능한 단계로서 거래처리 지원시스템과 지불처리 시스템 및 보안처리 등의 기술이 요구되는 단계이다.

■ EDI(Electronic Data Interchange)

이메일 · 팩스와 더불어 전자상거래의 한 형태이며, 기업 간 거래에 관한 데이터와 문서를 표준화하여 컴퓨터 통신망으로 거래 당사자가 직접 전송 · 수신하는 정보전달 시스템이다. 주문서 · 납품서 · 청구서 등 무역에 필요한 각종 서류를 표준화된 상거래서식 또는 공공서식을 통해 서로 합의된 전자신호로 바꾸어 컴퓨터 통신망을 이용하여 거래처에 전송한다.

그러므로 국내 기업 간 거래는 물론 국제무역에서 각종 서류의 작성과 발송, 서류정리절차 등의 번거로운 사무처리가 없어져 처리시간의 단축, 비용의 절감 등으로 제품의 주문 · 생산 · 납품 · 유통의 모든 단계에서 생산성을 획기적으로 향상시킨다. 단, 전자문서교환의 대상은 컴퓨터가 직접 읽어서 해독가능하고 인간의 개입 없이 다음의 업무처리를 자체적으로 처리할 수 있는 주문서 · 영수증 등과 같은 정형화된 자료가 대상이다.

이것은 미국의 운송업계에서 문서의 전송지연 및 중복처리로 인한 비효율성을 해결하기 위해 1975년에 처음 도입하였고, 1978년 운송업계의 전자문서교환 표준을 제정하였다. 국제연합에서는 1960년부터 국제연합 유럽경제위원회 아래 대외무역서류 간소화 및 표준화 작업팀을 구성하여 무역서류의 간소화와 표준화를 추진하고, 1963년에 무역서류상 반복해서 나타나는 기재항목의 배열에 대한 표준서식 설계도를 제정하였다. 1987년 3월 유인 · 행정 · 무역 및 운송에 관한 EDI 국제표준이 제정되었다. 그 후 1990년 5월 본격적인 EDI 통신표준인 X.435 권고안이 제정되었다. 한국은 1987년에 처음 도입하였다.

■ ERP(Enterprise Resources Planning)

전사적 자원관리 또는 기업자원관리. 한마디로 기업 내 통합정보시스템을 구축하는 것을 말한다. 이 용어를 처음으로 사용한 것은 미국 코네티컷주 정보기술 컨설팅회사인 가트너그룹으로 알려져 있다. 가트너그룹은 ERP를 '제조업무시스템을 핵으로 재무회계와 판매, 그리고 물류시스템 등을 통합한 것으로 가상기업을 지향하는 시스템'이라고 정의했다.

ERP는 인사 · 재무 · 생산 등 기업의 전 부문에 걸쳐 독립적으로 운영되던 인사정보시스템 · 재무정보시스템 · 생산관리시스템 등을 하나로 통합, 기업 내의 인적 · 물적 자원의 활용도를 극대화하고자 하는 경영혁신기법이다. 따라서 ERP를 구축한 기업의 경우, 한 부서에서 데이터를 입력하기만 하면 전 부서의 업무에 반영되어 즉시 처리할 수 있게 된다.

출처 : EDI, 두산백과

#### (4) 4단계

4단계는 기업의 웹사이트가 사용자들 간의 중개업 역할을 하게 되는 전자시장의 단계로 실시간 공급자에게 질의를 하기 위한 EDI(Electronic Data Interchange)와 같은 기술이 필요하다. 이는 온라인에서 전자상거래 및 인터넷 기반의 ERP(Enterprise Resources Planning)를 통해 기업 내외부의 비즈니스 프로세스와 거래를 직접 지원하는 단계라 할 수 있다.

### 3) e-Business의 유형

#### (1) B to B

e-business에서 B to B란 기업(Business)과 기업(Business) 간의 e-business 활동을 의미하며 기업들 사이에서 견적, 구매, 발주, 결재 등의 거래가 이루어지는 것을 말한다. 이는 기존의 기업과 기업의 거래방식이 인터넷 환경을 기반으로 상호 문서거래의 전자문서화, 직접 자금 납입방식에서 전자자금 이체 등으로의 변화를 가져왔다.

B to B는 기업 간 폐쇄된 네트워크상에서 특정 조직 간의 정보교환과 정보공유를 실현하여 설계에서 재고관리, 결재에 이르기까지 모든 단계에서 정보기술을 통해 경영효율화를 추진하는 것을 의미한다. 불특정 다수 기업 간에도 e-business가 성립되는 경우는 인터넷과 같이 개방된 네트워크를 통하여 전 세계 기업을 대상으로 마케팅을 하여 가장 좋은 조건을 제시하는 기업과 계약을 체결하는 B to B e-business도 존재한다.

#### (2) B to C

B to C는 기업(Business)과 소비자(Consumer) 간에 이루어지는 전자상거래를 의미하며 온라인 쇼핑 등이 대표적인 예이다. 전자상거래가 발전하기 이전에는 TV나 우편을 통한 카탈로그 등을 이용한 통신판매로 대부분 이루어졌으나 이후 인터넷의 발달로 온라인 쇼핑몰에서 소비자의 구매활동이 주류를 이루고 있다. 소비자나 기업의 인증, 카드회사·은행과의 결제가 시스템

상 중요하다. 소비자는 가상공간의 사이버 쇼핑몰에서 이용시간 제약 없이 물품을 주문·구매할 수 있으며, 기존의 거래와 비교하여 다양하고 방대한 정보를 접하고 다양한 제품에 대한 정보와 가격을 비교할 수 있어 구매형태가 빠르게 변화되고 있다. 따라서 고객이 인터넷, 무선통신망 등의 수단을 통해 기업과 소비자 간 쌍방향의 상호작용을 통한 커뮤니케이션으로 소비자가 기업의 제품정보를 검색하고 구매할 수 있다.

### (3) B to G

B to G는 기업(Business)과 행정기관(Government)과의 거래를 의미하며 이 유형의 업무는 정부가 전자상거래를 촉진시키기 위하여 정책적으로 사용하기도 하는 정부 조달관련 거래라고 할 수 있다. 정부기관에서 사용 예정 물품이나 공사 등의 정보를 웹 등의 수단을 통하여 전자공시하고 조달물품업체나 시공업체들이 이에 응하는 형태가 대표적인 예라고 할 수 있다. 이외에도 기업의 세금 납부 및 환급, 신고 및 허가 등의 업무를 e-business를 통하여 진행할 수 있다.

### (4) C to G

소비자(Consumer)와 정부(Government) 사이에서 발생하는 e-business거래를 의미하며 정부가 국민을 소비자로 인식하고 대국민 행정서비스를 전자상거래의 형식으로 이용할 수 있도록 만든 것이 대표적인 유형이다. 정부기관에서 각종 민원서류 및 증명서를 온라인상으로 발급하고 각종 제세공과금의 납부 또한 인터넷 결제시스템을 이용하여 납부할 수 있는 방안이 지속적으로 증가하고 있는 추세이다.

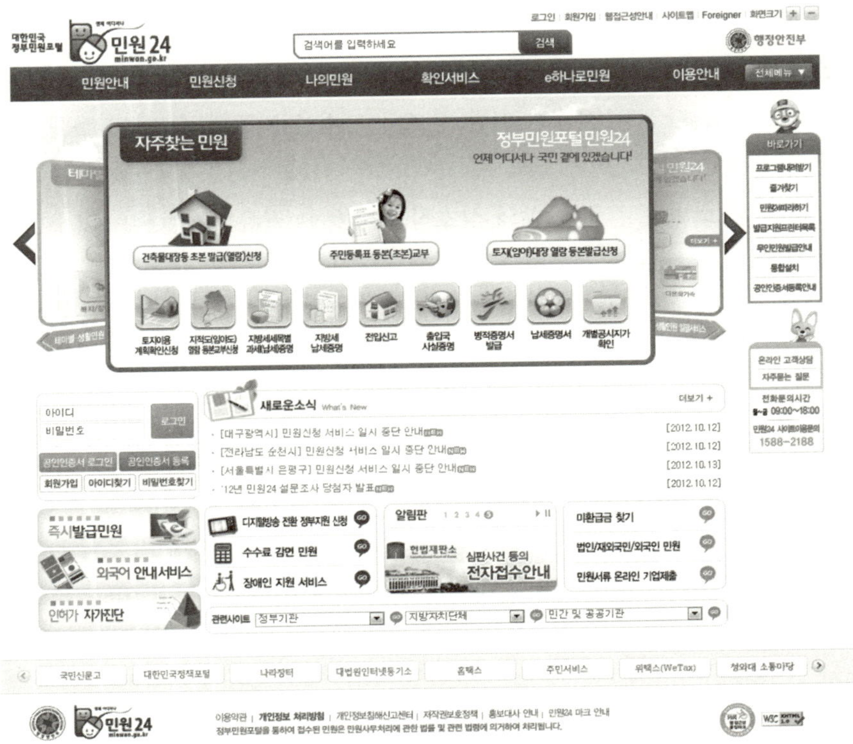

C to G 유형의 하나인 대국민 민원정보 제공서비스 사이트

### (5) C to C

소비자(Consumer)와 소비자(Customer)와의 관계를 의미한다. 소비자가 제품판매의 주체인 동시에 구매의 주체가 된다. 인터넷상에서 소비자들 사이에 직접 물건을 팔고 사는 것을 뜻하며 경매사이트가 대표적인 사례이다.

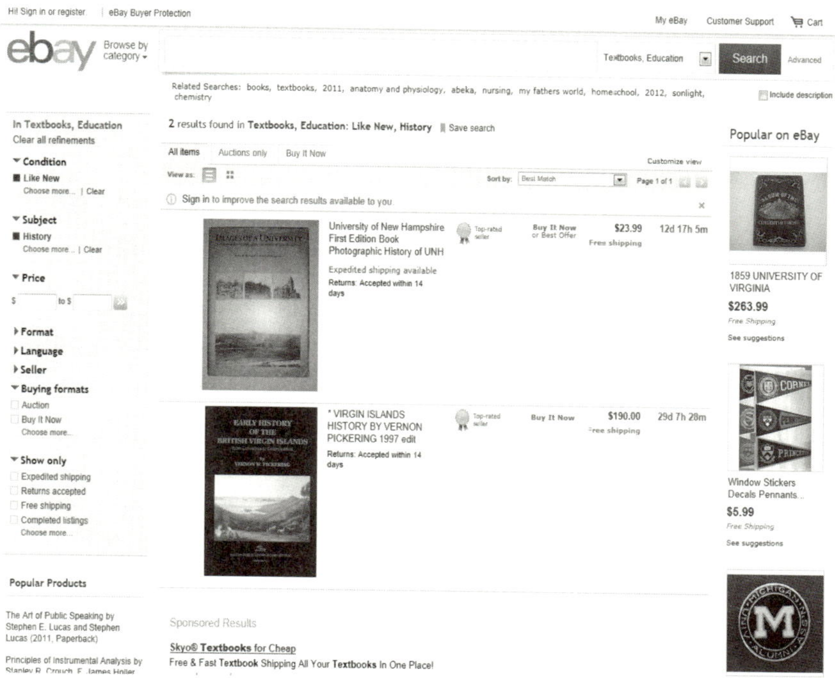


C to C 운영형식의 온라인쇼핑몰

## 2. 관광산업의 e-Business

한국은 세계 최고수준의 인터넷 이용환경 구축과 IT산업의 지속적인 성장으로 인하여 e-business가 발전하기에 적합한 환경이라고 볼 수 있다. 국내 전자상거래 시장은 2000년 58조 원에서 시작하여 2004년 약 300조 원으로 5배 이상 성장하였고, 2011년 전자상거래 총액이 999조 원으로 조사되어 불과 10년 사이에 20배에 가까운 성장을 하고 있다. 2005년에 산업자원부에서 조사한 '업종별 e-business 시스템 도입률'을 보면 숙박 및 음식점업은 다른 산업부문에 비하여 낮은 운용률을 보여주고 있다. 하지만 여행업의 경우에는 2006년 기준으로 온라인상의 쇼핑몰 전체 거래액 중 14% 정도가 여행 및 예약서비스에서 발생하였다.

### 1) 여행업의 e-Business

정보통신의 발달에 따른 인터넷 사용 확산에 따라 여행업 역시 인터넷 기반의 비즈니스가 가능해졌다. 온라인 여행사는 인터넷 환경 내에서 e-mail, 여행지 및 상품정보 검색, 상품 안내, 상담, 전자결제 등의 서비스를 제공하며 e-business를 실현하고 있다. 인터넷을 활용한 여행사를 '온라인 여행사', '인터넷 여행사', '사이버 여행사' 등으로 부른다.

온라인 여행사는 다음과 같은 장점을 갖는다. 첫째, 고객과의 직접적인 접촉을 통하여 중간 유통비용이 단축된다. 둘째, 영업점에서의 직접 판매보다 지역을 초월한 많은 구매자들에게 상품을 안내할 수 있다. 셋째, 여행상품의 경우 눈에 보이지 않는 상품으로 구성되기 때문에 사이버상에서 제품을 전시하고 설명하기가 더 용이하다. 또한 여행사를 이용하고자 하는 고객의 입장에서도 쉽게 여러 여행업체에 접속하여 상품을 검색하고 비교할 수 있으며 다양한 여행정보 또한 쉽게 접할 수 있는 장점이 있다.

### 2) 온라인 여행사의 유형

#### (1) 포털사이트(Portal site)의 여행서비스

포털사이트(Portal site)는 인터넷 접속 시 모든 사람이 접하게 되는 기본적인 환경으로서 순한 정보검색의 기능에서 오늘날 다양한 분야의 정보를 섹션별로 구분하여 사용자 위주의 편의성을 높이고 있다. 포털사이트에서의 여행관련 카테고리는 포털사이트와 여행사와의 업무제휴 등을 통하여 여행지의 관광정보, 숙박시설 및 관광편의시설을 안내하고 제휴된 여행사의 다양한 여행상품을 소개함으로써 포털사이트를 방문한 고객이 손쉽게 비교하여 구매할 수 있도록 운영되고 있다.

포털사이트의 여행/숙박/항공권 카테고리

### 포털사이트(Portal site)란?

포털(Portal)은 사전적인 의미로 '현관' 또는 '관문'을 뜻한다. 포털사이트란 집안으로 들어갈 때 반드시 지나가야 하는 현관처럼 네티즌들이 인터넷에 접속할 때 늘 거치도록 만든 사이트. 즉 인터넷에 접속해 웹브라우저를 실행시켰을 때 처음 나타나는 웹사이트로 이용자가 필요로 하는 다양한 서비스를 종합적으로 모아놓은 것을 말한다. 따라서 포털사이트는 네티즌들이 굳이 특정한 서비스를 위해 다른 사이트를 방문하지 않도록 다양한 서비스를 제공하고 있다. 처음에는 인터넷 정보검색서비스만 제공하던 네이버나 다음 등의 포털사이트도 지금은 뉴스, 주식, 스포츠 등 다양한 정보를 제공하고 있는 것은 물론 개인맞춤 서비스, 인터넷 쇼핑 등으로 서비스를 확대해 나가고 있다.

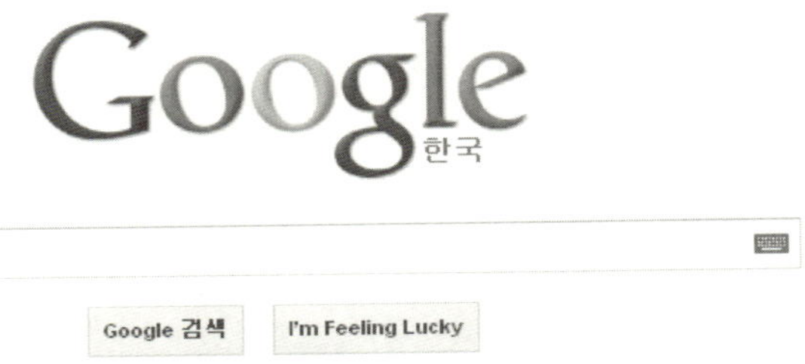


전 세계적으로 가장 많이 사용하는 포털사이트 중 하나인 구글

### (2) 병행온라인 여행사

기존의 오프라인 여행업을 운영하고 있는 여행사에서 e-business업무를 추가적으로 운영하는 여행사를 말한다. 전통적인 영업방식을 기본으로 하여 고정적인 오프라인 고객층을 확보하고 있어 e-business를 통한 온라인 여행업에 대한 위험성은 순수한 온라인 여행사에 비하여 낮은 편이다. 오프라인을 통해 판매한 상품과 온라인 판매상품에 대한 비교가 바로 되므로 공격적인 온라인 영업활동을 하는 데 제한이 있다. 현재의 병행온라인 여행사는 별도의 e-business사업부를 운영하는 형태로 온라인과 오프라인 여행업을 병행하고 있다.

### (3) 순수 온라인 여행사

순수 온라인 여행사는 전통적인 오프라인 고객에 대한 영업활동이나 고객확보가 없이 인터넷상에서의 온라인 비즈니스가 주를 이루는 여행사를 의미한다. 여행사의 경영과 업무는 기존의 오프라인 여행사와 큰 차이는 없으나 영업활동, 고객과의 상담, 업무의 진행방식이 온라인을 통하여 진행된다는 점에서 오프라인 여행사와 차별화가 된다. Tarvelocity travel(www.travelocity.com)과 Expedia(www.expedia.com), 그리고 Orbitz(www.orbitz.com) 등의 순수 온라인 여행사들은 이용 고객들에게 강력한 검색엔진과 여행 패키지의 개인화, 가격결정에서 다양한 옵션 등을 제공함으로써 경정의 우위를 확보하고 있다.

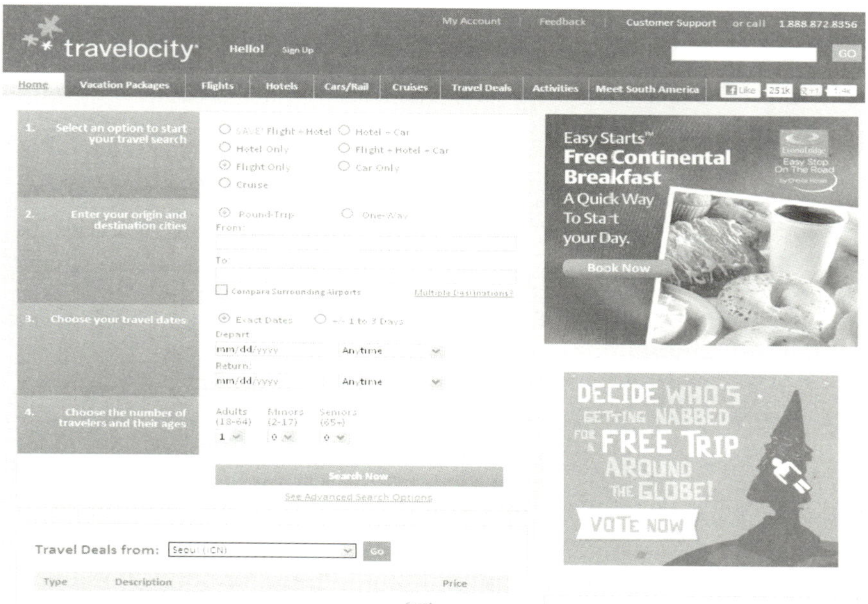


대표적인 온라인 여행사 중 하나인 미국의 travelocity travel

## 3) 온라인 여행사의 특성

### (1) 다수의 고객응대

오프라인 여행사의 경우 고객과의 1:1 접촉을 통하여 상담 및 구매가 이루어졌으나 온라인 여행사는 여행을 희망하는 불특정 다수의 잠재고객에게 여행상품을 안내하고 판매가 이루어진다. 또한 같은 시간에 많은 고객들이 여행사 웹사이트에 동시에 접속할 수 있다. 기존에 여행사를 이용하면서 상담이나 문의에 많은 대기시간 소비를 경험했던 고객의 경우에는 온라인 여행사 접속을 통한 상품검색이나 구매방식에 대력을 느낄 수 있다.

### (2) 마케팅 전략수립이 용이

온라인 여행사의 경우 회원가입을 통하여 회원들의 인구통계학적인 데이터와 여행상품 구매 패턴 등을 분석하여 효율적으로 고객들을 관리할 수 있다. 회원들의 관심사와 연관성이 있는 여행지나 여행상품 정보를 제공하는 등의 해당 여행사의 마케팅활동 전략수립이나 확보하고 있는 회원정보를 이용하여 마케팅 기획 등의 기초 분석자료로 활용할 수 있다.

### (3) 쌍방향 커뮤니케이션

온라인 여행사의 여행후기나 사진을 올릴 수 있는 게시판이나 동호회 등을 통하여 고객들과 교감을 이룰 수 있고 게시물이나 의견조사 결과를 토대로 고객들이 원하는 상품에 대한 정보를 빠르고 정확하게 획득할 수 있다.

또한 여행상품을 구매했던 고객들 간의 교류의 장을 제공함으로써 고객들 간의 친밀도를 높일 수 있고 이들의 모임이 활성화됨으로써 추가적인 여행상품의 구매를 유도할 수 있다. 고객이 희망하는 경우에는 주기적으로 고객의 관심사에 연관성이 있는 여행지 정보나 여행상품 안내 등의 내용이 포함되어 있는 E-mail 서비스를 제공한다.

### (4) 경쟁력 있는 상품가격

전통적인 운영방식인 오프라인 여행사의 경우에는 기본적으로 지출해야 하는 오프라인상의 관리업무나 영업 인력에 소요되는 비용이 e-business를 기반으로 한 온라인 여행사에 비하여 높은 편이다. 온라인 여행사는 여기에 소비되는 고정비를 감소시킴으로써 여행상품 가격을 낮출 수 있는 장점이 있다. 가격경쟁력 면에서 온라인 여행사가 항상 유리한 것은 아니지만 상대적으로 상품가격을 낮출 수 있는 요인이 많은 것은 사실이다.

### (5) 연중무휴의 제공서비스

오프라인 여행사가 정해진 영업시간 내에서만 고객들에게 상담과 안내, 판매활동을 하는 반면에 온라인 여행사의 경우에는 영업시간이나 휴일에 관계없이 365일 24시간 내내 여행정보제공, 상품조회 및 예약, 판매가 가능하다.

## 3. 관광 e-Business 현황

### 1) 여행업에서의 e-Business 적용사례

관광산업에서 정보기술의 발달은 여행사뿐만 아니라 항공사, 호텔, 외식업에 이르기까지 e-business를 적용하여 발전시키고 있다. 호주나 영국, 싱가포르, 핀란드 등의 국가에서는 정부주도하의 관광정보 제공과 여행부문의 전자상거래 기반조성을 위한 산업을 추진 중에 있으며, APEC(아시아 태평양경제협력기구)은 18개국의 여행정보교류 및 공동협력사업 추진을 위한 여행정보네트워크(TIN : Tourism Industry Network)를 구축하여 여행정보화 부문의 국제교류사업을 추진하는 등 여행정보의 교류는 매우 빠르게 확산되고 있다. 국내 온라인상의 관광관련 서비스는 포털사이트의 여행부문, 종합 쇼핑몰의 여행 상품 부문, 기존 여행사의 웹사이트, 순수 온라인 여행사, 그리고 개인이 운영하는 홈페이지나 블로그 등의 여행지 안내 등이 제공되고 있다. 항공사의 항공권 좌석조회나 예약업무는 항공여객 시장의 90% 정도를 여행사가 점유하고 있으며 CRS(Computer Reservation System)를 이용하여 항공권을 판매하고 있다. 국내의 경우에는 대한항공의 TOPAS와 아시아나 항공의 ABACUS가 대표적으로 이용되고 있다.

국내에서는 1998년 2월 월드투어가 인터넷 사이트를 개설하여 같은 해 5월 한화국토개발이 투어몰을 오픈하면서 본격적인 온라인을 기반으로 한 여행사의 e-business가 시작되었다. 이들 여행사는 기존의 여행정보 제공과 인터넷 환경을 이용한 여행정보검색, 상품구매 및 결제까지 여행사의 e-business 기능을 시행하였다. 이후 하나투어, 모두투어, 자유여행사 등 많은 여행사들이 e-business에 관심을 갖고 온라인 서비스를 개발하여 판매하고 있다.

### 토파스(TOPAS)와 애바카스(ABACUS)

토파스(TOPAS)

대한항공이 68%의 지분을, 글로벌 항공/여행 IT기업인 마데우스에서 32% 지분을 공동으로 출자하여 설립한 종합여행정보 회사이다. 모태인 아마데우스를 국내에 맞게 변형하여 현재 독립된 시스템으로 운영되고 있다. 2010년 기준 19,228대가 국내 보급, 72개 항공사와 제휴하여 항공 스케줄과 예약서비스를 제공하고 있다. 한 해에 13,000명이 수료할 정도로 인기가 좋은 시스템이나, 호텔과 렌터카와의 예약서비스는 지원이 안된다. 여행사 과정에서 항공예약-발권실무-고급발권과정과 전문가과정이 있다.

토파스 자격증

애바카스(ABACUS)

금호그룹의 아시아나에서 별도 법인으로 운영 중인 서비스이다. 싱가포르에 본사를 둔 아시아/태평양 지역 최대 예약시스템인 Abacus international과 제휴하여 서비스하다 수요가 급상승하여 별도 법인으로 분리하였다. 세계 최대 CRS인 Sabre와 제휴하여 전 세계 500여 개 항공사 스테이블 및 250여 개 항공사의 실시간 잔여좌석을 제공할 뿐 아니라, 토파스가 지원하지 않는 호텔/렌터카/크루즈 등 실시간 예약서비스 제공을 통해 인기가 높아지고 있는 CRS이다.

애바카스 자격증

### (1) 하나투어의 e-Business

하나투어는 1993년 국진여행사로 창립하여 1996년 하나투어로 상호를 변경하고 홀세일(whole sale)영업 정책으로 성장하여 왔다. 하나투어는 매달 경영실적을 직원들에게 공지하고, 종업원지주제를 실시하는 등 경영의 투명성을 보이고 있다. 하나투어는 기존의 아웃바운드 사업과 함께 인바운드 사업(하나투어인터내셔널), 국내 테마 여행사(하나강산)를 설립·운영하고 있으며, e-business로 여행포털사이트인 하나투어닷컴의 운영을 통하여 여행상품 안내와 실시간 예약이 가능한 웹사이트를 운영하고 있다. 하나투어닷컴은 2004년 6월에 오픈한 일일평균 방문자 수 12만여 명을 자랑하는 여행전문 포털사이트로 웹사이트 분석평가 전문사이트에서 여행사 부문 1위를 이어오고 있다.

하나투어 웹사이트

5만 페이지에 달하는 세계 각국의 여행정보와 10만여 컷의 여행이미지를 웹사이트 방문고객에게 제공하고 있으며 여행일정표에 여행상품과 관련된 동영상 서비스를 실시하여 고객에게 '가상체험 동영상 서비스'와 같은 유용하고 실제적인 여행정보를 제공하고 있다.

하나투어는 자체적인 e-business팀 운영과 여행사들과의 인트라넷 구축을 통하여 부서 간에 긴밀한 의사소통이 가능하도록 하였고 사내 전자결재 인프라 구축 등 변화환경에 유연한 대처 등을 바탕으로 여행업에서의 e-business를 잘 전개시켜 나가고 있다.

### (2) 모두투어의 e-Business

1989년 국일여행사로 시작한 모두투어는 홀세일 영업 개념을 도입한 여행사로서 국내 최초로 중남미, 지중해, 아프리카 전문 여행상품을 개발하였다. 모두투어는 첨단 IT서비스를 통한 종합 여행기업을 목표로 모두투어만의 통합예약관리 시스템을 구축하였으며, 홀세일업체로서 협력사와의 원활한 소통을 위하여 '모두 CRS'와 '여행 플래너'라는 독자적인 시스템을 개발하여 네트워크를 강화하였다. 또한, 포털사이트인 다음(www.daum.net)의 투어익스프레스 등 국내온라인 업체와의 제휴를 통하여 ON-OFF LINE의 원활한 여행서비스를 제공하여 왔다. 모두투어의 e-business는 주로 온라인 포털업체들과의 제휴마케팅을 통하여 온라인 판매를 늘리는 방식을 이용하였다. 네이버(www.naver.com), 다음 등에서 해외여행상품을 취급하고 있으며, 인터파크, CJ몰, 신한카드, 삼성카드, LG카드 등과도 제휴마케팅을 펼치고 있다.

### (3) 온라인투어의 e-Business

온라인투어는 2000년 실시간 항공, 호텔, 여행 검색엔진 및 예약시스템 개발을 주요 업무로 설립되었다. 이후 Tour Wizard(여행사 ERP[10]) 시스템) 개

10) 전사적 자원관리(ERP)란 일반적으로 제조, 물류, 유통, 인사, 회계 관리 등의 업무 프로세스를 정보기술로 구현한 대형기술을 의미한다. 경영혁신의 도구로서 널리 활용되며 기업자원인 인력, 금전, 자재 등을 통합적으로 관리하여 고객만족을 달성하고자 하는 정보시스템이다.

발, 싱가포르 Linbert사와의 실시간 호텔 예약시스템 GSA 체결 등으로 2002년 여행부문 우수벤처기업으로 선정, 온라인여행부문 국내 1위 업체이다. 실시간 전 세계 항공 검색엔진 및 예약시스템 · 호텔 예약시스템 개발을 통한 특허출원, Multi-GDS 실시간 전 세계 항공 검색엔진 및 예약시스템 개발, USGAHBS 초광속 실시간 항공 · 호텔 · 에어텔 · 패키지 예약시스템 개발 등 국내 정세에 맞는 여행 e-business를 위한 개발을 직접하고 있다.

## 2) 숙박업에서의 e-Business

국내의 숙박업은 특급호텔에서 민박에 이르기까지 다양한 형태로 숙박시장이 형성되어 있으며 숙박시설에 따라 객실의 형태와 서비스의 내용에서 현격한 차이가 있으며 경영에 있어서도 대기업이 운영하는 경영관리에서부터 개인에 이르기까지 천차만별이다.

특급호텔과 일부 호텔에서만 HIS(Hotel Information System)를 구축하여 사용하고 있으며 이 시스템 또한 호텔마다 독립적인 프로그램을 개발하여 운용하고 있으므로 시스템의 호환이나 통일은 어렵다. 또한 현재 상용화되어 판매되고 있는 숙박관리시스템이 업계표준이나 기준 설정 없이 개발업체의 임의대로 개발되어 범용성에 한계가 있다. 따라서 관광호텔, 휴양콘도미니엄, 리조트, 모텔, 펜션, 민박 등의 숙박업소에서 일반적으로 적용할 수 있는 통합적인 숙박업 관리시스템이 개발 · 보급되어야 할 것이다. 주로 세계적인 체인호텔의 시스템을 모델로 하여 지속적으로 성장세를 이어가고 있는 국내의 숙박산업에서는 이러한 전산시스템이나 통합관리프로그램이 구축됨으로써 숙박업에서의 e-business가 보다 더 활성화될 것이다.

# 참고문헌

경제기획원, 한국표준직업분류, 1974.
공길영, 선박항해용어사전, 한국해양대학교, 2005.
국가법령정보센터, 관광진흥법, 법제처, 2012.
국립국어원, 표준국어대사전, 2012.
김미경・정연국・안택균・서광열, 신관광학(New Tourism)(개정 1쇄), 백산출판사, 2010.
김성귀, 해양관광론, 현학사, 2007.
김제간, 신관광학개론, 새로미, 2009.
김천중, 크루즈관광의 이해, 백산출판사, 2008.
김천중, 크루즈산업론, 학문사, 1999.
노동부 중앙고용정보관리소, 한국직업사전, 1999.
노동부, 직업의 세계, 1986.
동아 새국어사전, 두산동아, 1997.
문화관광부, 관광동향에 관한 연차보고서, 한국문화관광연구원, 2012.
박기용, 외식산업경영학, 대왕사, 2006.
심원섭, 게이밍산업의 경쟁력 강화를 위한 정책방안, 한국문화관광정책연구원, 2003.
양영근, 신관광학의 이해, 백산출판사, 2007.
유현웅, 리조트 기업의 경영효율성 분석에 관한 연구, 세종대학교 대학원 호텔관광학과 박사학위논문.
이경모, 관광사업론, 대왕사, 2002.
이경모, 이벤트학 원론, 백산출판사, 2007.
이선희 외 2인, 현대관광의 이해, 대왕사, 1999.
이정실, 외식기업경영론, 기문사, 2002.
정두언, 카지노 산업과 게임의 이해, 2006.
정두진 외 2인, 관광이벤트, 학문사, 2002.
정익준, 청소년의 교육관광에 관한 연구, 동아대학교 교육대학원 석사학위논문, 1999.
정익준, 최신여행사경영론, 형설출판사, 1994.
조상필, 일본의 리조트 개발정책과 우리의 과제, 광주전남비전, 1995.
채용식 외, 관광축제이벤트론, 학문사, 2001.

최원식, 한국항공법해설, 창문각, 1985.
한국관광학회, 관광학총론, 백산출판사, 2010.
홍기운, 최신외식산업개론, 대왕사, 1999.

Anne Vipond, Caribbean by Cruise Ship: The Complete Guide to Cruising, The Caribbean, 6th Edition, Ocean Cruise Guides, 2010.
Charles R. Goeldner, J. R. Brent Ritchie, Tourism: Principles, Practices, Philosophies, 11 Edition, Wiley, 2008.
Clerk, Dictionary of Gambling & Gaming, 1987.
Jack E, Miller, et al., Supervision in the Hospitality Industry: Applied Human Resources, 5 Edition, Wiley, 2006.
John R. Walker, Introduction to Hospitality, 4th Edition, Prentice Hall, 2005.
Nona Starr, Viewpoint: An Introduction to Travel, Tourism, and Hospitality, 4 Edition, Prentice Hall, 2000.
Philip Kotler, et al., Marketing for Hospitality and Tourism, Prentice Hall, 1995.
Raphael R. Kavanaugh, Jack D. Ninemeier, Supervision in the Hospitality Industry, 4 Edition, Amer Hotel & Motel Assn', 2007.
Tom Powers & Clayton W. Barrow, Introduction to Management in the Hospitality Industry, 8 Edition, Wiley, 2005.

강원랜드 홈페이지(http://kangwonland.high1.com)
관광지식정보시스템(http://www.tour.go.kr)
국가기록원 나라기록 홈페이지(http://contents.archives.go.kr)
그랜드코리아레저 홈페이지(http://www.grandkorea.com)
매코믹 플레이스 홈페이지(http://www.mccormickplace.com)
문화재청(http://www.cha.go.kr)
문화재청, 주요업무통계자료집, 2012.
밴쿠버컨벤션센터 홈페이지(http://www.vancouverconventioncentre.com)
버진갤럭틱 홈페이지(www.virgingalactic.com/)
보가타 호텔 & 카지노 홈페이지(http://www.theborgata.com)
부산시티투어버스 홈페이지(http://www.citytourbusan.com)
서울시티투어버스 홈페이지(http://www.citytourbusan.com)

세계10대 호텔 정보(http://amog.com/lifestyle/152904-casino-hotels-worldwide/)
세계관광기구 홈페이지(http://unwto.org/)
카지노시티프레스닷컴 홈페이지(http://www.casinocitypress.com/)
코엑스 홈페이지(www.coex.co.kr)
토마스쿡여행사 홈페이지(http://www.thomascook.com/)
통계청(http://kostat.go.kr/)
한국관광협회중앙회(http://www.koreatravel.or.kr)
한국컨시어지협회(http://www.econcierge.co.kr)
한동신문문화, 2012년 11월 21일자(http://www.hgupress.com)
IACC 홈페이지(http://www.iacconline.org)
IAPC 홈페이지(http://www.aipc.org)

금산인삼축제 홈페이지(http://tour.geumsan.go.kr/)
노팅힐카니발 홈페이지(http://www.thenottinghillcarnival.com)
동아일보(http://news.donga.com/3//20080502/8573877/1)
리우카니발 홈페이지(http://www.rio-carnival.net/)
베니스카니발 홈페이지(http://www.venice-carnival-italy.com/)
보령머드축제 홈페이지(http://www.mudfestival.or.kr/)
산페르민축제 홈페이지(http://pamplona.sanferminonline.net/)
삿포로눈축제 홈페이지(http://www.snowfes.com/)
세르반티노축제 홈페이지(http://www.festivalcervantino.gob.mx/)
송끄란축제 홈페이지(http://www.songkran.co.kr/)
양양송이축제 홈페이지(http://song-i.yangyang.go.kr/)
얼음나라화천산천어축제 홈페이지(http://www.narafestival.com/)
에든버러축제 홈페이지(http://www.edinburghfestivals.co.uk/)
옥토버페스트 홈페이지(http://www.muenchen.de)
이천쌀문화축제 홈페이지(http://www.ricefestival.or.kr/)
자라섬국제재즈페스티벌 홈페이지(http://www.jarasumjazz.com/)
진도 신비의 바닷길축제 홈페이지(http://miraclesea.jindo.go.kr/)
춘천마임축제 홈페이지(http://www.mimefestival.com/)
토마토축제 홈페이지(http://www.latomatina.org/)
하동야생차문화축제 홈페이지(http://festival.hadong.go.kr/)
함평나비대축제 홈페이지(http://www.hampyeong.go.kr/)

# 찾아보기

**| ㅊ |**



**| ㅋ |**



**| ㅌ |**

**| ㅍ |**



**| ㅎ |**



**| B |**



**| C |**



**| E |**



**| H |**



**| I |**



**| J |**



**| L |**



**| O |**



**| P |**



**| S |**



**| T |**

## 저자 소개


**유재홍**

동국대학교 일어일문학과 졸업
경기대학교 대학원 관광경영학 석사
경기대학교 대학원 관광경영학 박사
(주)한진 국제지점 근무
(주)TPL코리아 여행사업부 이사

현) (재)아세아항공전문학교 호텔관광학부 교수
문화관광연구학회 이사
호텔외식서비스 경영연구소 연구원
(사)한국평생능력개발원 커피조리사/와인관리사 자격검정 심사위원
(사)한국식음료외식조리교육협회 바리스타자격 심사위원
(주)브랜드관광연구소 연구원
물류관리사, 레크리에이션 지도사 자격

**김소은**

강원대학교 관광경영학과 졸업
강원대학교 관광경영대학원 석사
강원대학교 관광경영대학원 박사과정 수료
한국전시컨벤션연구소 연구원
한국문화관광연구원 연구원
현) 서울연구원 기획조정본부 연구원

# 관광학의 이해

2012년 12월 5일 초판 1쇄 인쇄
2012년 12월 10일 초판 1쇄 발행

저 자 유재홍 · 김소은
발행인 寅製 진 욱 상

저자와의 합의하에 인지첩부 생략

발행처 백산출판사
서울시 성북구 정릉3동 653-40
등록 : 1974. 1. 9. 제 1-72호
전화 : 914-1621, 917-6240
FAX : 912-4438
http://www.ibaeksan.kr
editbsp@naver.com





값 20,000원
ISBN 978-89-6183-665-4